O IMPEACHMENT

Coleção Constitucionalismo Brasileiro
Conselho Científico
Gilmar Ferreira Mendes – Presidente
Paulo Sávio N. Peixoto Maia – Secretário-executivo

André Ramos Tavares
Andréa Slemian
Arnoldo Wald
Carlos Horbach
Carolina Cyrillo
Everardo Maciel
Ingo Wolfgang Sarlet
João Paulo Bachur
José Levi Mello do Amaral Júnior

José Roberto Afonso
Laura Schertel Mendes
Lenio Luiz Streck
Luis Rosenfield
Paulo Gustavo Gonet Branco
Raúl Gustavo Ferreyra
Rodrigo de Bittencourt Mudrovitsch
Sergio Bermudes
Walter Costa Porto

O GEN | Grupo Editorial Nacional – maior plataforma editorial brasileira no segmento científico, técnico e profissional – publica conteúdos nas áreas de concursos, ciências jurídicas, humanas, exatas, da saúde e sociais aplicadas, além de prover serviços direcionados à educação continuada.

As editoras que integram o GEN, das mais respeitadas no mercado editorial, construíram catálogos inigualáveis, com obras decisivas para a formação acadêmica e o aperfeiçoamento de várias gerações de profissionais e estudantes, tendo se tornado sinônimo de qualidade e seriedade.

A missão do GEN e dos núcleos de conteúdo que o compõem é prover a melhor informação científica e distribuí-la de maneira flexível e conveniente, a preços justos, gerando benefícios e servindo a autores, docentes, livreiros, funcionários, colaboradores e acionistas.

Nosso comportamento ético incondicional e nossa responsabilidade social e ambiental são reforçados pela natureza educacional de nossa atividade e dão sustentabilidade ao crescimento contínuo e à rentabilidade do grupo.

COLEÇÃO CONSTITUCIONALISMO BRASILEIRO

PAULO BROSSARD

Apresentação
LEONARDO AUGUSTO DE ANDRADE BARBOSA

Posfácio
JOSÉ LEVI MELLO DO AMARAL JÚNIOR

O IMPEACHMENT

4.ª edição

- O autor deste livro e a editora empenharam seus melhores esforços para assegurar que as informações e os procedimentos apresentados no texto estejam em acordo com os padrões aceitos à época da publicação, e todos os dados foram atualizados pelo autor até a data de fechamento do livro. Entretanto, tendo em conta a evolução das ciências, as atualizações legislativas, as mudanças regulamentares governamentais e o constante fluxo de novas informações sobre os temas que constam do livro, recomendamos enfaticamente que os leitores consultem sempre outras fontes fidedignas, de modo a se certificarem de que as informações contidas no texto estão corretas e de que não houve alterações nas recomendações ou na legislação regulamentadora.

- Fechamento desta edição: *24.09.2024*

- O Autor e a editora se empenharam para citar adequadamente e dar o devido crédito a todos os detentores de direitos autorais de qualquer material utilizado neste livro, dispondo-se a possíveis acertos posteriores caso, inadvertida e involuntariamente, a identificação de algum deles tenha sido omitida.

- **Atendimento ao cliente: (11) 5080-0751 | faleconosco@grupogen.com.br**

- Direitos exclusivos para a língua portuguesa
  Copyright © 2025 by
  Editora Forense Ltda.
  Uma editora integrante do GEN | Grupo Editorial Nacional
  Travessa do Ouvidor, 11 – Térreo e 6º andar
  Rio de Janeiro – RJ – 20040-040
  www.grupogen.com.br

- Reservados todos os direitos. É proibida a duplicação ou reprodução deste volume, no todo ou em parte, em quaisquer formas ou por quaisquer meios (eletrônico, mecânico, gravação, fotocópia, distribuição pela Internet ou outros), sem permissão, por escrito, da Editora Forense Ltda.

- Capa: Fabricio Vale

- **CIP-BRASIL. CATALOGAÇÃO NA PUBLICAÇÃO**
  SINDICATO NACIONAL DOS EDITORES DE LIVROS, RJ

  B89i
  4. ed.

  Brossard, Paulo, 1924-2015
  O impeachment / Paulo Brossard. - 4. ed. - Rio de Janeiro : Forense, 2025.
  288 p. ; 23 cm.   (Constitucionalismo brasileiro)

  ISBN 978-85-3099-539-3

  1. Direito constitucional - Brasil. 2. Impedimentos - Brasil. I. Título. II. Série.

  24-93423   CDU: 342.537.91(81)

  Meri Gleice Rodrigues de Souza - Bibliotecária - CRB-7/6439

APRESENTAÇÃO
Democracia e Responsabilidade Política: O Legado de Paulo Brossard

Leonardo Augusto de Andrade Barbosa[1*]

A obra *O Impeachment: Aspectos da Responsabilidade Política do Presidente da República*, de Paulo Brossard, integra o rol das obras de leitura obrigatória para quem pretende, mais do que aprender sobre o instituto, compreender o constitucionalismo brasileiro. Trata-se de um trabalho que atravessa a biografia do próprio autor e com o qual ele e toda a comunidade jurídica brasileira dialogaram por anos a fio. Esta breve apresentação não pretende sistematizar as principais teses do livro, mas apenas indicar algumas razões que explicam a sua relevância e o motivo pelo qual uma reedição é muito bem-vinda após quase seis décadas de seu aparecimento.

A primeira razão, sem dúvida, é a qualidade acadêmica da obra. De forma disciplinada, Brossard articula clivagens diferentes para analisar o instituto do *impeachment*. Ora apela para a análise comparada, estudando como tradições jurídicas diversas lidaram com o problema da responsabilidade política; ora para elementos históricos pontuais associados à experiência estrangeira e brasileira, sob a vigência de nossas diversas constituições; e ora para o desenvolvimento do instituto no contexto federativo brasileiro, que por tantas vezes passa ao largo das análises mais populares em nosso direito constitucional, focadas primordialmente na esfera federal.

A sobreposição dessas dimensões oferece referências, distinções e matizes úteis para situar com precisão a experiência brasileira. Brossard apressa-se em registrar que é preciso cuidado ao invocar autores e precedentes estrangeiros, defendendo a importância de se pensar o problema a partir de "nossas instituições positivas". Sabe, contudo, que boa parte do discurso jurídico moderno é construído no bojo de uma cultura que se enxerga a partir de valores

---

[1] Professor do Mestrado em Poder Legislativo (CEFOR/Câmara dos Deputados). Mestre e Doutor em Direito, Estado e Constituição (UnB). Pós-doutor pela University of Michigan Law School. Foi Secretário-Geral da Mesa da Câmara dos Deputados (2018 a fevereiro de 2021).

pretensamente universais, veiculados por meio de "declarações universais de direitos". A própria noção de "constitucionalismo" envolve um movimento político que extrapola uma ordem jurídica concreta e afirma o valor de se organizar a política a partir das premissas da limitação do poder, do estado de direito e do reconhecimento de direitos fundamentais. Brossard trabalha para conciliar esses impulsos. A partir de diálogos entrecortados e mimetizações parciais, problemas e fórmulas muito gerais vão se conformando às particularidades, às vivências e até mesmo às conveniências de uma cultura política específica. O texto procura captar esse movimento sutil. Sua apresentação não é uma miscelânia aleatória de informações, mas uma tentativa de reconstruir e racionalizar o processo de tradução dos meios jurídicos de responsabilização do poder político no contexto do direito e do pensamento constitucional brasileiro.

A obra reúne, ainda, um conjunto relevante de informações históricas relacionadas à aplicação e à interpretação do instituto do *impeachment* em países como Reino Unido, Estados Unidos, Argentina e, claro, Brasil. Não se trata, propriamente, de um trabalho de história do direito constitucional, em especial se considerarmos como o campo é compreendido e como tem se organizado hoje. A obra descreve como ideias, normas constitucionais, leis, ações e interpretações judiciais se sucedem no tempo, mas não toma para si a tarefa de explicar (no sentido "fraco", de que nos fala Paul Veyne) o que estava acontecendo na realidade político-institucional subjacente, nem se propõe a observar os atores do jogo constitucional, seu comportamento e seus interesses e parcerias dentro de um contexto mais amplo. Porém, o rico conjunto de precedentes sistematizado no livro oferece uma agenda de pesquisa extremamente interessante e ainda pouco explorada, notadamente quando se debruça sobre a prática constitucional estadual.

É impossível ler o capítulo sobre "O Impeachment e os Estados" e não especular sobre as razões que levaram o Congresso Nacional e o Supremo Tribunal Federal a se afastarem da posição firmada sob a vigência da Constituição de 1891, que reconhecia a competência estadual para disciplinar os crimes de responsabilidade com base em sua natureza política, e não criminal. Brossard fustiga a Lei n. 1.079, acusando-a de "[quebrar] a linha evolutiva das instituições pátrias" ao estabelecer, com chancela do Supremo Tribunal Federal, que os crimes de responsabilidade eram matéria sujeita à competência privativa da União, por tratar de direito penal, ao mesmo tempo que reconhecia aos estados prerrogativa para regular seu processo:

O IMPEACHMENT VII

> Ou os crimes de responsabilidade são infrações penais e somente
> a União pode criá-los, e é dever seu, intransferível, indelegável,
> dispor também, e de modo exclusivo, sobre o processo, – pro-
> cesso penal –, ou é do Estado a competência para editar as leis
> do processo, por explícito reconhecimento da União, e à União
> não compete definir os chamados crimes de responsabilidade,
> por não se tratar de matéria penal.

Nesse ponto, Brossard invoca a célebre frase de Oliver Wendell Holmes, segundo a qual uma página de história vale o mesmo que um volume inteiro de lógica, para lastimar "o abandono, sem motivação, da hermenêutica constitucional consagrada e vivida em quase meio século". Ou, em outras palavras, para lastimar que haja tão pouca lógica em nossa experiência. Holmes reconhece, logo na primeira lição de seu *The Common Law*, que

> as necessidades percebidas numa época, as teorias políticas e
> morais prevalentes, as instituições políticas, tácitas ou expressas,
> e até mesmo os preconceitos que os juízes compartilham com
> seus semelhantes têm desempenhado um papel mais importante
> que o silogismo na definição das regras que devem governar
> as pessoas.[2]

Essas "lógicas" paralelas à jurídica influenciam o comportamento do direito. Definem quando ele é mobilizado, ou deixa de ser, e impulsionam suas guinadas hermenêuticas e reformas legislativas. Sua investigação, que se encontra mais afeita ao campo da história política e da história do direito do que propriamente do direito constitucional, pode se valer largamente das inúmeras pistas e fragmentos cuidadosamente recolhidos ao longo de *O Impeachment*.

Nesse sentido, ao organizar sua crítica ao que percebe como uma incoerência com a tradição do direito constitucional brasileiro, Brossard abre espaço para trabalhos promissores sobre a disciplina do Poder Executivo estadual (e a prática de sua responsabilidade política) sob a égide da Constituição de 1946, um momento-chave para a definição de nossa cultura constitucional. A partir de um ferramental diverso e complementar, investigações sobre o tema podem se somar às contribuições de Brossard para lançar mais luz sobre esse período crítico de nossa história – eventualmente para entender

---

[2] HOLMES JR., Oliver Wendell, *The Common Law*. Cambridge: HUP, 2009. p. 3.

melhor como e por quais razões, em meados do século XX, o Legislativo Federal e o Supremo Tribunal Federal atuaram em conjunto para modificar o balanço dos poderes políticos estaduais, controlando as hipóteses em que governadores poderiam responder perante instâncias estaduais por crimes de responsabilidade. Brossard atribui parte da responsabilidade por essa guinada à mentalidade centralizadora inculcada nos juristas da época pelo Estado Novo. O próprio Supremo Tribunal Federal, sob os influxos dessa tendência, teria perdido "a perspectiva nacional, vista através de critérios federativos". Ele registra: "Foi desaparecendo o colorido local, a variedade das províncias na unidade da nação. Decisões proferidas após a Constituição de 1946 revelam os estigmas que a centralização deixara nos espíritos e nos hábitos". É improvável, contudo, que a mentalidade autoritária ou centralizadora do Estado Novo responda como causa autônoma de um posicionamento tão delicado, em um tema tão crucial.

Uma segunda razão que justifica e recomenda a reedição de O Impeachment está ligada à atualidade de sua questão central, qual seja, a articulação entre responsabilidade política e democracia. Para Brossard, o surgimento do "povo" como categoria política enseja a necessária combinação de processos eleitorais e mecanismos de responsabilização política. A legitimidade popular num contexto republicano começa com a escolha do mandatário, mas apenas a eleição não basta para assegurar seu caráter democrático. O sujeito eleito para um mandato temporário deve, ainda, responder politicamente pelo manejo de uma função que lhe é delegada, que não é exercida por direito próprio.

Nesse ponto, é indispensável lembrar que Brossard era um militante do Partido Libertador, fundado por Assis Brasil e Raul Pilla, dois nomes que frequentam as páginas de O Impeachment. A principal agenda do Partido Libertador foi, sem dúvida, a promoção do parlamentarismo. Raul Pilla, que ficou conhecido como o "apóstolo" desse sistema de governo, dedicou sua vida política inteira à difusão das ideias parlamentaristas. Brossard, logo após sua formatura na Faculdade de Direito de Porto Alegre, publicou dois estudos sobre a matéria, um abordando a Emenda Parlamentarista de 1949[3] e outro, o pensamento de Rui Barbosa sobre presidencialismo e parlamentarismo.[4] Ele

---

[3] BROSSARD, Paulo. Parlamentarismo e presidencialismo: Poder Legislativo e Poder Executivo – A emenda parlamentarista. *Revista Forense*, v. 47, n. 128, p. 37-49, mar./ abr. 1950.

[4] BROSSARD, Paulo. *Presidencialismo e parlamentarismo na ideologia de Rui Barbosa*. Porto Alegre: Globo, 1949.

estava perfeitamente familiarizado com as críticas ao processo de *impeachment*, um processo que Rui considerava falido e ineficaz e cuja inaptidão convertia o regime presidencial em uma "ditadura em estado crônico, a irresponsabilidade geral, a irresponsabilidade consolidada, a irresponsabilidade sistemática do Poder Executivo".

É verdade que *O Impeachment* tem um tom pouco catequético em relação à questão do sistema de governo se comparado à literatura vertida por Raul Pilla, por exemplo. Por um lado, isso se explica pelo foco declarado na responsabilidade política da figura do presidente da república, partindo do sistema presidencialista como premissa. Por outro, a recente derrota do sistema parlamentarista pelo voto popular, em janeiro de 1963, – independentemente de seus fundamentos – e a emergência da ditadura militar, em 1964, certamente tornaram o momento menos propício para uma defesa militante do governo parlamentar. Em sua conclusão, contudo, Brossard não deixa de registrar que:

> na hipótese, tão pouco provável, de ser condenatória a decisão do "impeachment", e este regularmente processado, o resultado prático seria mais ou menos igual ao que se alcança, de modo expedito, e sem maior comoção, através do voto de desconfiança, no regime parlamentar.

Em síntese: o parlamentarismo entrega responsabilidade política de forma mais efetiva e menos custosa do que o presidencialismo.

É Pilla quem descreve de forma clara o racional por trás da suposta superioridade democrática do parlamentarismo, que, no fundo, inspira o pensamento de Brossard. A "marcha para a democracia" consiste na "lenta transferências das prerrogativas políticas de um homem (absolutismo) para as instituições parlamentares, a partir das quais mede-se – necessariamente – o desenvolvimento de uma democracia". E afirma que a representação popular é "encarnação e não apenas símbolo do povo". "Povo e Parlamento descrevem a mesma curva, já que um é a expressão do outro". No sistema parlamentar, o povo não é "o soberano de um dia – o dia da eleição –, mas verdadeiramente o senhor dos seus destinos, porque, por intermédio dos representantes, a sua influência se está continuamente exercendo no governo". Ao minimizar a relevância do controle de constitucionalidade das leis, por exemplo, Pilla lembra que, graças ao instituto da dissolução, não só o governo que está sujeito à responsabilização perante o Parlamento, mas o próprio Parlamento

X PAULO BROSSARD

está sujeito a uma efetiva responsabilidade ante a Nação: "ele poderá violar a Constituição, mas não poderá violentar a vontade nacional".[5]

Esse pensamento, que está na raiz da formação intelectual de Paulo Brossard, assenta-se em uma deferência especial à política parlamentar, percebida como manifestação concreta da vontade do povo e como mecanismo definitivo de promoção da responsabilidade do governante, ao impedir (supostamente) o conflito entre opinião pública e vontade política. Nesse sentido, não é surpreendente que Brossard comece e termine o livro em um tom cético. Em seu preâmbulo, afirma que se "ficasse apurada a obsolescência do instituto [do *impeachment*]", ficaria bem pago o autor se o estudo contribuísse para sua "reforma oportuna e para a melhoria das instituições governamentais". Para concluir, reconhece que "não deixa de ser melancólico" atestar que "não têm vida os artigos que a Constituição consagra à disciplina da responsabilidade presidencial".

Em alguma medida, *O Impeachment*, de forma discreta e moderada, é mais uma peça da profissão de fé parlamentarista. Empenha-se em documentar de forma detalhada a inépcia do instituto, comprovando, assim, a incapacidade do sistema presidencial de governo de responder adequadamente ao problema da responsabilidade política. A "melancolia" de Brossard é, nesse sentido, uma melancolia produtiva, e não meramente contemplativa. No volume dedicado a ele em *História Oral do Supremo* (volume 20), Brossard deixa claro que não começou a se aprofundar no estudo sobre o *impeachment* "na previsão de que viesse a ser aplicado no Brasil". Reputava, inclusive, que o processo apenas tenha avançado em razão do "poder da televisão", que "foi decisiva na formação de uma opinião [favorável ao *impeachment*]"[6]. Além da televisão, contudo, a ausência do elemento militar – tão presente nas décadas de 1950 e 1960 – na crise política que levou ao afastamento de Collor parece decisiva para permitir que o procedimento se desenrolasse de acordo com os ritos e prazos previstos.

O caso Collor, nesse sentido, surpreendeu Brossard e suas teses em *O Impeachment*. Falsificou-as, em parte, ao fornecer um exemplo concreto de solução de uma crise política por meio do instituto até então ocioso e

---

[5] MELO FRANCO, Afonso Arinos de; PILA, Raul. *Presidencialismo ou parlamentarismo?*. Brasília: Senado Federal, Conselho Editorial, 1999.

[6] FONTAINHA, Fernando de Castro; DOMINGUES DA SILVA, Ângela Moreira, NUÑEZ, Izabel Saenger (org.). *História Oral do Supremo* (1988-2013): Paulo Brossard. Rio de Janeiro: Escola de Direito do Rio de Janeiro da Fundação Getúlio Vargas, 2017. p. 22-23. v. 20.

reputado como inepto para os fins a que se propunha. Nem isso nem toda a controvérsia e polarização em torno do afastamento da Presidente Dilma Rousseff, contudo, tornaram as questões enfrentadas e as respostas esboçadas por Brossard menos relevantes e atuais. Diego Werneck e Felipe Recondo nos mostram isso em um brilhante comentário sobre o que chamaram de "a maldição de Paulo Brossard".[7]

Werneck e Recondo recuperam um ponto central da tese de *O Impeachment*, quanto à impossibilidade de resolver judicialmente as controvérsias suscitadas no bojo do processo político:

> Na nossa tradição, processar e julgar o presidente é tarefa exclusiva do Congresso, sem qualquer interferência do judiciário. Não porque seja uma questão política, e não jurídica, nem porque seja um assunto *interna corporis* – pois envolverá interpretação correta de normas constitucionais, e não apenas acordos políticos sobre normas regimentais. Mas, digamos, por uma decisão geográfica dos constituintes, que pegaram essa função tipicamente judicial e a colocaram nas mãos de um órgão legislativo. Com isso, segundo Brossard, o Supremo seria incompetente para intervir.

De fato, Brossard é cristalino quanto a esse aspecto, insistindo por diversas vezes que a Constituição, "implícita e explicitamente, repele a possibilidade da interferência do Poder Judiciário em assuntos de impeachment, seja por via de recurso, seja através da revisão", e que "é vedada sua ingerência no sentido de impedir a instauração do processo político ou de obstar-lhe o prosseguimento". É verdade, contudo, que ele divisa hipóteses em que "situações excepcionais" justificariam um caso judicial, diante de grosseira violação de dispositivos constitucionais expressos, como na hipótese de o Senado agir sem a devida autorização da Câmara: "negar ao Judiciário o conhecimento de mandado de segurança em tais casos seria levar longe demais as consequências do princípio, certo, de que não só o Judiciário, mas os outros Poderes, não interferem em questões relativas a *impeachment*".

Werneck e Recondo lembram que Brossard, coerentemente, ficou vencido quanto ao conhecimento dos mandados de segurança impetrados diante de

---

[7] FALCÃO, Joaquim; ARGUELHES, Diego Werneck; PEREIRA, Thomaz. *Impeachment de Dilma Rousseff*: entre o Congresso e o Supremo. Belo Horizonte: Letramento; Casa do Direito; FGV Direito Rio, 2017. p. 167.

decisões referentes ao *impeachment*. A "maldição" de Brossard, no fim das contas, dizia respeito ao fato de que o Tribunal, ao admitir sua competência exclusivamente para assegurar o contraditório e o devido processo legal (e assim, supostamente, manter-se no campo "estritamente jurídico" do debate), acabaria sendo tragado por questões aparentemente procedimentais e, por isso, sujeitas à sua jurisdição, mas com inegável impacto sobre a decisão de mérito do processo:

> O Supremo de hoje está em situação delicada. Nas próximas semanas, os ministros provavelmente serão provocados a responder: (i) se pode impeachment por fato do mandato anterior, (ii) se a Comissão Especial pode fazer referência a fatos que não estavam na inicial, e até (iii) se os áudios ilegalmente publicizados pelo juiz Moro podem integrar o conjunto probatório. Não são simples questões de procedimento. Impactam diretamente no mérito, e talvez alguns ministros comecem a se sentir desconfortáveis nessa posição.

Classificar decisões incidentais em um tema como o *impeachment* presidencial em "formais" (ou puramente jurídicas) e "materiais" (ou de mérito) é um empreendimento arriscado e incerto. O problema real, não apenas jurídico, mas político-institucional, acaba sendo, principalmente, em que medida o Tribunal se colocará na posição de privar o órgão Legislativo de uma decisão que, ao final, é exclusivamente sua. A pergunta postada na conclusão do artigo resume bem essa perplexidade: "O Supremo é, ao mesmo tempo, guardião e produto da Constituição. Quem guardará por ele?". Nosso tempo confere tons ainda mais graves a essa pergunta.

O tema não é trivial. A sabedoria da perspectiva de Brossard reside em reconhecer que é impossível tocar em conflitos dessa magnitude sem que sua ação seja, imediatamente, interpretada e convertida em termos políticos, jamais puramente jurídicos. Em alguma medida, ao se aventurar por esse território, o Tribunal estaria colocando em risco sua capacidade de apresentar-se como instância equidistante, responsável por julgar um conflito a partir de critérios jurídicos. A dificuldade com essa linha de raciocínio, contudo, está clara. É impossível simplesmente "não decidir". Não decidir é, e será sempre – em contextos dessa natureza –, *decidir* por não decidir. E, ao menos para um dos lados da controvérsia (e talvez até mesmo para alguns membros do Tribunal), ao não decidir, falha em sua missão de assegurar que uma autoridade eleita pelo voto direto seja submetida a um julgamento político, mas justo ou, no mínimo, conforme os termos da Constituição; ou, contrariamente, falha em assegurar que o mandatário eleito pelo voto direto não seja defenestrado de forma abusiva por um Congresso hostil, com base em um simulacro de crime de responsabilidade. Brossard anteviu essa parte do argumento. Ao falar sobre a possibilidade do abuso, lembrou, corretamente, que uma autoridade sempre será responsável por decidir (e, eventualmente, errar) por último. O Supremo Tribunal Federal, quando analisa a inconstitucionalidade das leis; e a Câmara e Senado, quando confrontados com processos de *impeachment*: "abusos, excessos, erros ou violências, Câmara e Senado podem praticá-los. Em matéria de impeachment e em outras matérias. Mas não só a Câmara e o Senado". Não deixa de ser um bom ponto.

Os temas que encantavam Brossard continuam em nossa ordem do dia. No final de 2022, uma Comissão de Juristas criada pelo Presidente do Senado, Rodrigo Pacheco, ofereceu um anteprojeto para reforma da Lei n. 1.079, de 1950. O texto apresentado inovou ao disciplinar a forma de análise preliminar das denúncias oferecidas perante a Câmara dos Deputados, enfrentando um ponto que foi alvo de críticas sucessivas ao longo dos últimos anos. Na Câmara, por outro lado, um grupo de trabalho criado pelo Presidente da Casa, Arthur Lira, recomendava a adoção de um regime semipresidencialista. O relatório, assinado pelo Deputado Samuel Moreira, insistia que "é preciso, é forçoso, é imprescindível modificar profundamente o modo de relacionamento entre o Poder Executivo e o Poder Legislativo e de ambos com o eleitorado brasileiro. Para tanto, há que mudar o sistema de governo e adotar o semipresidencialismo". Se nenhum dos dois documentos dialogou expressamente com o trabalho de Brossard, não há dúvida de que as observações e perplexidades do jurista gaúcho podem ajudar a avaliar a consistência e as eventuais fragilidades das duas propostas.

Por fim, além da qualidade acadêmica da obra e da atualidade dos debates que ela propõe, há uma terceira razão que justifica a reedição de *O Impeachment*. Trata-se de cultivar a crença que Brossard professa logo no início do trabalho, ao citar o Visconde do Uruguai, conclamando o leitor a "pensar, meditar, trabalhar seriamente para melhorarmos as nossas instituições e estado". A investigação aprofundada e sistemática das instituições que integram nosso direito constitucional e o esforço de compreendê-las em contextos nacionais diferentes não devem ser um esforço diletante. Mais do que uma empreitada intelectual, hoje estamos diante de uma missão cívica de fortalecimento e aprimoramento de nossa tradição e cultura constitucionais, confrontadas por vicissitudes que imaginávamos sepultadas em um passado autoritário recente, o qual Brossard criticou e combateu.

Brossard foi um político e um jurista forjado em embates de grande envergadura, cujos resultados nem sempre lhe foram favoráveis. Viu o sistema de governo que defendia três vezes rejeitado: duas vezes pelo voto (em 1963 e, trinta anos mais tarde, como presidente do TSE, no plebiscito de 1993) e uma vez na Constituinte de 1987-1988. Viu o seu Partido Libertador ser extinto pelo regime militar em 1965. Fez oposição à ditadura e foi derrotado no Colégio Eleitoral, candidato a vice-presidente na chapa do General Euler Monteiro, em 1978. Durante o processo de *impeachment* de Collor, como Ministro do Supremo Tribunal Federal, viu sua tese central ficar vencida na Corte. A persistente influência de seus escritos e de seu testemunho sobre esses temas e episódios, contudo, revela que Paulo Brossard não foi derrotado nessas batalhas. Ele ainda as está travando, na busca pela construção de um sistema de responsabilidade política mais eficiente, de uma democracia pujante e de partidos organizados e ideologicamente consistentes. Cá estamos nós a ler Brossard e a conversar com ele sobre suas teses. E ele continua, pacientemente, procurando nos convencer.

Só podemos fazer votos de que esta reedição de *O Impeachment* leve a um número ainda maior de leitoras e leitores à rica e instigante reflexão proposta por Brossard. E, principalmente, que sua convocação aos juristas, para trabalhar pelo aperfeiçoamento de nossas instituições, não caia em solo estéril em um momento tão caro para o nosso constitucionalismo.

Brasília, 5 de outubro de 2023.

Nota da editora:
Mantivemos a paginação conforme publicação original.

O
IMPEACHMENT

ASPECTOS DA RESPONSABILIDADE POLÍTICA
DO PRESIDENTE DA REPÚBLICA

PAULO BROSSARD

O IMPEACHMENT

ASPECTOS DA RESPONSABILIDADE POLÍTICA
DO PRESIDENTE DA REPÚBLICA

3.ª edição, ampliada

1992

À memória de meus pais
Alila Brossard de Souza Pinto
Francisco de Souza Pinto

"Com tudo bem sabemos, que a todos não podemos aprazer; ... E esta salva, não é por salvar nossos erros; mas porque se saiba, ante de tirarmos este nosso trabalho à luz, já nos davamos por condenado no juízo de muitos; ... se em tudo não aprovermos, ao menos será em dar materia a alguns de poderem emendar, e murmurar, que he a mais doce fruta da terra, e assi seremos aprazivel a todos, a huns pera louvarem o bem dito, e outros pera terem que dizer do mal feito."

João de Barros [1]

---

1. *Da Asia de João de Barros. Dos feitos, que os portuguezes fizeram no descubrimento, e conquista dos mares, e terras do Oriente. Decada Segunda. Parte Primeira. Prologo* (v. 4.º). Lisboa. Na Regia Officina Typografica. Ano MDCCLXXVII.

NOTA À EDIÇÃO DE 1992

O estudo ora reeditado foi escrito à luz da Constituição de 1946. Mantendo hoje as conclusões assentadas há quase trinta anos, é natural que mantenha igualmente o texto primitivo. Apenas alguns acréscimos, aqui e ali. Ao conservar o instituto arcaico, a Constituição de 1988 introduziu alterações, pequenas, mas suficientes para torná-lo ainda menos aplicável, ou de mais dificultosa aplicabilidade; vão indicadas em parágrafos distintos, no lugar próprio, seguidos de uma letra, de maneira a atualizar o livro, subitamente relembrado em virtude de acontecimentos dolorosos, que, aliás, vêm confirmar, de maneira dramática, as teses enunciadas quando da primeira impressão da monografia. O que, no sistema parlamentar, mediante a votação de moção de desconfiança ou de voto de confiança, afastando ou confirmando a autoridade questionada, se alcança em horas, dificilmente se obterá no sistema presidencial, ao cabo de um processo penoso e traumático, em que o acusado, mesmo absolvido — e só é condenado pelo voto de dois terços do Senado depois de autorizada a instauração do processo de responsabilidade pelo voto de dois terços da Câmara —, não raro fica arranhado e, quiçá, enlameado. Queira Deus que eles sirvam, pelo menos, para a modernização das nossas instituições no pertinente à responsabilidade dos Poderes Executivo e Legislativo, pois, repetindo o conceito inicial, sem eleição não há democracia, mas sem a responsabilidade efetiva dos eleitos a democracia não passará de forma disfarçada de autocracia. Autocracia eletiva e temporária, mas autocracia.

ÍNDICE

Nota à edição de 1992 IX

I — Preâmbulo 1
II — Democracia e responsabilidade 3
III — Antes da Independência. A Lei de 1827 15
IV — O instituto brasileiro comparado com o inglês e o norte-americano 22
V — Responsabilidade política 35
VI — O instituto no direito imperial 39
VII — O instituto e o direito republicano 44
VIII — Crimes de responsabilidade 62
IX — Crimes de responsabilidade e crimes comuns 71
X — Natureza do *impeachment* 76
XI — O *impeachment* e os Estados 89
XII — O *impeachment* nos Municípios 114
XIII — Pena política e poder disciplinar constitucional ... 126
XIV — Decorrências da natureza política do *impeachment* 134
XV — Para infrações políticas um tribunal político 139
XVI — O Senado como tribunal político 145
XVII — Irrecorribilidade e irrevisibilidade das decisões Congressuais 150
XVIII — A experiência brasileira. Jurisprudência e doutrina 155
XIX — Indulto, comutação e anistia 164
XX — Abusos 174
XXI — Discrição e arbítrio 181
XXII — Que vale o *impeachment*? 188

Legislação

Lei n. 1.079, de 10 de abril de 1950 203
Decreto-Lei n. 201, de 27 de fevereiro de 1967 222

Bibliografia 229

I — PREÂMBULO

1. Este não é um prólogo, se razão assistia a Jacinto Freyre de Andrade, para quem "são os Prologos hum anticipado remedio aos achaques dos Livros, porque andão sempre de companhia os erros, e as desculpas". Seguindo seu conselho, "eu por hora me desvio do caminho trilhado, não quero pedir perdão de nada: quem achar que dizer, não me perdoe (nem será necessário encomendallo)" [2].

Se em trabalhos da natureza do presente, destinados ao exame acadêmico, quadram bem as palavras do antigo escritor, não menos certo é que a eles também se ajusta a advertência de D. Francisco Manoel de Melo, tão ilustre nas letras quanto no trato dos negócios do Estado: "assi como pede a cortesia que saiamos a receber à porta de nossas casas, com algũa cortês demonstração, a nossos hóspedes, manda a urbanidade que, com algũa advertência, vamos a encontrar nossos leitores ao princípio de nossos livros" [3].

Vá, pois, se não o prólogo, a advertência.

2. A matéria desta dissertação diz com importante capítulo do Direito Constitucional pátrio, cujas obscuridades, persistentes na doutrina, perturbam o sistema adotado, repercutem na jurisprudência e se refletem na legislação; e, por não ter sido objeto de suficiente análise, desde que instituído em 1891, vem sendo inadvertidamente reproduzido, com as mesmas incongruências, pelas Constituições que se têm sucedido, assim na União, como nos Estados.

Elegendo o instituto pertinente à responsabilidade do Presidente da República, embora circunscreva o exame a alguns dos problemas que ele suscita, foi pensamento do autor (que com este escrito

---

2. Jacinto Freyre de Andrade, *Vida de D. João de Castro, Quarto Viso-Rei da Índia*, 1861, Prólogo do Autor.

3. D. Francisco Manoel de Melo, *Cartas Familiares*, 1942, p. 1.

cuida de satisfazer exigência legal ao candidatar-se à cátedra de Direito Constitucional da Faculdade que cursou), fixar, ainda que brevemente, as características do *impeachment* no direito brasileiro.

Ademais, a matéria ocupa lugar de relevo na competência jurídica dos Estados-Membros, a qual pela Constituição tem a maior amplitude, amesquinhada, porém, de modo contínuo e progressivo, pela doutrina, legislação e jurisprudência.

3. Depois, parece chegado o tempo de verificar que o processo de apuração de responsabilidade oficial, que constitui o *impeachment*, se foi adequado e eficaz, se desempenhou função conspícua no desenvolvimento orgânico das instituições políticas, se serviu de aríete para conquistas decisivas na democratização do governo, deixou, há muito, de corresponder às realidades e exigências do Estado contemporâneo. De duvidosa eficiência e escassa prestança, é o *impeachment* instituto retardatário nos quadros da democracia hodierna. Com efeito, antiquado se revelou o expediente, quando o sistema de governo evoluiu para modalidades mais flexíveis, com a assimilação de processos mais expeditos e a adoção de estilos mais eficientes para assegurar o funcionamento, a autocontenção e o equilíbrio entre os Poderes do Estado.

4. Assim colocado o problema, bem pago ficaria o autor se, com esta dissertação, lograsse restabelecer a exata fisionomia do *impeachment*, sua natureza, sentido, alcance e objetivo, seu lugar na órbita federal e na dos Estados. Se, ao cabo, porém, ficasse apurada a obsolência do instituto analisado e entre nós vigente, ainda apresentaria utilidade se viesse a contribuir, através de reforma oportuna, para a melhoria das instituições governamentais.

E fiel teria sido ao voto de velho publicista e político, o Visconde do Uruguai: "he preciso pensar, meditar, trabalhar seriamente para melhorármos as nossas instituições e estado" [4].

---

4. Visconde do Uruguai, *Ensaio sobre o Direito Administrativo*, 1862, v. I, Preâmbulo, p. XXII.

II — DEMOCRACIA E RESPONSABILIDADE

5. A Constituição — proclama seu preâmbulo [5] — foi elaborada pelos representantes do povo brasileiro "para organizar um regime democrático".

Sobre base que não muda, o conceito de democracia se enriquece com o tempo [6]. Em verdade, a despeito de todas as mudanças, historicamente verificadas, há elementos que permanecem.

Assim, embora possa haver eleição sem que haja democracia, parece certo que não há democracia sem eleição [7]. Mas a só eleição, ainda que isenta, periódica e lisamente apurada, não esgota a realidade democrática, pois, além de mediata ou imediatamente resultantes de sufrágio popular, as autoridades designadas para exercitar o governo devem responder pelo uso que dele fizerem, uma vez que "governo irresponsável, embora originário de eleição popular, pode ser tudo, menos governo democrático" [8].

---

5. Sobre o valor do preâmbulo na hermenêutica da Constituição, *v.* Ruy Barbosa, *O Direito*, v. 114, p. 576 e s.; Maximiliano, *Comentários à Constituição Brasileira*, 1929, n. 90; Story, *Commentaries on the Constitution of the United States*, 1891, v. I, § 459; Farrar, *Manual of the Constitution*, 1872, § 5.º, p. 31; Black, *Handbook on the Construction and Interpretation of the Laws*, 1896, n. 77; Watson, *The Constitution of the United States*, 1910, v. I, p. 92 e 93.

6. Darcy Azambuja, *Teoria Geral do Estado*, 1942, cap. XVII, p. 204 e s.; João Mangabeira, *A Oração do Paraninfo*, 1945, p. 19 e s.

7. Institutos e modalidades de democracia direta convivem, residualmente, com o regime representativo. Cf. Constituição, art. 2.º; Constituição do Rio Grande do Sul, arts. 45, XII e XIII, e 56. Darcy Azambuja, op. cit., p. 209 e s.; Pinto Ferreira, *Teoria Geral do Estado*, 1957, v. II, n. 205; Fay de Azevedo, *Anais da Assembléia Constituinte do Estado do Rio Grande do Sul*, v. I, p. 181; Maurício Cardoso, idem, v. II, p. 159 e 160; Constituição do Estado do Rio Grande do Sul, anotada por M. C. (Maurício Cardoso), 1935, p. 45 e 46.

8. Raul Pilla, *Presidencialismo, Parlamentarismo e Democracia*, 1946, p. 5.

PAULO BROSSARD

Desde que as autoridades políticas desempenham funções, não por direito próprio, mas como agentes e servidores da nação — "Officers of the government are the trustees or servants of the people" [9] — da qual derivam seus títulos para o exercício dos cargos políticos, seja por eleição, seja por outra forma legal de provimento; desde que se não admita a irresponsabilidade outrora consagrada nas antigas Monarquias, quando os grandes servidores eram antes ministros da coroa que do país, e apenas perante o rei respondiam [10], como este respondia somente perante Deus, único juiz a que prestava contas; desde que o povo passou a ter existência política, a disciplina da responsabilidade do governo converteu-se num dos problemas básicos da organização estatal, não tendo faltado mesmo quem visse na possibilidade de aplicar-se aos governantes o princípio da responsabilidade o traço distintivo do Estado moderno [11].

6. , Visando a tornar efetiva a responsabilidade do Poder Executivo, a Constituição adotou um processo parlamentar, fiel ao princípio de que toda autoridade deve ser responsável e responsabilizável [12].

---

9. Stimson, *The Law of the Federal and State Constitution of the United States*, 1908, p. 49.

10. Bernardo Pereira de Vasconcellos, *Annaes do Parlamento Brazileiro*. Primeiro Anno da Primeira Legislatura. Sessão de 1826. 1874, v. II, p. 167: "afirmou-se que a mola real dos governos absolutos era a irresponsabilidade dos ministros de estado. ... A diferença está tão-somente na forma porque respondem pelos atos do seu poder, e a pessoa moral ou física, para com quem são responsáveis: nos governos absolutos respondem ao monarca, nos constitucionais à nação: eis o caso"; Vergueiro, *Annaes*, cit., v. II, p. 174: "obravam em nome do soberano, a quem se atribuía o bem ou o mal, que resultava de seus atos: não tinham crimes para com a nação, que se julgava mera paciente, mas para com o soberano, que reunia todos os poderes políticos. Pela sua alta representação ninguém se animava a formar contra eles queixas; portanto era-lhes permitido obrar a seu salvo, e neste sentido se podiam chamar tão invioláveis, como os monarcas. Porém logo que se proclamou a Constituição, logo que a nação recobrou os seus inauferíveis direitos, e se reconheceu a necessidade da divisão dos poderes majestáticos, ficaram os ministros responsáveis para com a mesma nação por todos os abusos de seu poder"; Costa Aguiar e Cunha Matos, *Annaes*, cit.. v. II, p. 171 e 174.

11. V. E. Orlando, prefácio a Vittore Teixeira de Mattos, *Accusa Parlamentare e Responsabilità Ministeriale*, p. IX.

12. Gonzalez Calderon, *Derecho Constitucional Argentino*, 1923, v. III, p. 343; Joaquim V. Gonzalez, *Manual de la Constitución Argentina*, 1951, n. 357, p. 366.

O IMPEACHMENT

Por ele, depois que a Câmara dos Deputados, pelo voto da maioria absoluta dos seus membros, declara procedente a acusação [13], o Presidente da República, suspenso de suas funções [14], é submetido a julgamento perante o Senado Federal nos crimes de responsabilidade [15].

Este poderá destituí-lo do cargo e inabilitá-lo, até cinco anos, para o exercício de qualquer função pública; só o fará, porém, pelo voto de dois terços dos seus membros, e em sua presidência funcionará o Presidente do Supremo Tribunal Federal [16].

É o modo disposto pela Constituição para assegurar a responsabilidade do Presidente da República, que — o juízo é de Anibal Freire — "é substancial no sistema brasileiro" [17].

Pelo que se vê dos textos constitucionais, o processo estabelecido é o que, originário da Inglaterra e adaptado pelos Estados Unidos, se denomina *impeachment*, na terminologia do Direito Constitucional.

7. A rigor, porém, por *impeachment* se entende, apenas, a acusação formulada pela representação popular [18], ou seja, a primeira fase do processo de responsabilidade, que, no sistema brasileiro, termina com o afastamento provisório da autoridade processada, o que não ocorre, por exemplo, nos Estados Unidos e na Argentina.

Contudo, pelo mesmo vocábulo, anglicismo incorporado à nossa língua [19], se designa, e comumente, o processo político que começa

---

13. Constituição, arts. 59, I, e 88.
14. Constituição, parágrafo único do art. 88.
15. Constituição, arts. 62, I, e 88.
16. Constituição, art. 62 e §§ 1.º, 2.º e 3.º.
17. Anibal Freire, *Do Poder Executivo na República Brasileira*, 1916, p. 119.
18. Mathews, *The American Constitutional System*, 1940, p. 112 e 113; Young, *The New American Government and its work*, 1947, p. 47.
19. Lauro Nogueira, *O "Impeachment" especialmente no Direito Brasileiro*, 1947, p. 17 a 19; Gabriel Luiz Ferreira, *Tese*, Instituto de Ordem dos Advogados Brasileiros, Congresso Jurídico Americano, v. II, Dissertações (Direito Público), 1904, p. 231: "a palavra 'impeachment' não foi ainda introduzida na linguagem de nossas leis, mas é certo que passando da jurisprudência inglesa para a tecnologia universal do direito público, tem uma significação geralmente conhecida, e serve para designar o processo especial, a que são sujeitos os altos representantes do Poder Público pelos crimes e abusos que cometem, no exercício de suas funções governamentais. Não caracterizam precisa-

PAULO BROSSARD

e termina no seio do Poder Legislativo. Instaurado na Câmara dos Deputados, ela decreta a acusação do Presidente da República (e eventualmente de Ministros de Estado) pelo voto de sua maioria absoluta, e o submete ao julgamento do Senado Federal; este, sob a direção do Presidente do Supremo Tribunal Federal e mediante o sufrágio condenatório, e irrecorrível, de dois terços de seus membros, despoja definitivamente do cargo e afasta transitoriamente do poder a autoridade considerada inconveniente ou prejudicial ao governo e que em relação ao governo se mostrou incompatibilizada, por atos ou omissões entre nós denominados "crimes de responsabilidade"[20].

No direito estadual, por *impeachment* se entende, em sentido estrito, a acusação pela Assembléia Legislativa, objetivando afastar do governo o chefe do Poder Executivo (e, conforme os casos, alguns de seus auxiliares); mas se entende também o processo inteiro, iniciado na Assembléia e nela concluído[21], ou encerrado por decisão do Tribunal de Justiça[22] ou de tribunal misto[23].

---

mente esse instituto jurídico, tal como aparece em nosso direito pátrio, as definições dos publicistas estrangeiros, porque são formuladas segundo o ponto de vista particular das Constituições que eles comentam, e estas variam, quer em relação às pessoas sujeitas ao respectivo processo, e às penas que lhes podem ser impostas, quer em relação ao modo por que é constituído o tribunal competente para julgá-lo".

20. Não mereceria o nome de *impeachment* o processo que, contra os Ministros do Supremo Tribunal Federal e o Procurador-Geral da República, nos crimes de responsabilidade, se desenrola, exclusivamente, perante o Senado Federal (art. 62, II, da CF), e muito menos o processo a que, perante o Supremo Tribunal, responde o Ministro de Estado, por crime de responsabilidade (arts. 101, I, *c*, e 92).

Contudo, a denominação tem sido empregada com certa latitude. Pontes de Miranda, *Comentários à Constituição*, 1953, v. II, p. 257, chama de *impeachment* a cassação de mandato parlamentar, por falta de decoro, hipótese prevista no § 2.º do art. 48 da Constituição. Em contrário, Tucker (*The Constitution of the United States*, 1899, v. I, § 199, p. 415 e 416) ensina que a expulsão de congressista pelo voto da respectiva Câmara nada tem que ver com o *impeachment*. V. STF, MS 21.360, 12-3-1990, voto de Paulo Brossard.

21. Constituição do Amazonas, art. 38, do Ceará, art. 35, de Goiás, art. 40, da Guanabara, art. 31, do Mato Grosso, art. 35, de Minas Gerais, art. 54, do Pará, art. 46, da Paraíba, art. 54, de Pernambuco, art. 70, do Rio Grande do Norte, art. 47, de Santa Catarina, art. 53, de São Paulo, art. 45, e de Sergipe, art. 58.

22. Constituição das Alagoas, art. 57, e do Rio Grande do Sul, art. 97.

23. Constituição da Bahia, art. 37, do Espírito Santo, art. 34, do Maranhão, art. 61, do Paraná, art. 50, do Piauí, art. 67, e do Rio de Janeiro, art. 41.

7a. Exceção feita aos Estados de Pernambuco (art. 39, parágrafo único), e do Rio Grande do Norte (art. 65, § 1.º), que atribuíram a um tribunal misto o julgamento dos seus governadores, nos crimes de responsabilidade, os demais, sob a Constituição de 88, confiaram-no às respectivas Assembléias. Desviando-se da tradição republicana e das regras federativas, a Constituição reservou ao Superior Tribunal de Justiça competência originária para processar e julgar os governadores nos crimes comuns [23a].

8. A idéia de responsabilidade é inseparável do conceito de democracia. E o *impeachment* constituiu eficaz instrumento de apuração de responsabilidade e, por conseguinte, de aprimoramento da democracia.

8a. Segundo a Constituição de 1988, o *impeachment* do Presidente da República, por crimes de responsabilidade, se desenrola no Senado, desde sua instauração até o julgamento final; mas o Senado não pode instaurá-lo, senão depois de autorizado, pelo voto de dois terços da Câmara dos Deputados; sem a autorização não pode encetá-lo, e uma vez autorizado não pode deixar de instaurá-lo; instaurado o processo, o Presidente é suspenso do cargo, que passa a ser exercido por seu substituto legal; se em cento e oitenta dias, porém, a decisão definitiva não tiver sido prolatada, o processo continua regularmente, mas a autoridade afastada retoma o exercício de suas funções, até o julgamento, para ser absolvida ou condenada, se nesse sentido for o voto de dois terços do Senado, cuja decisão é irrecorrível; uma vez condenado, fica inabilitado para exercer qualquer função pública por oito anos; a sanção política aplicada pelo Senado não exclui outras sanções, aplicáveis pelo Poder Judiciário, nos termos da lei.

8b. Como se vê, a Constituição manteve o *impeachment* como processo legal de apuração de responsabilidade política do Presidente da República, conservando, em suas linhas gerais, o modelo concebido pela primeira Constituição republicana, mas nele introduziu algumas modificações; com efeito, (a) a Câmara dos Deputados deixou de ser órgão de acusação perante o Senado, ao fazer sua acusação que lhe fosse formulada por qualquer cidadão; (b) hoje se limita a autorizar a instauração do processo, pelo voto de dois terços de seus

---

23a. STF, CJ 6.971, relator Paulo Brossard.

membros; (c) instaurado o processo pelo Senado, o Presidente da República fica suspenso do exercício de suas funções; (d) por cento e oitenta dias; (e) se, em seis meses, o julgamento não tiver ocorrido, retorna ao exercício do cargo; (f) sem prejuízo do regular prosseguimento do processo; (g) em caso de condenação, pelo voto de dois terços do Senado, o Presidente perde o cargo e fica inabilitado para o exercício de outra função pública, por oito anos.

8c. Quando uma Constituição reproduz dispositivo da anterior, supõe-se ter abonado o entendimento doutrinário e jurisprudencial firmado; quando diferente a formulação do preceito, presume-se não ter sido gratuita a alteração, salvo se meramente redacional. No que concerne à competência da Câmara em relação ao processo de responsabilidade, a Constituição de 1988 deixou de repetir o que era tradicional na linguagem das nossas leis, "declarar a procedência ou improcedência da acusação", para dizer que a ela compete "autorizar, pelo voto de dois terços de seus membros, a instauração do processo contra o Presidente da República". Pode parecer que o novo texto não chega a discrepar dos anteriores, pois quem declara procedente a acusação autoriza o seu curso e quem autoriza a instauração do processo declara procedente a acusação para esse fim. No entanto, a alteração não foi apenas essa; enquanto ao Senado competia, tradicionalmente, julgar o Presidente nos processos de responsabilidade, compete-lhe agora processá-lo e julgá-lo, e enquanto a suspensão do exercício das funções presidenciais resultava da declaração de procedência da acusação pela Câmara, decorre ela agora da instauração do processo pelo Senado. Em verdade, a Câmara perdeu uma atribuição que lhe era historicamente reservada [23b]; seu poder se assemelha ao que as Assembléias possuem em relação às imunidades parlamentares.

8d. Para que a acusação fosse declarada procedente, a Constituição de 1891 não exigia maioria qualificada da Câmara (arts. 29 e 58); no mesmo sentido a Constituição de 1934, art. 58, §§ 1.º e 4.º; a Carta de 1937 demandou o voto de dois terços da Câmara para que a acusação fosse admitida; a Constituição de 1946 abandonou a exigência da Carta autoritária, mas não voltou à fórmula de 1891, que,

---

23b. Constituição de 1891, art. 53, parágrafo único; de 1934, art. 58, § 6.º; de 1946, art. 88, parágrafo único; Carta de 1967, art. 85, § 1.º; de 1969, art. 83, § 1.º.

aliás, era a da Constituição americana: satisfez-se com o voto da maioria absoluta (arts. 59, I, e 88); o Código de 1967 voltou a 1937 — dois terços (arts. 42, I, e 85), no que foi repetido pela Carta de 1969, arts. 40, I, e 83; foi também a linha seguida pela Constituição de 1988, arts. 51, I, e 86; como as Cartas de 1937, 1967 e 1969, de forte inspiração autoritária e origens poluídas, a Constituição prescreveu que só por dois terços da Câmara a instauração do processo de responsabilidade pode ser autorizada.

8e. Embora a competência da Câmara tenha se adelgaçado, no tocante ao processo de responsabilidade, e este possa vir a ser simplificado e abreviado, parece não deva ser elidido, sem lei, o juízo preambular de cognoscibilidade, pelo qual dá curso à denúncia a ela regularmente apresentada, ou determina seu arquivamento, por não considerá-la objeto de deliberação — fórmula, aliás, utilizada para abortar todas as denúncias oferecidas, de 1893 a 1966. Como decorrência de sua autonomia e no exercício de suas atribuições, privativas ou não, nela reside o poder de organização e disciplina de seus trabalhos, e não parece arbitrário delibere, previamente, acerca da seriedade da acusação; o próprio Presidente da Casa, se for o caso, pode fazê-lo [23c], ainda que de sua decisão caiba recurso para o Plenário.

Aliás, o Supremo Tribunal Federal nunca pôs em dúvida a sobrevivência da Lei n. 1.079, como se pode ver no MS 20.442, julgado em 26-6-1984, relator Francisco Rezek, e no MS 20.474, decidido em 9-4-1986, relator Sydney Sanches; e já sob a Constituição de 1988, sem embargo de haver dispositivos obviamente revogados, reconheceu sua vigência ao julgar o MS 20.941, em 9-2-1990, relator Aldir Passarinho. Esta a ementa:

"EMENTA — 'Impeachment': denúncia de Senadores, 'ut cives', contra o Presidente da República, Ministros de Estado e o Consultor-Geral da República; rejeição liminar pelo Presidente da Câmara dos Deputados; mandado de segurança dos denunciantes; litisconsórcio passivo necessário dos denunciados; controle jurisdicional do STF sobre a regularidade processual do 'Impeachment'; legitimidade ativa dos denunciantes; segurança denegada por fundamentos diversos.

23c. MS 20.442, 29-6-1984, relator Rezek, *RTJ*, v. 111, p. 202; MS 20.941, 9-2-1990, relator Aldir Passarinho, relator para o acórdão Sepúlveda Pertence, *Diário da Justiça*, 31-8-1992, p. 13582.

I — Questões preliminares

1. No mandado de segurança requerido contra decisão do Presidente da Câmara dos Deputados, que rejeitou liminarmente a denúncia por crime de responsabilidade, os denunciados são litisconsortes passivos necessários; conversão do julgamento em diligência para a citação deles; decisão unânime.

2. Preliminar de falta de jurisdição do Poder Judiciário para conhecer do pedido; rejeição, por maioria de votos, sob o fundamento de que, embora a autorização prévia para a sua instauração e a decisão final sejam medidas de natureza predominantemente política — cujo mérito é insusceptível de controle judicial — a esse cabe submeter a regularidade do processo de 'impeachment', sempre que, no desenvolvimento dele, se alegue violação ou ameaça ao direito das partes; votos vencidos, no sentido da exclusividade, no processo de 'impeachment', da jurisdição constitucional das Casas do Congresso Nacional.

3. No processo de 'impeachment', rejeitada liminarmente a denúncia popular pelo Presidente da Câmara dos Deputados, do art. 14 da L. 1.079/50 resulta a legitimação ativa dos autores da denúncia para postular, em mandado de segurança, a nulidade do ato, por incompetência da autoridade coatora, e a seqüência do procedimento; discussão sobre a natureza da denúncia popular e a qualificação dos denunciantes no processo de 'impeachment'; votos vencidos pela ilegitimidade, fundados em que, no processo de 'impeachment', a denúncia é mera 'notitia criminis', cuja formulação não confere a qualidade de parte aos denunciantes.

II — Decisão de mérito

1. Confluência da maioria dos votos, não obstante a diversidade ou a divergência parcial dos seus fundamentos, para o indeferimento da segurança; questões enfrentadas: *a*) natureza da autorização da Câmara dos Deputados à instauração do processo de 'impeachment' pelo Senado Federal; diferença, no ponto, da Constituição de 1988 em relação às anteriores; *b*) divergência dos votos vencedores em torno da recepção ou não da L. 1.079/50, na parte relativa ao procedimento do 'impeachment' na Câmara dos Deputados, que, entretanto, não comprometeu, no caso concreto, a conclusão comum no sentido de ausência do alegado direito líquido e certo dos impetrantes ao desarquivamento da denúncia; *c*) competência do Presidente da Câmara dos Deputados, no processo do 'impeachment', para o exame liminar

O IMPEACHMENT

da idoneidade da denúncia popular, que não se reduz à verificação das formalidades extrínsecas e da legitimidade de denunciantes e denunciados, mas se pode estender, segundo os votos vencedores, à rejeição imediata da acusação patentemente inepta cu despida de justa causa, sujeitando-se ao controle do plenário da Casa, mediante recurso, não interposto no caso.

2. Votos vencidos que, à vista da L. 1.079/50 ou da própria Constituição, negaram ao Presidente da Câmara dos Deputados poder para a rejeição liminar da denúncia pelos motivos, que reputaram de mérito, da decisão impugnada"[23d].

Assim, o fato de a Câmara, hoje, não declarar a procedência da acusação, mas de autorizar a instauração do processo, não elide, por si só, as providências marcadas na Lei n. 1.079; é claro que, sobre ela, prevalece a Constituição no que dispuser em contrário; se a lei, fiel ao que prescrevia a Constituição de 1946, dispunha que "se da aprovação do parecer resultar a procedência da acusação, considerar-se-á decretada a acusação pela Câmara dos Deputados" (art. 23, § 1.º), a cláusula há de ser lida através da Constituição, e em lugar da acusação decretada se lerá "... autorizada a instauração do processo ...", sem que haja necessidade de alterar a lei, pois ela já foi alterada pela Constituição superveniente.

8f. Contudo, examinada a questão com espírito desarmado, não haverá exagero em dizer-se que a alteração não tem maior relevo, pois a autorização da Câmara é requisito necessário à instauração do processo e, uma vez concedida, sua instauração é irrecusável e dela resulta a suspensão do Presidente. Não cabe ao Senado, esclarece José Afonso da Silva, "não cabe ao Senado decidir se instaura ou não o processo. Quando o texto do art. 86 diz que, admitida a acusação por dois terços da Câmara, será o Presidente submetido a julgamento perante o Senado Federal nos crimes de responsabilidade, não deixa a este possibilidade de emitir juízo de conveniência de instaurar ou não o processo, pois que esse juízo de admissibilidade refoge à sua competência e já fora feito por quem cabia"[23e]. Nem teria sentido requerer o voto de dois terços da Câmara para autorizar a instauração do processo e esta ainda pender da anuência do Senado.

23d. MS 20.941, relator para o acórdão Sepúlveda Pertence, *Diário da Justiça*, 31-8-1992, p. 13582.

23e. José Afonso da Silva, *Curso de Direito Constitucional Positivo*, 1991, p. 473.

8g. Ao Senado cabia processar e julgar os Ministros do Supremo Tribunal (CF de 1891, art. 57, § 2.º), bem como o Procurador-Geral da República (CF de 1946, art. 62, II, Carta de 1967, art. 44, II, e de 1969, art. 42, II); cabia-lhe julgar o Presidente da República. A dicotomia, processo e julgamento, vinha do Código imperial, arts. 38 e 47, n. 2, e foi mantida pela Constituição de 1891, arts. 29 e 33, e de 1946, arts. 59, I, e 62, I; pela Carta de 1967, arts. 42, I, e 44, I; e pela de 1969, arts. 40, I, e 42, I. A Constituição de 1988, no entanto, conferiu ao Senado a atribuição de processar e julgar o Presidente nos crimes de responsabilidade (art. 52, II). Também neste passo inspirou-se na Carta de 1937, cujo art. 86 dispunha dessa maneira.

8h. À decisão preambular de cognoscibilidade não se aplica a regra dos dois terços da Câmara para sua validade, expressamente fixada quanto ao juízo conclusivo, o que autoriza a instauração do processo; só para ele a Constituição formula a exigência; de resto, a decisão preambular não é prevista na Constituição, mas na Lei n. 1.079, art. 22, reprodução do art. 7.º do Decreto n. 27, de 1892. Segundo princípio universal em matéria de direito parlamentar, formalmente enunciado no art. 47 da Constituição de 1988, "salvo disposição constitucional em contrário, as deliberações de cada Casa e de suas comissões serão tomadas por maioria de votos, presente a maioria absoluta de seus membros". A Constituição não fez mais que repetir o que preceituava o diploma imperial de 1824, art. 25, a Constituição de 1934, art. 27, a Constituição de 1946, art. 42, a Carta de 1967, art. 33, e a Carta de 1969, art. 31. As exceções à regra hão de ser expressas e pela Constituição enunciadas, "salvo disposição constitucional em contrário". A Constituição não fez, nem poderia fazer menção, expressa ou implícita, a uma deliberação que ela não prevê.

A Câmara dos Deputados, convém salientar, entendeu suprimido o juízo de cognoscibilidade, levando em conta, obviamente, sua atual atribuição.

8i. O afastamento temporário do Presidente da República e sua substituição por seu sucessor legal decorria da declaração, pela Câmara, da procedência da acusação, fosse pela maioria dos presentes, como em 1891, art. 53, parágrafo único, fosse pela maioria absoluta da Casa, art. 58, § 6.º, da Constituição de 1934, e parágrafo único do art. 88 da Constituição de 1946, fosse por dois terços da Câmara, como queriam as Cartas de 1967, art. 85, § 1.º, e de 1969, art. 83, § 1.º; agora, a suspensão do Presidente do exercício de suas funções não se dá pela autorização da Câmara para instauração do processo, como se lê no art. 51, I, ou quando admitida a acusação, como está escrito no art. 86, mas logo que instaurado o processo pelo Senado (art. 86, § 1.°, II, da CF de 1988).

8j. Para a condenação do Presidente continuam a ser necessários os votos de dois terços do Senado (arts. 52, parágrafo único, e 86 da CF de 1988), e não dos Senadores presentes, como prescrevia a Constituição de 1891, art. 33, § 2.°, aliás, na linha da Constituição americana, art. I, secção 3.ª, cláusula 6.ª, e da Lei de 15 de outubro de 1827. Limitou-se a Constituição de 1988 a manter o que vinha de 1946 (art. 62, § 2.°), de 1967 (art. 44, parágrafo único), de 1969 (art. 42, parágrafo único).

8k. A primeira Constituição republicana não fixou prazo para a inabilitação da autoridade condenada em processo de responsabilidade para exercer função pública (art. 33, § 3.°); limitou-o em até cinco anos a Constituição de 1934 (art. 58, § 7.°), no que foi seguida pela de 1946 (art. 62, § 3.°). A Carta de 1967 fixou em cinco anos o período de inabilitação (art. 44, parágrafo único), e o mesmo fez a de 1969 (parágrafo único do art. 42). A Constituição de 1988 marcou em oito anos, nem mais nem menos, a inabilitação para o exercício de função pública.

8l. Outrossim, as Constituições nada estabeleciam acerca da duração do processo; a Lei n. 1.079, no entanto, em seu art. 82, prescreveu que "não poderá exceder de cento e vinte dias, contados da data da declaração da procedência da acusação, o prazo para o processo e julgamento dos crimes definidos nesta lei", dispositivo que, aliás, mereceu severas críticas no seio da Comissão Mista de Leis Complementares (v. nota 509). A Carta de 1967, que exacerbou o governo pessoal, entronizou o preceito segundo o qual, "decorrido o prazo de sessenta dias, se o julgamento não estiver concluído, o processo será arquivado" (art. 85, § 2.°); repetiu-o a Carta de 1969 no art. 83, § 1.°. Foi a fórmula oblíqua, mas eficaz, a consagrar a irresponsabilidade do Presidente da República. Neste passo a Constituição de 1988 libertou-se do preconceito autoritário, ao dispor que "se, decorrido o prazo de cento e oitenta dias, o julgamento não estiver concluído, cessará o afastamento do Presidente, sem prejuízo do regular prosseguimento do processo".

Tenho como de duvidosa sabedoria a regra que permite o retorno às funções presidenciais de autoridade cuja responsabilização foi autorizada por dois terços da Câmara, a revelar a gravidade da acusação, tanto mais quanto a procrastinação pode ser, por vezes, o expediente, útil ou prudente, a eximir a nação do vexame de uma condenação inevitável do seu mais alto magistrado.

8m. Observe-se, por fim, que a Constituição de 1988 foi a única a reproduzir norma contida no art. 87 da Carta estado-novista. "O Presidente da República", lê-se no § 4.º do art. 86 da Constituição, "na vigência do seu mandato, não pode ser responsabilizado por atos estranhos ao exercício de suas funções" [23f].

8n. Prescrevendo-se que o reconhecimento da responsabilidade presidencial só ocorrerá se confluírem dois terços dos votos do Senado, segue-se que se está em face de uma deliberação minoritária às avessas, pois basta um terço mais um dos senadores para a absolvição, que pode ser a consagração da irresponsabilidade: o voto de vinte e oito senadores prevalece sobre o de cinqüenta e três. De resto, tendo-se em vista a heterogeneidade dos Estados-Membros e a igualdade de sua representação, dez deles, os menos populosos, não chegando a somar dez milhões de habitantes, num universo de cento e cinqüenta milhões de brasileiros, podem ser senhores do processo minuciosamente previsto e cuidadosamente disciplinado; em termos democráticos, não deixa de configurar anomalia insigne, tanto mais quando, para a simples instauração do processo, a lei exige o voto de dois terços da Câmara, onde a nação se representa. Contudo, é o sistema consagrado na lei das leis.

8o. Em cem anos, o processo jamais funcionou; as denúncias nunca foram consideradas objeto de deliberação; no entanto, como se a experiência tivesse sido negativa e abusos tivessem sido praticados, normas constitucionais têm dificultado, sucessivamente, o processo de apuração de responsabilidade do Presidente da República, mediante exigências crescentes. Tenho como certo que a República não foi feliz ao abandonar a solução construída consuetudinariamente, à margem da Constituição, sem lei que a prescrevesse ou sequer a permitisse, atendendo antes à lógica das instituições democráticas, que há de consagrar a responsabilidade dos eleitos, e a coerência e harmonia entre os Poderes, para adotar um sistema, cuja obsolência se evidencia no fato de, em um século, não ter funcionado em caso algum, a despeito da gravidade dos abusos cometidos e que, até aqui, não passou de uma falácia institucional, pomposa e inútil.

23f.   STF, Inquérito n. 567, relator Sepúlveda Pertence.

III — ANTES DA INDEPENDÊNCIA. A LEI DE 1827

9. Dispondo sobre a apuração da responsabilidade presidencial, a Constituição de 1946 conservou, *mutatis mutandis,* o modelo estabelecido em 1891.

O *impeachment,* porém, não nasceu com a República. Na Constituição de 25 de março de 1824 encontrou ele sua primeira configuração entre nós [24].

10. Era natural que se não falasse em responsabilidade do governo antes que as idéias liberais rompessem a crosta do absolutismo, em que "absorvia o Executivo em si todos os poderes, ou, para dizer melhor, havia um só" [25].

Porque, se razão assistia ao 2.º Visconde de Santarém ao escrever que "quase todos os povos da Europa não haviam ainda fixado os seus Direitos Civis no meado do XII século, nem gozado da sombra da Representação Nacional na participação da confecção das Leis, quando já de muito tempo antes haviam existido as Cortes de Lamego, e as de Coimbra do Senhor Rei D. Afonsó II", e se "nas matérias tratadas nas nossas antigas Cortes se encerram muitos e importantes princípios de Direito Público, e das garantias individuais tão reclamadas pelos Publicistas Modernos" [26]; se é certo que as

---

24. Aurelino Leal, *Teoria e Prática da Constituição Federal, 1925;* v. I, p. 482; Raul Chaves, *Crimes de Responsabilidade,* 1960, n. 15, p. 33.

25. Visconde do Uruguay, op. cit., v. I, p. 135.

26. *Memórias e Alguns Documentos para a História e Teoria das Cortes Gerais que em Portugal se celebraram pelos três Estados do Reino, ordenadas e compostas em 1824 pelo 2.º Visconde de Santarém,* 1924, Advertência Preliminar, p. IV e V; J. J. Lopes Praça, *Coleção de Leis e Subsídios para o Estudo do Direito Constitucional Portuguez,* 1893, v. I, p. VI.

Cortes de Lisboa, de 1641, convocadas por D. João IV após a restauração, assentaram como princípio do direito público lusitano "que o poder dos reis provém originariamente da nação: a qual compete... até recusar-se à obediência, quando o rei pelo seu modo de governar se torne indigno e tirano"[27]; se é exato que "nas Cortes seguintes, de 1642, os procuradores dos povos fizeram uso mais enérgico de suas atribuições: propuseram a acusação contra os ministros do Rei, principalmente contra o secretário Francisco de Lucena, argüido de traidor, o qual foi por este crime metido em processo e decapitado"; se nas Cortes de 1668 foi deposto D. Afonso VI, por ser "incapaz de governar"; não menos exato é que, a partir de 1697, as Cortes não mais se reuniram nem foram convocadas[28] até 1820, quando voltaram a reunir-se, mas ao toque da revolução que nesse ano estalou, e ao sopro do liberalismo, que mudava a face da Europa e do mundo; e decretaram a Constituição de 23 de setembro de 1822, jurada por el-rei D. João VI e por toda a nação[29].

Caindo em recesso, a partir de 1698, o Monarca reconhecia-lhes a princípio o direito de influírem no Governo. D. Pedro II, que "dispõe tudo para excluir as Cortes, inteiramente, da ingerência no Governo", prometia "convocá-las, logo que as circunstâncias o permitam"[30], e D. João V "não se atreveu a negar aquela prerrogativa dos povos, mas entreteve-os com desculpas e esperanças"[31].

Fortalecido, porém, o poder real, no reinado de D. José, do qual foi Ministro o Marquês de Pombal, "o despotismo não se disfarçou: foi pública e sistematicamente proclamado... Nos documentos do Governo não se falou mais em prerrogativas dos povos nem em Cortes; e os escritores viram-se forçados a mencioná-las como assembléias meramente consultivas, desnecessárias, e até incompatíveis no estado atual da administração. Não é o concurso das ordens, nem a opinião dos povos, que ocupa os pomposos preâmbulos das leis deste tempo; mas sim a alta e independente soberania, que o rei recebe imediatamente de Deus, pela qual manda, quer e decreta a seus vassalos, de ciência certa e poder absoluto"[32].

---

27. Coelho da Rocha, *Ensaio sobre a História do Governo e da Legislação de Portugal*, 1896, § 220, p. 168.
28. Coelho da Rocha, op. cit., §§ 221, 217 e 218, p. 169, 165 e 166.
29. Coelho da Rocha, op. cit., §§ 225 e 226, p. 172 e s.
30. Coelho da Rocha, op. cit., § 222, p. 169 e 170.
31. Coelho da Rocha, op. cit., § 223, p. 170.
32. Coelho da Rocha, op. cit., § 224, p. 171.

O IMPEACHMENT

11. Não era de estranhar, portanto, o que ensinava um contemporâneo de D. Maria, em livro dedicado a D. João, Príncipe do Brasil: "hé certo que aos Monarchas na accepção generica compete a auctoridade de governarem e regerem a Monarchia a seu arbitrio, sem outra norma, que o fim da mesma Sociedade". Assim doutrinava Francisco Coelho de Souza e S. Paio, Desembargador da Relação do Porto e desde 1787 Lente na Universidade de Coimbra [33]. Isto porque, "hé Monarchico aquelle Imperio, cujo governo hé administrado por huma só pessoa, em quem se acha *jure proprio* radicado o Summo Imperio. Hé plena aquella Monarchia, cujo Monarcha exerce todas as partes integrantes do Summo Imperio... O Imperio Portuguez hé governado, e dirigido por huma só pessoa, em quem *jure proprio* se acha radicado o Summo Imperio, sem que as Leis Fundamentais lhes prescrevessem limitação" [34]. E prosseguia: "estes direitos (do Rei) em si mesmo muito vastos e abundantissimos, se podem commodamente reduzir a cinco capítulos: Legislativo, Inspectivo, Policiativo, Judiciativo, e Executivo. Destes Direitos essenciais, e inabdicáveis da Suprema Magestade, usão, effectivamente, os Monarchas Portuguezes" [35].

Em relação a tantos e tais direitos, "vastos, e abundantíssimos", compreende-se que não fossem menores os deveres dos súditos, e deles se não olvidou o autor ao encerrar as suas *Preleções*: "à vista dos Direitos, que competem aos Soberanos, facilmente se conhece, por hum effeito necessario da obrigação correlativa, quais devem ser os nossos officios, e a nossa obediencia as Leis dos nossos Soberanos, e que jamais as podemos transgredir, sem nos constituirmos reos, e merecedores de castigo na presença de Deos, que expressamente nos manda obedecer as Leis dos Princepes seus Lugar-Tenentes, ou sejão bons, ou máos; não só pelo temor das penas externas, mas pelo vinculo da consciencia" [36].

---

33. Francisco Coelho de Souza e S. Paio, *Preleções de Direito Pátrio Público e Particular*, 1793, § LX, p. 71. "Deve-se a Souza e Sampaio nessas *Preleções* e sobretudo numas *Observações às Preleções de Direito Pátrio* publicadas em 1805 a mais vigorosa defesa do direito próprio dos reis e a mais bem deduzida crítica ao contrato social e à doutrina democrática surgidas em Portugal no período da transação do século XVIII para o XIX" (Marcelo Caetano, *Manual de Ciência Política e Direito Constitucional*, 1963, p. 308).

34. Francisco Coelho de Souza e S. Paio, op. cit., § XXV, p. 41.

35. Francisco Coelho de Souza e S. Paio, op. cit., § LXI, p. 72.

36. Francisco Coelho de Souza e S. Paio, op. cit., Título Nono, capítulo único, p. 201 e 202.

Aliás, mais do que a doutrina do lente coimbrão falavam as Ordenações do Reino: "o Rey he Lei animada sobre a terra, e pode fazer Lei, e revoga-la, quando vir que convem fazer-se assi", ele "é sobre a lei" "porque nenhuma Lei por o Rei feita o obriga, senão enquanto elle, fundado em razão, e egualdade, quizer a ella sometter seu Real poder" [37].

12. Tais eram as idéias dominantes na metrópole quando ganhou consistência o Estado no Brasil. E se os Regimentos e Cartas Régias, Alvarás e Provisões, teoricamente, pouca margem deixavam para os abusos, em verdade, arbítrio e prepotência não faltaram aos delegados da Coroa lusitana, embora ficassem eles, após deixarem os cargos, sujeitos ao "juízo de residência", perante o Conselho Ultramarino [38]. Se as Câmaras Municipais possuíam franquias, protegidas pelo Rei distante, e aqui e ali, ora escudadas em lei, as mais das vezes fundadas no costume, mercê das quais chegaram a oferecer queixas contra Vice-Reis, Capitães-Generais e Capitães-Mores, a denunciar autoridades a El-Rei e até a depô-las — assim fizeram, por exemplo, a Câmara do Rio de Janeiro, a de São Vicente, a de Vila Rica, a de Belém —, a verdade é que a situação da colônia — dos governos gerais, dos governos duais, do vice-reino — e do reino, sob o ponto de vista da liberdade e da responsabilidade oficial, não era melhor, nem tinha por que sê-lo, do que a vigente na metrópole [39].

O Príncipe era "sobre a lei", na linguagem das Ordenações, e de tais e tantos direitos titular que o dever dos povos era obedecer-lhe, segundo a lição desembargatória, "ou sejam bons, ou maus", porque era ele a lei viva, que tudo pode, *lex viva qui removetur omne impedimentum*" [40].

13. Quando as Cortes de Lisboa se reuniram, desta vez com a presença ruidosa de deputados brasileiros [41], estavam difundidas as idéias que arderam com a Revolução Francesa.

---

37. Ordenações Filipinas, L. III, t. 75, § 1.º; t. 66, pr.; L. II, t. 35, § 21.

38. Paulino Jacques, *O Estado do Brasil no Século XVIII*, 1950, p. 43 e 56; Rocha Pombo, *História do Brasil*, v. V, p. 372. Em nota, lê-se resumo da provisão de 11 de março de 1718 sobre a tomada de residência; Fernando Albi, *Derecho Municipal Comparado del Mundo Hispánico*, 1955, p. 457.

39. Paulino Jacques, op. cit., p. 60 e s.

40. Caldas Pereira, parecer de 20 de setembro de 1583, apud José Câmara, *Subsídios para a História do Direito Pátrio*, 1954, p. 97.

41. Aurelino Leal, *História Constitucional do Brasil*, 1915, Primeira Con-

O IMPEACHMENT 19

Do seu influxo não se livraram os constituintes brasileiros de 1823.

E a Constituição de 25 de março, elaborada pelo Conselho de Estado [42] e aprovada pelas Câmaras Municipais do Império [43], não ficou imune à renovação operada no século que se chamou do constitucionalismo.

Por ela o Monarca, a quem era delegado privativamente o poder moderador "como chefe supremo da nação e seu primeiro representante", para que sem cessar velasse "sobre a manutenção da independência, equilíbrio e harmonia dos mais poderes políticos" (art. 98), era também "o chefe do poder executivo, e o exercita pelos seus ministros de Estado" (art. 102).

Certo, "a pessoa do Imperador e inviolável e sagrada: ele não está sujeito a responsabilidade alguma" (art. 99). Mas os Ministros de Estado, pelos quais o Imperador exercita o Poder Executivo, são responsáveis "por traição, por peita, suborno ou concussão, por abuso do poder, pela falta de observância da lei, pelo que obrarem contra a liberdade, segurança ou propriedade dos cidadãos, e por qualquer dissipação dos bens públicos" (art. 133).

O poder de acusá-los competia à Câmara dos Deputados: "é da privativa atribuição da mesma Câmara decretar que tem lugar a acusação dos ministros de Estado e conselheiros de Estado" (art. 38). Como agora, o julgamento cabia ao Senado: "é da atribuição exclusiva do Senado: conhecer da responsabilidade dos secretários e conselheiros de Estado" (art. 47, 2.º).

---

ferência; Varnhagen, *História da Independência do Brasil*, p. 91 a 95, 105 a 111; Oliveira Lima, *O Movimento da Independência*, 1821-1822, 1922, cap. VI, p. 115 e s.; Gomes de Carvalho, *Os Deputados Brasileiros nas Cortes Gerais de 1821*, 1912, *passim*; Coelho de Senna, *Participação dos Deputados Brasileiros nas Cortes Portuguesas de 1821*, Livro do Centenário da Câmara dos Deputados, 1926, v. I, p. 13 a 131.

42. O Conselho de Estado levou em conta o projeto de Antônio Carlos oferecido à Constituinte dissolvida (Afonso Arinos, *Curso de Direito Constitucional Brasileiro*, 1960, v. II, n. 82 e 83, p. 67 e 68) e especialmente o de Martim Francisco, que foi aproveitado quase na íntegra (Felisbelo Freire, *Diário do Congresso Nacional*, 1.º de outubro de 1914, p. 2019 a 2023; Maximiliano, op. cit., n. 20, p. 26, nota 2; Aurelino Leal, op. cit., p. 106 e s.; Paulino Jacques, *Curso de Direito Constitucional*, 1962, p. 51; Hamilton Leal, *História das Instituições Políticas do Brasil*, 1962, p. 189 e s.

43. Maximiliano, op. cit., n. 20, p. 26; Afonso Arinos, op. cit., v. II, n. 106 a 112, p. 84 a 88; Octávio Tarquínio de Souza, *A Vida de D. Pedro I*, 1952, v. II, p. 574 a 602; Hamilton Leal, op. cit., p. 211 e s.

PAULO BROSSARD

14. Em verdade, a preocupação em disciplinar a responsabilidade governamental surgiu com o Parlamento. Aprovando a iniciativa de Antônio Carlos, em 30 de agosto de 1823, votou a Assembléia Geral, Constituinte e Legislativa do Império do Brasil: "enquanto a Constituição não decretar a existência de um Conselho do Imperador, são tão-somente conselheiros de Estado os Ministros e Secretários de Estado, os quais serão responsáveis na forma da Lei" [44].

Dissolvida a Constituinte em 12 de novembro de 1823, jurada a Constituição a 25 de março de 1824, a 29 de abril de 1826 se realizava a primeira das sete sessões preparatórias da Câmara dos Deputados; a 6 de maio, no Paço do Senado, com a augusta presença de Sua Majestade Imperial, foi a solene instalação da Assembléia Geral Legislativa. No dia 8 tinham início os trabalhos parlamentares [45].

Na sessão imediata, Lino Coutinho propunha que a Comissão de Constituição, a formar-se, cuidasse "de fazer as leis regulamentares", ao passo que Bernardo Pereira de Vasconcellos era de parecer que uma comissão especial fosse incumbida "para formar o projeto de lei da responsabilidade, e os mais de leis regulamentares", ficando seus membros "aliviados de todo outro trabalho de comissões" [46]. "Algumas das leis, de que precisamos — disse Vasconcellos —, são de muita importância, e urgência; tal é a lei da responsabilidade: nenhuma é mais necessária" ... "é grande a urgência das leis regulamentares, pois sem elas se não pode mover a máquina da Constituição, principalmente sem a que marca a responsabilidade" [47].

Na mesma sessão de 9 de maio, a segunda que realizava a Câmara dos Deputados, foi eleita a Comissão especial [48], de cujos trabalhos resultaram dois projetos, um referente à responsabilidade de todos os servidores públicos, outro que a circunscrevia aos Ministros e Conselheiros de Estado [49]. Apreciando-os, na sessão de 30 de maio,

---

44. *Collecção das Leis do Imperio do Brasil, desde a Independencia.* 1822 a 1825, 1835, v. I, p. 173; Afonso Arinos, op. cit., v. II, n. 86, p. 69.

45. *Annaes do Parlamento Brazileiro.* Câmara dos Srs. Deputados. Primeiro Ano da Primeira Legislatura. Sessão de 1826, 1874, v. I, p. 1 e 24.

46. *Annaes,* cit., v. I, p. 35.

47. *Annaes,* cit., v. I, p. 35 e 36.

48. *Annaes,* cit., v. I, p. 36. Integraram a Comissão especial Vergueiro e Vasconcellos, eleitos com 23 votos, Costa Aguiar, com 21, Almeida e Albuquerque, com 19, e Lino Coutinho, com 14 votos. Este foi escolhido por sorte, pois empatara com Teixeira de Gouvêa, Clemente Pereira e Cruz Ferreira.

49. Na sessão de 29 de maio era apresentado "projeto de lei sobre a responsabilidade dos empregados públicos" (*Annaes,* cit., v. I, p. 168 a 175), assi-

observou Lino Coutinho: "os ministros d'estado nunca tiveram regimento algum, por que se governassem, e ainda menos lei, que declarasse os seus abusos e omissões e as penas correspondentes. Têm sido até agora considerados como guardas do monarca, que os escolhe, e divindades, que por nada devem responder. Sendo eleitos pelo imperante, eles eram contemplados como irresponsáveis perante a nação, não devendo dar contas senão ao seu senhor, que os chamava para junto de si. Porém, tendo prevalecido às luzes do século, e achando-se felizmente estabelecida entre nós a forma representativa de governo, qual será o nosso primeiro cuidado, quando se trata de conter nos seus limites os delegados do poder nacional? Não será providenciar já a respeito destes, cujo mando tem sido até agora ilimitado...?"[50]

15. Uma lei particular, como mandava o art. 134 da Carta Imperial, indicou a variedade dos delitos, sumariamente enunciados no art. 133, assim como a maneira de proceder contra eles.

Decretou-a a Assembléia Geral, com a sanção do Imperador D. Pedro I, "por graça de Deus e unânime aclamação dos povos, imperador constitucional e defensor perpétuo do Brasil". O referendo é do Visconde de S. Leopoldo, Ministro e Secretário de Estado dos Negócios do Império.

Dela escreveu Pimenta Bueno: "Esta lei é uma das conquistas gloriosas do poder legislativo brasileiro nos tempos em que ele exercia todas as suas atribuições e era circundado de grande força moral"[51].

É a lei de 15 de outubro de 1827.

---

nado por Bernardo Pereira de Vasconcellos, Nicolau Pereira de Campos Vergueiro e José Ricardo da Costa Aguiar de Andráde (com restrições). Na sessão de 30 de maio era oferecido outro "projeto de lei da responsabilidade dos ministros, e secretários de estado, e da maneira de proceder contra eles", subscrito' por José Lino Coutinho, Manoel Caetano de Almeida e Albuquerque, José Ricardo da Costa Aguiar de Andrade (com restrições) (*Annaes*, cit., v. I, p. 176 a 179). Seu autor foi Almeida e Albuquerque (*Annaes*, cit., v. II, p. 166 e 171). Na sessão de 16 de junho prevaleceu a tese de fazer-se uma lei particular, relativa a Ministros e Conselheiros de Estado, e não geral, para todos os servidores públicos (*Annaes*, cit., v. II, p. 174).

50. *Annaes*, cit., v. I, p. 181.

51. Pimenta Bueno, *Direito Público Brasileiro e Análise da Constituição do Império*, 1857, v. I, n. 354, p. 261.

IV — O INSTITUTO BRASILEIRO COMPARADO COM O INGLÊS E O NORTE-AMERICANO

16. Se o *impeachment* não foi criação da República, não menos certo é que existe diferença substancial, a despeito de vivas semelhanças, entre o instituto monárquico e o republicano; a mesma, em termos relativos, que se nota entre o modelo inglês e o norte-americano [52]. Para compreender uma e outras, não descabe breve escorço de ambas as construções.

17. Como dizem os autores que o têm estudado, na Inglaterra o *impeachment* atinge a um tempo a autoridade e castiga o homem, enquanto, nos Estados Unidos, fere apenas a autoridade, despojando-a do cargo, e deixa imune o homem, sujeito, como qualquer, e quando for o caso, à ação da justiça [53]. Em outras palavras, a diferença básica entre o *impeachment* inglês e o norte-americano está em que, na Grã-Bretanha, a Câmara dos Lordes julga a acusação dos Comuns com jurisdição plena, impondo livremente toda a sorte de penas, até a pena capital, ao passo que o Senado americano julga a acusação da Câmara com jurisdição limitada, não podendo impor outra sanção que a perda do cargo, com ou sem inabilitação para exercer outro, relegado o exame da criminalidade do fato, quando ele tiver tal caráter, à competência do Poder Judiciário [54].

---

52. Jellinek, *La Dottrina Generale del Diritto dello Stato*, 1949, v. I, p. 307.

53. Story, op. cit., §§ 783, 784 e 786; Von Holst, *The Constitutional Law of the United States of America*, 1887, § 46, p. 159; Tucker, op. cit., §§ 199 e 200, p. 412; Paschal, *La Constitución de los Estados Unidos*, 1888, v. I, n. 40, p. 114; Gonzalez, op. cit., n. 506 e 513, p. 504 e 509.

54. Story, op. cit., § 784 e 790; Walker, *Introduction to American Law*, 1887, § 37, p. 92; Pomeroy, *An Introduction to the Constitutional Law of the United States*, 1880, § 724; Lieber, *On Civil Liberty and Self-Government*, 1888, p. 85; Carrington, Impeachment, in *The American and English Encyclopaedia*

O IMPEACHMENT

Destarte, entre um e outro processo, embora de igual denominação, rito semelhante e semelhantes formalidades, ambos com aparato e solenidades mais ou menos judiciais, há afinidades e distinções que é de mister acentuar:

a) começam por acusação da Câmara popular, sem o que a Câmara Alta não pode proferir julgamento e nada lhe é dado fazer;

b) seus efeitos, que são políticos nos Estados Unidos, na Inglaterra são de natureza criminal [55];

c) a Câmara dos Lordes funciona como tribunal judiciário — o mais alto do reino [56] —, e por simples maioria [57] inflige quaisquer penas, ainda as mais terríveis — morte, exílio, desonra, prisão, confisco de bens [58]; o Senado só pelo voto de dois terços dos membros presentes aplica sanções meramente políticas, não passando além da destituição da autoridade, com ou sem inabilitação para o exercício de outro cargo, reservado à justiça o encargo de adotar sanções criminais, quando elas couberem [59];

d) os Lordes julgam de fato e de direito, fazem o crime e a pena [60]; o Senado, como corte política, apenas afasta do poder a autoridade, para que não continue ela a prejudicar o país, em casos de traição, concussão e outros grandes crimes e delitos, ou má conduta, compreendendo-se nesta expressão faltas inominadas, com ou

---

of Law, 1900, v. XV, p. 1062 e 1068; Tocqueville, *De la Démocratie en Amérique*, 1864, v. I, cap. VII; Carrasco, *Estudios Constitucionales*, 1920, v. II, p. 278, 289, 293, 322 e 323; Arechaga, *El Poder Legislativo*, v. II, p. 343 a 345; Barrios, *El Juicio Político*, 1942, p. 22 e 23; Gallo, *El Juicio Político*, 1897, p. 119 a 126 e 172; Gabriel Luiz Ferreira, op. cit., p. 233 a 235; Galdino Siqueira, O "Impeachment" no Direito Constitucional Brasileiro, *Revista do Direito*, v. 27, p. 229, 230 e 231.

55. Archibald, Shee and Ormsby, Courts, in *The Laws of England*, v. IX, 1909, n. 28, p. 19; Lieber, op. cit., p. 85; Watson, op. cit., v. I, p. 208.

56. Blackstone, *Commentaries on the Laws of England*, 1884, v. IV, cap. 19, p. 259; trad. fr., 1823, v. VI, p. 98; Halsbury, Graham, Headlam and Webster, Parliament, in *The Laws of England*, v. XXI, 1912, n. 1156, p. 650.

57. Lawrence, The Law of Impeachment, in *The American Law Register*, v. VI, 1867, p. 643.

58. Carrington, op. cit., p. 1072; Pardon, Reprieve, and Amnesty, *Ruling Case Law*, v. 20, 1918, § 18, p. 536.

59. Vilbois, *L'Impeachment aux États-Unis*, 1920, p. 21 e 75; Lawrence, op. cit., p. 644.

60. Lawrence, op. cit., p. 643; Carrington, op. cit., p. 1063.

PAULO BROSSARD

sem repercussão na esfera do crime, cometidas ou não no exercício das funções [61];

e) o *impeachment* nos Estados Unidos cabe apenas contra quem esteja investido em cargo público; cabendo contra o Presidente e o Vice-Presidente da República, os juízes federais e os funcionários da União, excluídos os militares e os congressistas [62], cessa quando, por qualquer causa, haja desligamento definitivo do cargo [63]; na Inglaterra é (ou foi) mais largo o espectro do instituto. A ele estão sujeitos todos os súditos do reino, pares ou comuns, altas autoridades ou simples cidadãos, militares ou civis, investidos ou não em funções oficiais. Só a Coroa a ele não está sujeita [64];

f) embora as instâncias parlamentares não lhe devam estrita observância, em ambos os países são válidas as regras referentes ao processo e à prova judiciais [65]; quando do julgamento, os Senadores fazem juramento especial e os Lordes tomam a decisão sob a invocação de sua honra [66];

g) o encerramento da sessão, sua prorrogação ou a dissolução da Câmara dos Comuns não arquiva o processo [67], o mesmo ocorrendo, *mutatis mutandis,* nos Estados Unidos, quando finda a legislatura ou o Senado se renova [68];

---

61. Finley and Sanderson, *The American Executive and Executive Methods,* 1908, p. 63; Vilbois, op. cit., p. 21 e 75.

62. Ruy Barbosa, *O Direito,* v. 100, p. 25 a 32; Pomeroy, op. cit., § 716; Willoughby, *The Constitutional Law of the United States,* 1929, v. III, § 929, p. 1448; Rottschaefer, *Handbook of American Constitutional Law,* 1939, n. 412; Burdick, *The Law of the American Constitution,* 1922, § 40, p. 86; Mathews, op. cit., p. 114; Young, op. cit., p. 80; Corwin, *The Constitution and what it means today,* 1954, p. 11; trad. bras., p. 23; Carrington, op. cit., p. 1065; Public Officers, *Ruling Case Law,* v. 22, 1918, § 271, p. 565.

63. Watson, op. cit., v. I, p. 215.

64. Lawrence, op. cit., p. 644; Carrington, op. cit., p. 1064.

65. Bosanquet, Marchant, Attenborough and Emanuel, Criminal Law and Procedure, in *The Laws of the England,* v. IX, 1909, n. 548, p. 265; Story, op. cit., § 806; Carrington, op. cit., p. 1069 e 1071; Munro, *The Government of the United States,* 1949, p. 299; Gonzalez, op. cit., n. 511, p. 507.

66. Lawrence, op. cit., p. 643 e 644.

67. Erskine May, *Traité des Lois, Privilèges, Procédures et Usages du Parlement,* 1909, v. I, p. 45; v. II, p. 311; Halsbury, Graham, Headlam and Webster, op. cit., n. 1156, p. 650, nota *p;* Keir, *The Constitutional History of Modern Britain,* 1950, p. 258 e 259; Maitland, *The Constitutional History of England,* 1950, p. 318.

68. Jefferson, *Manual of Parliamentary Practice,* Secção 53, in "Senate Manual"; Thomas, The Law of Impeachment in the United States, *American*

h) de outro lado, se o Rei não pode paralisar um *impeachment* através do perdão, pode, contudo, ao termo do processo, indultar o condenado, obstando desse modo a execução da pena, o que não sucede nos Estados Unidos, onde o poder de perdoar conferido ao Presidente se não estende, em virtude de ressalva expressa, aos casos de *impeachment* [69].

Assim, ainda que o *impeachment* norte-americano derive de antecedentes britânicos, conforme a experiência das colônias e o modelo adotado pelos Estados [70] — Bryce observa que ele resultou imediatamente das Constituições Estaduais e mediatamente do direito inglês [71] —, embora conserve visíveis semelhanças com o instituto de origem, são nítidas as diferenças entre eles, a ponto de Pomeroy asseverar que "o vocábulo foi tomado de empréstimo, imitado o procedimento, e nada mais; pois muito diferentes são o objeto e o fim dos processos" [72].

18. Não é fácil dissertar acerca do *impeachment* inglês, precisando-lhe as características, pois elas mudaram ao longo do tempo. Ele próprio sofreu hiato de quase dois séculos, divergindo os autores sobre se o período de recesso foi de 1449 a 1620 ou de 1459 a 1621 [73].

Political Science Review, 1908, v. 2, p. 391 e 392; Willoughby, op. cit., v. III, § 933, p. 1451; Gonzalez, op. cit., n. 514, p. 510.

69. Wolsworth, Ridges, White-Winton and Hildesheimer, Constitutional Law, in *The Laws of England*, 1909, v. VI, n. 611, p. 404, nota *n*; Carrington, op. cit., p. 1072; Hood Phillips, *The Constitutional Law of Great Britain and the Commonwealth*, 1952, p. 69; Wade and Phillips, *Constitutional Law*, 1962, p. 297; Constituição dos Estados Unidos da América, artigo II, secção 2, cláusula 1; Watson, op. cit., v. II, p. 945; Humbert, *The Pardoning Power of the President*, 1941, p. 62; *Ruling Case Law*, cit., v. 20, § 18, p. 536.

70. Hamilton, *The Federalist*, n. 65; Foster, *Commentaries on the Constitution of the United States*, 1896, v. I, § 88, p. 511, e apêndice, p. 633 e s.; Dwight, Trial by Impeachment, in *The American Law Register*, 1867, v. VI, p. 277; Lawrence, op. cit., p. 646, 653 e 655; Gourd, *Les Chartes Coloniales et les Constitutions des États-Unis de l'Amérique du Nord*, 1903, v. III, p. 115 e 116; Thomas, op. cit., p. 381; Mayers, Impeachment, in *Encyclopaedia of the Social Sciences*, v. VII, p. 600.

71. Bryce, *La République Américaine*, 1900, v. I, p. 82 e nota 1; Miller, *Lectures on the Constitution of the United States*, 1893, p. 217.

72. Pomeroy, op. cit., § 724; Gallo, op. cit., p. 125; Ruy Barbosa, *Obras Completas*, v. XX, t. II, p. 170; Gabriel Luiz Ferreira, op. cit., p. 235; Taylor, The American Law of Impeachment, *North American Review*, v. 180, p. 502, 1905; Dupriez, *Les ministres dans les principaux pays d'Europe et d'Amerique*, 1893, v. II, p. 97 e 99.

73. Anson, *Loi et Pratique Constitutionnelles de l'Angleterre*, 1905, v. II,

Não obstante, entre a acusação a William de la Pole, Duque de Suffolk, ocorrida em 1450, e a que se fez a Lord Bacon, em 1620, Simpson inventariou as irrogadas a sir William Stanley, em 1494, ao Cardeal Wolsey, em 1529, e a sir Thomas Seymour, em 1549. Outrossim, depois do processo contra o Chanceler, que foi também o filósofo do *Novum Organum,* sucedem-se, em 1620, as acusações a Theophilus Field e sir Giles Mompesson, antes que, em 1621, se registrem as que envolveram sir Francis Michell e sir Henry Yelverton [74].

Divergências tão graúdas, porém, estão a evidenciar que há dúvidas até quanto à natureza das acusações verificadas naquele país.

Outrossim, se o derradeiro *impeachment* terminou em 1805, com a absolvição de Lord Melville, o primeiro se registrou no século XIV, ou no século XIII, pois também variam as conclusões quanto à data em que o processo surgiu e à personagem que o inaugurou [75].

Destarte, é sempre arriscado falar-se no *impeachment* inglês como se ele pudesse ser tomado por processo definido, inteiramente estruturado, quando, da gênese ao ocaso, ele se desdobra do crepúsculo do século XIII, ou XIV, à madrugada do século XIX. Lembra certos tecidos que mudam de cor conforme o ângulo do qual são vistos e segundo a luz que sobre eles incida. Será isto, porém, peculiaridade

---

p. 120; Foster, op. cit., v. I, § 87, p. 507; Maitland, op. cit., p. 215; Finley and Sanderson, op. cit., p. 60.

74. Simpson, *A Treatise on Federal Impeachments,* 1916, p. 91 e 92.

75. Simpson (op. cit., p. 5) abre seu ensaio dizendo que os autores (e cita Stephens, Pike, Hallam e Anson) discordam sobre quando o *impeachment* teve início na Inglaterra. Stephens (*History of the Criminal Law of England,* p. 146) assevera que o primeiro caso foi contra David, "the brother of Llewellyn, in 1283"; Pike (*Constitutional History of the House of Lords,* p. 205) diz que foi contra Richard Lyons, "a merchant of London, in 1376"; Hallam (*Constitutional History of England,* p. 255) e Anson *(Law and Custon of the Constitution,* p. 362) estão de acordo com Pike, de que o primeiro *impeachment* ocorreu em 1376, mas a personagem nele envolvida teria sido Lord Latimer e não o mercador Richard Lyons...

Simpson começa a relação com o *impeachment* de David, em 1283, seguindo-se o de Thomas, Conde de Lancaster, em 1322, o de Roger Mortiner e o de Simon de Beresford, em 1330, o de Thomas de Barclay, em 1350, o de Richard Lyons e o de William Lord Latimer, em 1376, sucedendo-se o de Alice Perrers, em 1377...

Cf. Clarke, *The Origin of Impeachment,* apud Wilkinson, *Studies in the Constitutional History of the Thirteenth and Fourteenth Centuries,* 1952, p. 86; Maitland, op. cit., p. 214.

do *impeachment,* ou propriedade da Constituição inglesa, que dentro da "falta de lógica", a que se referia John Simon, é "um caminho que anda", na frase de Boutiny, ou "algo que cresce", segundo Baldwin? [76]

Isto precisava ser lembrado antes que, brevemente, fossem rememorados os traços marcantes da evolução do instituto e suas características no país que lhe universalizou o nome e que sem ele não seria o que é, na apóstrofe eloqüente do autor das *Reflexões sobre a Revolução Francesa.*

19. Após longo período de hibernação, durante o qual, e por isso mesmo, prosperou o *bill of attainder,* que era uma condenação decretada por lei, uma lei-sentença, odiosamente pessoal e retroativa, no juízo de Esmein [77], o *impeachment* ressurgiu com pujança. Passou a ser admitido nos casos de ofensa à Constituição — e não se sabe bem onde começa e onde acaba a Constituição inglesa —, por "crimes muitas vezes difíceis de definir na imprecisão dos textos", como observa Glasson [78]. E mais. No curso do processo contra Lord Danby, em 1678, ficou estabelecido que "os ministros não eram responsáveis apenas pela legalidade, mas também pela honestidade, justiça e utilidade das suas medidas" [79]. Com tal poder quanto à caracterização do crime, ficava ainda à discrição dos Lordes a cominação da pena.

Se originariamente o *impeachment* foi processo criminal que corria perante o Parlamento, para que poderosas individualidades pudes-

---

76. John Simon, conferência proferida em Paris, em 28 de fevereiro de 1935; Baldwin, discurso pronunciado em Westminster Hall, em 4 de julho de 1935, apud Mariano Granados, introdução a Albert Noblet, *La Democracia Inglesa,* 1944, p. 8 e 9; Boutmy, *Estudos de Direito Constitucional,* p. 2.

77. Esmein, *Éléments de Droit Constitutionnel Français et Comparé,* 1927, v. I, p. 164; Anson, op. cit., v. I, p. 424; Erskine May, op. cit., v. II, p. 315 e 316; Carrington, op. cit., p. 1062; Archibald, Shee and Ormsby, op. cit., n. 29, p. 19 e 20; Halsbury, Graham, Headlam and Webster, op. cit., n. 1351, p. 727: "an Act of Attainder, although it is a legislative enactment, is the highest form of parliamentary judicature, because an individual for whose punishment a Bill of this kind is introduced is tried by both Houses of Parliament, and can only be condemned with the assent of the Crown".

78. Glasson, *Histoire des Institutions d'Angleterre,* 1883, v. V, p. 241.

79. Fischell, *La Constitution d'Angleterre,* 1864, v. II, p. 355; Esmein, op. cit., v. I, p. 163; Duguit, *Traité de Droit Constitutionnel,* 1911, v. II, p. 397, e 1924, v. IV, § 35, p. 473; Vilbois, op. cit., p. 12 e 13.

sem ser atingidas pela justiça[80], e supunha infração prevista em lei e com pena em lei cominada[81], cedo ficou estabelecido que, embora os Lordes estivessem ligados à lei quanto à determinação do delito, em se tratando de crimes capitais, eram livres para escolher e fixar penas, que podiam variar da destituição do cargo à prisão, ao confisco, à desonra, ao exílio e à morte.

Expandindo-se, passou a ser livremente admitido em relação a "high crimes and misdemeanors", crimes e atos que não constituíam crime, mas faltas consideradas prejudiciais ao país, independentemente de enunciação ou caracterização legais.

Desta forma, sem deixar de ser criminal a jurisdição, o processo ganhou vastas dimensões políticas. Sofreu ele real metamorfose, que é registrada pela generalidade dos autores, não faltando quem sustente que a certo tempo o caráter político sobrepujou o aspecto judiciário.

Superada a fase puramente criminal, ao período que se abre Barthélemy et Duez chamam de político-criminal[82]. Examinando os precedentes ingleses, Story, por sua vez, alude às ofensas "de caráter puramente político e dificilmente definíveis por lei"[83], subjacentes aos processos parlamentares britânicos. Na mesma ordem de considerações é o magistério de Duguit. O professor de Bordéus observa que, desde o ocaso do século XVII e ao longo do século XVIII, o *impeachment* foi admitido quanto a atos prejudiciais ao país, sem que constituíssem infração penal[84]. Não fora diverso o ensinamento de Esmein[85], e é idêntica a lição de Bielsa. Era criminal, escreve o jurista argentino, passando a política à jurisdição dos Lordes, quando a condenação se fez por "mau desempenho do cargo"[86].

---

80. Story, op. cit., § 688; Ordronaux, *Constitutional Legislation in the United States*, 1891, p. 440; Vilbois, op. cit., p. 13; Carrington, op. cit., p. 1062.
81. Vilbois, p. 9 e 10; Lacerda, *Princípios de Direito Constitucional*, 1929, v. II, n. 617, p. 450; Simpson (op. cit., p. 35 e 36) observa, porém, que desde o processo contra Suffolk, em 1388, muitos foram os casos em que "the respondents were convicted of offenses not indictable".
82. Barthélemy et Duez, *Traité de Droit Constitutionnel*, 1933, p. 170.
83. Story, op. cit., § 800.
84. Duguit, op. cit., v. IV, § 35, p. 473; Acordão do Tribunal de Justiça de São Paulo, relator Bandeira de Mello, *RDA*, v. 81, p. 292 e 293.
85. Esmein, op. cit., v. I, p. 163.
86. Bielsa, *Derecho Constitucional*, 1954, n. 196, p. 482.

O IMPEACHMENT

Ou como resumiu Adolf Samueley: "como meio de acusação em geral, não se limitou jamais o 'impeachment' aos Conselheiros da Coroa, porém, originariamente, sempre se apoiou num crime contra a *common law*. Mais tarde, porém, surgiram queixas contra funcionários, que não se fundavam em um crime de direito comum, e chegou-se a firmar o princípio de que, ao menos em relação aos servidores do Estado, qualquer descumprimento de dever, qualquer ofensa aos interesses da nação, pode ser objeto de 'impeachment' " [87].

A mudança que se vinha operando se torna tangível quando, a 5 de maio de 1679, os Comuns votaram resolução declarando nulo o perdão real que beneficiava Lord Danby. O indulto não poderia elidir a acusação parlamentar, que ficaria inútil e sem efeito [88].

20. Todavia, a evolução da técnica de apuração da responsabilidade governamental não se encerrou aí, com a politização, quiçá predominante, do processo de *impeachment,* quando ele foi admitido em casos puramente políticos, como diz Story, e em relação a faltas simplesmente prejudiciais ao país, conforme Duguit. Do velho tronco surge um broto novo. Vilbois, apreciando o fenômeno, resume seu desabrochar: "la victoire du Parlement en 1688 sur le pouvoir royal, le contrôle sur le Gouvernement par le vote annuel de l'impôt et du budget, la formation de deux grands partis homogènes, la haute culture politique de l'aristocratie anglaise, enfin l'avènement d'une dynastie étrangère allaient progressivement substituer à l'ancien système de gouvernement et au Conseil Privé la pratique du gouvernement de Cabinet et au fur et à mesure de l'affermissement du nouveau régime, l'ancienne responsabilité individuelle et pénale des conseillers de la Couronne allait faire place à cette responsabilité solidaire et politique qui constitue l'essence du gouvernement parlementaire. Ephémère comme toute institution humaine, l'impeachment allait tout d'un coup devenir inutile et tomber en désuétude" [89].

---

87. Adolf Samueley, *Das prinzip der Ministerverantwortlichkeit in der Konstitutionellen Monarchie,* apud Tobias Barreto, *Estudos de Direito,* 1926, v. II, p. 115. -

88. Blackstone, op. cit., v. IV, p. 398; Thomas, op. cit., p. 391 e 392; Costin and Watson, *The Law & Working of the Constitution,* 1952, v. I, p. 182; Ruling Case Law, cit., v. 20, § 17, p. 535. Pouco depois, em 1701, pelo *Act of Settlement* ficou estabelecido que o Rei não podia usar do perdão para obstar o *impeachment* "that no pardon under the Great Seal of England be pleadable to an impeachment by the Commons in Parliament".

89. Vilbois, op. cit., p. 15; Dwight, op. cit., p. 263; Esmein, op. cit., v. I, p. 165: "la responsabilité politique des ministres, sous le gouvernement parle-

PAULO BROSSARD

Assim, num certo momento, o fluxo das instituições forçou caminho distinto do que até então vinha sendo trilhado. O *impeachment* se encaminhava para o museu das antigüidades constitucionais [90], na medida em que novo estilo surgia nas relações entre os poderes, e para cujo advento ele fora instrumento poderoso [91]; relegada a idéia de sanção criminal como solução ordinária de governo, o jogo da responsabilidade deixou de ser apurado através das delongas de um processo judicial, passando a operar-se em termos de confiança política. Na frase sugestiva de Esmein, o processo preventivo iria substituir o processo repressivo.

Insuficiente para conter o volume das águas, engrossadas por outras vertentes, que abriam leito menos escabroso, obsoleto, desusado, inútil, como álveo abandonado, ficou o "impeachment" no mostruário das instituições arcaicas.

E quando, em 1848, foi intentado contra Lord Palmerston, Robert Peel pôde dizer aos Comuns que "the days of impeachment are gone" [92], e esta é a conclusão da generalidade dos autores [93].

21. Abolindo o *bill of attainder* e adotando o *impeachment*, os americanos racionalizaram o instituto inglês, expurgando-o dos aspectos excepcionais e, por vezes, odiosos que, historicamente, a ele se liga-

---

mentaire, a rendu inutile cette arme ancienne et la condamne à se rouiller. Le moyen préventif a remplacé le moyen répressif". Duguit, op. cit., v. IV, § 35, p. 473: "elle est, en effet, devenue inutile depuis que la responsabilité politique effective est entrée définitivement dans la pratique constitutionnelle".

90. Dicey, *Introduction to the Study of the Law of the Constitution*, 1950, p. 443: "it is laid aside among the antiquities of the constitution".

91. Carrington, op. cit., p. 1062; Finley and Sanderson, op. cit., p. 60; Wade and Phillips, op. cit., p. 297; Mayers, op. cit., p. 600; Acórdão do Tribunal de Justiça de São Paulo, relator Bandeira de Mello, *RDA*, v. 81, p. 293.

92. Fischell, op. cit., v. II, p. 362.

93. Dicey, op. cit., p. 327, 343, 454 e 455.

Tudo parece indicar que o *impeachment* não volte a ser utilizado e continue a ser a pesada peça de artilharia recolhida ao museu das antigüidades constitucionais, de que falava Boutmy Contudo, embora se tenha tornado obsoleto, não foi revogado (Jowitt, Impeachment in *The Dictionary of English Law*, 1959, v. II, p. 938). E ninguém pode afirmar que um dia, tais sejam as condições, o álveo abandonado não venha a ser retomado, de inopino, pelas águas represadas... O direito inglês, como a moeda daquele país singular, é cheio de surpresas. Não se sabe com clareza quando começaram suas instituições, nem se estão inteiramente em vigor. É que lá, como escreveu Radbruch, a Idade Média não se separou da Idade Moderna por um corte profundo, e, ao contrário, se prolonga até o presente (*El Espiritu del Derecho Inglés*, p. 13).

vam [94], os quais, no entanto, não impediram Burke, "o maior dos modernos", de asseverar que era "o cimento da Constituição, sem o qual a Inglaterra não seria a Inglaterra" [95], nem a Erskine May de ver nele "uma garantia para a liberdade pública" [96].

Para que se compreenda melhor o caráter do instituto, é oportuno lembrar que, quando os Estados Unidos adotaram o *impeachment,* reduzindo-o a expediente político com a separação do juízo parlamentar da instância criminal [97], na Inglaterra começava a ser entrevista a responsabilidade ministerial em termos puramente políticos, através de expedientes que objetivavam apenas a substituição dos Ministros, uma vez que o Rei, porque é incapaz de fazer o mal — *the king can do not wrong* —, não podia ser substituído...

Em verdade, quando da codificação institucional de Filadélfia, na Inglaterra se havia operado extensa evolução do instituto, ganhando relevo o aspecto político sobre o criminal.

A velha e por vezes temível instituição, em declínio, entrava a ceder lugar a expedientes mais eficazes e adequados à ação do governo, nos tempos que chegavam.

---

94. Lair, *Des Hautes Cours Politiques en France et à l'Étranger,* 1889, p. 312: "sous la rose rouge et la rose blanche, la haute trahison avait été l'instrument principal de ces massacres judiciaires qui suivaient les massacres du champ de bataille. A la longue, l'expérience des représailles politiques avait amené une interprétation plus modérée et plus raisonnable de la loi. Il n'était que temps, l'auteur de l'histoire constitutionnelle de l'Angleterre, Hallam, n'a pas craint de dire: "dans les procès de haute trahison, nos Cours de justice différaient peu de vraies cavernes d'assassins"; Ordronaux, op. cit., p. 437 e 438: ... "the word impeachment, in England, was often synonymous with death. (...) Under the light of these exemples of political tyranny, the separation of the three departments of Government in the Constitution of the United States is easily explained. The founders of the Republic had the constitutional of the England before their eyes. They saw the inevitable dangers to which civil liberty"...

95. Burke, *Débats Parlementaires,* v. II, p. 466, apud Fischell, op. cit., v. II, p. 355; cf. Burke, *Textos Políticos,* 1942, p. 28.

96. Erskine May, op. cit., v. II, p. 307.

97. Story, op. cit., §§ 784 e 789; Gabriel Luiz Ferreira, op. cit., p. 235: "sem repelir inteiramente a influência da tradição inglesa, a novel República, cuja Constituição é considerada por Taylor e Ellis Stevens como um desenvolvimento natural das instituições da metrópole, deu ao 'impeachment' uma feição nova, permitindo o uso dele tão-somente contra indivíduos que exercessem funções oficiais, e não autorizando como pena senão a destituição do culpado e sua inabilitação para exercer outro cargo".

O instituto, tal como foi gizado pelo constituinte, parece ter sido surpreendido numa posição *in fieri,* situado entre o que era e o que viria a ser.

Vejam-se estes fatos. Antes da independência das treze colônias, em 1742, Walpole, "o grão-vizir", deixa o poder sob a ameaça de *impeachment.* Quarenta anos mais tarde, em 1782, Lord North também se retira do governo, não mais sob a ameaça de *impeachment,* mas ante a simples censura dos Comuns [98], pois, identificado com a vontade do Rei, estava em conflito com a opinião do Parlamento, que não desejava continuar a guerra contra as colônias recém-emancipadas. Nesse momento "la responsabilité politique pure remplaçait la responsabilité politico-pénale", na observação de Barthélemy et Duez [99].

Entre os dois fatos, próximos no tempo e de significado tão rico, a América inglesa se liberta e faz sua Constituição [100].

Assim, quando os constituintes americanos adotaram o *impeachment,* tomaram-no em sua forma derradeira. De resto, ele vinha sendo praticado nas colônias e fora perfilhado pelos Estados. Limitado em seu alcance quanto às pessoas, restrito no que concerne às sanções, desvestido do caráter criminal, que fora dominante, expurgado de certas características anciãs, o *impeachment,* quando na Inglaterra chegava à senectude, ingressava no elenco das jovens instituições americanas.

22. Em verdade, o *impeachment* norte-americano não é processo criminal.

Muito cedo o problema foi equacionado nos Estados Unidos. No caso Blount, em 1797, Bayard sustentou que se tratava de processo exclusivamente político, que mais visava a proteger o Estado do que a punir o delinqüente, e esse conceito ainda hoje é reproduzido por autores de prol. E quando do julgamento de Chase, em 1805,

---

98. O fato teria marcado o advento do princípio da responsabilidade solidária do governo, pois Lord North deixou o poder com todos os seus colegas de ministério. Cf. Virga, *Le Crisi e le Dimissioni del Gabinetto,* 1948, p. 15; Woldsworth, Ridges, White-Winton and Hildesheimer, op. cit., n. 70, p. 48, e nota *e.*

99. Barthélemy et Duez, op. cit., p. 170; Lapradelle, *Cours de Droit Constitutionnel,* 1912, p. 337.

100. Stevens, *Les Sources de la Constitution des États-Unis,* 1897, p. 144 e 145.

o Senado repeliu a tese de que funcionasse como corte de justiça, porque — o depoimento é de John Quincy Adams, que registrou o episódio em suas *Memórias* — o *impeachment* não era um libelo criminal, nem mesmo um libelo, mas apenas um inquérito, feito pelas duas Casas do Congresso, para saber se um cargo não poderia ser mais bem preenchido, razão pela qual o afastamento de um juiz não importava necessariamente na sua responsabilidade criminal [101].

23. As circunstâncias históricas que envolveram o nascimento das instituições norte-americanas explicam por que se assemelham os resultados obtidos através do processo moroso que constitui o *impeachment* aos alcançados mediante simples voto parlamentar de censura, que, de modo rápido, afasta do governo a autoridade que haja decaído da confiança da maioria. A solução americana, enclausurada pela codificação, fixa um instante da evolução institucional britânica, que prosseguiu e foi além da fórmula legislada.

Não está longe da verdade e é digno de registro o quadro a propósito traçado por Eduardo Duvivier, incumbido pelo Instituto da Ordem dos Advogados do Brasil de defender o ex-Presidente Washington Luiz, em desfortuna, logo após sua queda e exílio: "é interessante observar que, transpondo o Atlântico, o 'impeachment', que, como instituição política, se originara na Inglaterra do princípio da irresponsabilidade do Executivo e que, politicamente, se extinguira com o estabelecimento da sua responsabilidade, sendo substituído pelo voto de censura, ou desconfiança, justifica-se, na América do Norte e nos países da América do Sul, que lhe seguiram o exemplo, exatamente pelo princípio da responsabilidade do Executivo, como uma sanção política de certos crimes ou delitos, ou de simples falta de cumprimento de deveres funcionais dos órgãos desse Poder; decorrendo do princípio da responsabilidade, o 'impeachment' investe-se de efeito semelhante ao do voto de censura, ou desconfiança: restringe-se à perda do cargo, acidentalmente, apenas, podendo acarretar a inabilitação para outro; no país de origem, ele guarda, em teoria, pois que caiu em completo desuso, o caráter punitivo desses crimes ou delitos; nos países para onde foi transplantado, perde esse caráter, passando a função punitiva dos crimes ou delitos para os tribunais comuns; corresponde, pois, ao voto de censura, com maior alcance porque atinge até ao chefe supremo do Executivo, e, com maior rigor,

---

101. John Quincy Adams, *Memoirs*, v. I, p. 324, apud Simpson, op. cit., p. 21 e 22.

PAULO BROSSARD

porque pode trazer a inabilitação para outro cargo público, mas também, com maior garantia para o acusado, porque não basta que este contrarie a política do Congresso, que também não o pode derrubar por uma maioria ocasional, mas preciso é que ele ofenda a lei e que essa ofensa seja verificada na forma e com as garantias de um processo judicial e por um tribunal, que somente poderá condená-lo por dois terços dos seus votos. (. . .) Adotando o 'impeachment', como um meio de tornar efetiva a responsabilidade do Presidente, seus Ministros e outros funcionários, tomaram-no, da constituição inglesa, com as garantias, de natureza judicial, do seu processo originário, mas com o efeito político, muito aproximado, do seu último estado de evolução — o voto de censura —, evolução que fora, certamente, o resultado do princípio desenvolvido, na Inglaterra, na última parte do século XVIII, da independência do judiciário, como elemento particularmente garantidor da liberdade civil" [102].

24. Destarte, longe de serem idênticos, não deixam de ser semelhantes, contudo, se objetivamente considerados, os resultados obtidos num e noutro processo de apuração de responsabilidade. Assemelham-se, quando não se identificam, os fins que ambos perseguem. Tanto no complicado processo de roupagens judiciais quanto no singelo expediente da moção de desconfiança, o de que se cuida é de afastar do governo a autoridade que se pôs em conflito com a maioria da nação, representada no Parlamento.

25. Ver-se-á que o *impeachment* monárquico era processo criminal, ao passo que exclusivamente político é o implantado com a República. Este se situa na linha do instituto norte-americano; aquele se filiava à tradição jurídica britânica.

---

102. Eduardo Duvivier, *Defesa do ex-Presidente da República Dr. Washington Luiz Pereira de Souza no caso de Petrópolis*, 1931, p. 72 e 75; Linares Quintana, *Tratado de Derecho Constitucional*, v. VIII, n. 5433, p. 470.

V — RESPONSABILIDADE POLÍTICA

26. Apuradas as singularidades que diferenciam o *impeachment* num e noutro lado do Atlântico, convém registrar que, por vezes, se faz indiscriminada invocação de autores e referências a precedentes, ora ingleses, ora americanos, que pelo mesmo nome tratam de instituições distintas, sem que se leve em conta a advertência de Ruy Barbosa: "não basta compulsar a jurisprudência peregrina: é mister aprofundá-la, joeirando os exotismos intransladáveis, para não enxertar no direito pátrio idéias incompatíveis com as nossas instituições positivas" [103].

De outro lado, dizendo-se que é política a responsabilidade que se apura no *impeachment* de feição norte-americana, corre-se o risco de empregar expressão equívoca, desde que usada também para designar diferente processo de aferição de responsabilidade, segundo diverso sistema de governo [104].

27. Com efeito, nos países onde vige o governo de gabinete, pela expressão responsabilidade política ou ministerial, se entende o dever, legal ou consuetudinário, de exonerar-se coletivamente o governo, isto é, o ministério, ou um de seus membros individualmente, quando deixa de contar com a confiança da maioria parlamentar, o que se

---

103. Ruy Barbosa, *Obras Completas*, v. XX, t. II, p. 173; *Comentários à Constituição Federal Brasileira*, 1933, v. III, p. 430.

104. Pontes de Miranda, *Revista Forense*, v. 125, p. 94 e *Questões Forenses*, v. I, p. 80: "o instituto da responsabilidade política é inconfundível com o do *governo coincidente com a maioria*, a que se prendem os fatos políticos da *moção de confiança*, que é comunicação de vontade de eficácia declarativa do *status quo*, ou *moção de desconfiança*, comunicação de vontade, explícita ou implícita, às vezes tácita, de eficácia constitutiva negativa *provável* (Inglaterra) ou *necessária* (parlamentarismo apriorístico)". Guimarães Natal, *Revista do Supremo Tribunal Federal*, v. 45, p. 20; Pedro Lessa, *Do Poder Judiciário*, 1915, § 13, p. 46 e 47; Burdeau, *Manuel de Droit Constitutionnel*, 1947, p. 103.

verifica de modo direto ou indireto, segundo critérios puramente políticos, e de forma expedita, dispensada a instauração de processo mediante denúncia, com fases de acusação, produção de provas, suspensão de cargo, defesa e julgamento [105].

Ademais, à responsabilidade política do governo corresponde a responsabilidade política do parlamento. A dissolução da Câmara é o contrapeso necessário da moção de desconfiança [106].

Muito antes que a maioria absoluta da Câmara decretasse, ao cabo de moroso, processo, a acusação do governante, teria caído o governo; rompido estaria o vínculo segundo o qual o governo é expressão visível da maioria parlamentar, subsistindo enquanto gozar de sua confiança — penhor da harmoniosa colaboração entre os Poderes Legislativo e Executivo [107]. É tão substancial essa relação entre Câmara e Governo que, já se disse, o gabinete não passa de uma comissão da Câmara, a primeira e a mais importante de suas comissões [108].

No sistema parlamentar, porque não governa, o Presidente é politicamente irresponsável [109]. O governo cabe ao ministério, gabinete ou conselho de ministros, órgão colegiado, com unidade política, homogeneidade, solidariedade coletiva e co-responsabilidade na política

---

105. É o motivo de autores europeus, especialmente, falarem na "responsabilidade penal", que nos Estados Unidos se apura através do *impeachment*, tanto diverge ela do mecanismo instituído nos países que adotam o sistema parlamentar e consagram a responsabilidade ministerial. Cf., por exemplo, Barthélemy, *Le Rôle du Pouvoir Exécutif dans les Républiques Modernes*, 1906, p. 119; Esmein, op. cit., v. II, p. 228; Burdeau, op. cit., p. 107; Gordon, *La Responsabilité du Chef de l'État dans la Pratique Constitutionnelle Récente*, 1931, p. 33; Tancredo Vasconcellos, *Presidencialismo e Parlamentarismo*, 1937, cap. III, p. 81 e s.

106. Redslob, *Le Régime Parlementaire*, 1924, p. 8; Burdeau, *Le Régime Parlementaire dans les Constitutions Européennes d'après Guerre*, 1932, p. 80; Duguit, *Manuel de Droit Constitutionnel*, 1923, § 52, p. 200; Pinto Ferreira, *Princípios de Direito Constitucional Moderno*, 1948, p. 258; Pedro Lessa, op. cit., § 13, p. 46; Raul Pilla, in Afonso Arinos de Melo Franco e Raul Pilla, *Presidencialismo ou Parlamentarismo?*, 1958, p. 360 e s.; Paulo Brossard, *O Sistema Parlamentar e sua Adoção nos Estados*, 1961, p. 10; Emenda Constitucional n. 4, arts. 12, 13 e 14.

107. Duguit, *Manuel*, § 52, p. 196 e 197; Redslob, op. cit., p. 5; Emenda Constitucional n. 4, arts. 9.° e 11.

108. Bagehot, *The English Constitution*, 1952, p. 9.

109. Duguit, op. cit., v. IV, §§ 39 e 51, p. 549 e s., e 806; Burdeau, *Manuel*, p. 101; Barthélemy et Duez, op. cit., p. 161 a 163; Santi Romano, *Principii di Diritto Costituzionale Generale*, 1947, p. 216; Laferrière, *Manuel de Droit Constitutionnel*, 1947, p. 770; Virga, *Diritto Costituzionale*, 1959, p. 310

O IMPEACHMENT

do governo [110], guiado pelo Primeiro-Ministro, Chefe do Gabinete, Presidente do Conselho de Ministros, *Premier* ou Chanceler, que é o chefe do governo [111]. Politicamente responsável é o gabinete, porque o gabinete governa. O Presidente, que preside e não governa, não tem responsabilidade política; só é responsável em casos de alta traição [112].

28. Porém, ainda quando, nos países que adotam o sistema parlamentar, a locução "responsabilidade política" tenha outro sentido [113], que contrasta em geral com a apurada mediante o *impeachment,* ou em processo a este semelhante, no Brasil, como nos Estados Unidos e na Argentina, por exemplo, onde vigora o sistema presidencial, pelo referido processo, com fases e formas que o assemelham ao processo judicial, não se apura senão a responsabilidade política, através da destituição da autoridade e sua eventual desqualificação para o exercício de outro cargo [114].

---

e 317; Pergolesi, *Diritto Costituzionale*, 1962, v. I, § 92, p. 420 e s. Cf. Célio de Oliveira Borja, *Competência Privativa do Chefe do Estado no Ato Adicional,* 1963, *passim.*

110. Gouet, *De l'Unité du Cabinet Parlementaire*, 1930, *passim*; Cuomo, *Unità e Omogeneità nel Governo Parlamentare*, 1957, *passim*; Jennings, *Cabinet Government*, 1951, p. 210 e s.; Hood Phillips, *The Constitutional Law of the Great Britain and the Commonwealth*, 1952, p. 232 e s.; Duguit, op. cit., v. IV, § 55, p. 846 e s.; Barthélemy et Duez, op. cit., p. 163 e 167, 653, 663 e 707; Laferrière, op. cit., p. 773 e s.; Virga, op. cit., p. 283 a 294; Pergolesi, op. cit., v. II, § 130, p. 68 e 69; Emenda Constitucional n. 4, arts. 1.º, 6.º, 9.º e 15.

111. Sibert. *Étude sur le Premier Ministre en Angleterre*, 1909, *passim*; Jennings, *Cabinet Government*, 1951, p. 160 e s.; Carter, *The Office of Prime Minister*, 1956, *passim*; Mackintosh, *The British Cabinet*, 1962, p. 384 e s.; Urbain, *La Fonction et les Services du Premier Ministre en Belgique*, 1958, *passim*; Preti, *Il Governo nella Costituzione Italiana*, 1954, p. 19 e 25; Marchi, in Calamandrei e Levi, *Commentario Sistematico alla Costituzione Italiana*, 1950, v. II, p. 119 e s., 132 a 134, 139 e 140; Amphoux, *Le Chancelier Fédéral dans le Régime Constitutionnel de la République Fédérale d'Allemagne*, 1962, *passim*; Barthélemy et Duez, op. cit., p. 663 a 671; Virga, op. cit., p. 294 e 297; Pergolesi, op. cit., v. II, § 117, p. 9 e s.; Laferrière, op. cit., p. 796; Emenda Constitucional n. 4, arts. 1.º, 3.º, 6.º, 9.º, 18 e 19.

112. Virga, op. cit., p. 320 e 321; Pergolesi, op. cit., v. I, § 92, p. 426; Duguit, op. cit., v. IV, § 51, p. 806 e s.; Laferrière, op. cit., p. 1027; Emenda Constitucional n. 4, arts. 4.º e 5.º.

113. Pinto Ferreira, *Princípios*, p. 242.

114. Duguit, op. cit., v. IV, § 36, p. 500; Júlio de Castilhos, na Exposição de Motivos da Lei n. 13, de 27 de junho de 1896, dizia mui claramente: "a despeito da natureza política do julgamento, é necessário revesti-lo das solenidades

judiciárias de um verdadeiro processo criminal, como condição de garantia contra o arbítrio e os transbordamentos das paixões políticas", in Joaquim Luiz Osório, *Constituição Política do Estado do Rio Grande do Sul, Comentários*, 1923, p. 248. O mesmo entendimento foi expresso por Plínio Casado ao justificar emenda ao projeto que se converteria na Lei n. 13: "o julgamento político não tem certamente afinidades com o julgamento criminal, senão em que o primeiro vai pedir ao processo comum as solenidades essenciais a uma decisão imparcial".

VI — O INSTITUTO NO DIREITO IMPERIAL

29. A Lei de 15 de outubro de 1827, elaborada nos termos do art. 134 da Constituição de 25 de março, dispôs "sobre a responsabilidade dos ministros e secretários de Estado e dos Conselheiros de Estado".

Fixou-a em termos penais.

Embora não tivesse a latitude do *impeachment* inglês quanto às pessoas que alcançava, aos fatos incriminatórios e às penas que infligia, o processo de apuração da responsabilidade nela estabelecido aproximava-se do instituto britânico; este diferia claramente do norte-americano e do que viria a ser adotado com a República [115].

30. Em verdade, eram de natureza criminal as sanções que o Senado tinha competência para aplicar, e elas variavam das penas pecuniárias ao desterro, à prisão, até à morte natural, sem falar na reparação do dano, que também lhe cabia prescrever; seu escopo não era apenas afastar do cargo a autoridade com ele incompatibilizada, como veio a ser no *impeachment* republicano; a um tempo atingia a autoridade e o homem, em sua liberdade e bens; outrossim, e por conseqüência, a denúncia contra os Ministros (e Conselheiros de Estado), estivessem ou não no Poder, podia ser apresentada em três anos por qualquer cidadão, enquanto aos parlamentares e às comissões da Câmara se cometia a faculdade de denunciá-los dentro em oito anos, período de duas legislaturas. Ao Imperador, por fim, era permitido indultar ou comutar as penas criminais impostas pelo Senado.

---

115. Aurelino Leal, op. cit., v. I, p. 483; João Mendes de Almeida Jr., *O Processo Criminal Brasileiro*, 1920, v. II, n. 384, p. 472 e 473; Visconde do Uruguay, *Estudos Práticos sobre a Administração das Províncias do Brasil*, 1865, v. II, §§ 500 a 506, p. 203 a 210.

A solução escolhida pelo legislador de 1827, ao desenvolver o preceito constitucional que enunciava, em linhas gerais, a responsabilidade dos Ministros e Conselheiros de Estado, foi apreciada por Tobias Barreto, em página que merece ser revivida: "a responsabilidade dos ministros, segundo a teoria corrente, torna-se efetiva por dois modos práticos de processo, correspondentes a dois modos de compreender a natureza jurídica dessa responsabilidade.

Com efeito, há um grupo de escritores, para quem a responsabilidade ministerial é, em todo caso, de natureza jurídico-penal. Todos os momentos subjetivos e objetivos da criminalidade comum devem aparecer nos atos, pelos quais os ministros se dizem responsáveis. Há, porém, outro grupo, ainda que em menor número, que só admite uma responsabilidade de natureza jurídico-disciplinar, não entrando neste conceito a denominada responsabilidade política, meio tático de partido, que faz o ministério harmonizar suas vistas com as vistas de uma maioria parlamentar, sem o que, perdida a confiança, como se diz, vê-se ele forçado a retirar-se. No primeiro grupo sobressaem espíritos como Robert von Mohl, Zacharioe, Held, John, o holandês Lagemans, Oswald de Kerkhove e muitos outros; no segundo acham-se nomes como Bluntschli, Zöphfl, Adolf Samueley e alguns mais.

A distinção não é capciosa nem supérflua. Dela derivam conseqüências de muito alcance. É assim que, segundo foram traduzidos na prática os princípios de uma ou outra teoria, ver-se-á a representação nacional, encarregada de acusar e julgar os ministros, absorver, mais ou menos, as funções judiciais. Não fica aí. Estabelecida a disciplina, e competindo às Câmaras, ou a uma delas, fazer somente efetiva a responsabilidade de caráter disciplinar, não há lugar para um conflito de poderes.

O poder disciplinar e o poder penal não colidem entre si. A aplicação dos mais altos meios disciplinares, diz Heffter, que são a degradação e a desqualificação para o serviço público, só se dá, em geral, quando se torna evidente que no servidor do Estado não existem as pressuposições, sob as quais lhe foi confiada a função que ele exerce. (...) Nestas condições, e ao passo que o poder disciplinar se limitasse ao modesto, mas não menos importante papel de corrigir e purificar os órgãos da administração pública, não ficaria a justiça inibida de exercer também a sua função de exigir o desagravo de qualquer violação das leis penais.

"Mas agora pergunto eu: existe entre nós, praticamente verificada, semelhante distinção? Não, decerto. Quer a Câmara dos Depu-

O IMPEACHMENT 41

tados, decretando a acusação dos ministros, como tais, quer o Senado, julgando-os, não giram na esfera única da disciplina. Pelo contrário. Aí não há restrição aos simples meios corretivos e purificadores; aí se pode fazer aplicação até da pena mais grave do nosso sistema de penalidade, a pena de morte (L. de 15 de outubro de 1827, art. 1.°, § 3.°). (...) A lei orgânica de 1827, ampliando os princípios estabelecidos pelo art. 133 da Constituição, não isolou, como já disse, o elemento disciplinar do elemento penal. (...) Quando mesmo o papel da Câmara fosse restrito ao emprego de mera disciplina, ela teria competência para conhecer do fato argüido e poder aplicar as suas medidas. Mas seu papel é mais compreensivo; ela tem o direito de decretar e promover a acusação de verdadeiros crimes, como traição, peita, suborno, e outros, e de pedir, como tal, a imposição de verdadeiras penas. Não se concebe, pois, por que estranho reviramento de princípios deixaria ela de ter a faculdade igual de decretar a acusação dos ministros indiciados em crimes comuns, desde que neste mister não sai da sua esfera, continua a exercer as funções de um órgão, não simplesmente de justiça correcional, mas de justiça penal"[116].

31. Não faltaram esforços no sentido de aplicar a Lei de 15 de outubro. Mais de um Ministro foi perante a Câmara denunciado e teve de defender-se, nas sessões de 1827, 1828, 1829, 1831 e 1832. Também depois, em 1834[117], e ainda em 1857[117a]. Um só, porém, chegou a ser acusado. Foi José Clemente Pereira. Mas o Senado, reunido como Tribunal de Justiça, na sessão de 9 de junho de 1832, em decisão unânime, absolveu o ex-Ministro da Guerra[117b], cuja acusação fora decretada a 5 de agosto de 1831[117c].

---

116. Tobias Barreto, op. cit., v. II, p. 109 a 112.

117. Afonso Celso. O Parlamento, in *A Década Republicana*, 1899, p. 207 e 208; Octávio Tarquíno de Souza, *Bernardo Pereira de Vasconcellos*, 1937, p. 8C 84, 86, 88 a 93; Machado Portella, *Constituição Política do Império do Brasil*, 1876, p. 36; Agenor de Roure, *A Constituinte Republicana*, 1920, v. I, p. 825 e 826.

117a. *Annaes do Parlamento Brazileiro*, Câmara dos Srs. Deputados, primeiro anno da décima legislatura, Sessão de 1857, Rio, 1857, v. III, p. 112, 169, 203; v. V, p. 44 a 66, 80 e 81, Appendice, p. 122 a 149, 169 a 172. Joaquim Nabuco, *Um Estadista do Império*, 1936, v. I, p. 298 a 301.

117b. *Annaes do Senado do Imperio do Brazil*, segunda sessão da primeira legislatura, de 27 de abril a 30 de junho de 1832, 1914, p. 289 a 304.

117c. *Annaes do Parlamento Brazileiro*, Câmara dos Srs. Deputados, segundo anno da segunda legislatura, sessão de 1831, 1878, v. II, p. 30 a 35.

O Deputado da Nação, Bernardo Pereira de Vasconcellos, que tão vigorosamente reclamara a feitura desse diploma e dela participara, e que por sua aplicação tão energicamente pugnaria, informava aos eleitores da Província de Minas Gerais na carta que de Ouro Preto, em 30 de dezembro de 1827, lhes dirigiu: "a Lei de responsabilidade dos Ministros d'Estado e dos Conselheiros d'Estado ... he a medida a mais proficua que se podia tomar para promover o bem geral; sem tão importante Lei todas as outras serião inuteis e a mesma Constituição seria impunemente violada, como o tem sido até agora" [118].

Era o que pensava Batista Pereira: "enquanto não existir essa lei de responsabilidade não haverá senão o poema da Constituição" [119].

Dentro em pouco, porém, à margem da lei constitucional [120], sacudida pelos terremotos políticos que provocaram a abdicação, convulsionaram a regência e anteciparam o segundo reinado, iria processar-se notável evolução institucional, mercê da qual imprimir-se-ia estilo novo às relações entre os poderes, substituindo o sistema repressivo, minuciosamente instituído em lei, pelo método preventivo, legitimado pelo costume, que se fundou na necessidade social de socorrer as crises de governo com soluções políticas, não com processos criminais.

Benjamin Constant não advertira que, sem se afastar da lei, pode um Ministro fazer mal imenso, e que, se faltarem meios constitucionais para reprimi-lo e para do poder afastá-lo, a necessidade fará achar soluções fora da Constituição? [121]

32. Consetudinariamente estabelecido, o sistema parlamentar que pareceu a Amaro Cavalcanti "verdadeiro abuso constitucional" [122], ser-

---

118. Bernardo Pereira de Vasconcellos, *Carta aos Senhores Eleitores*, 1899, p. 127 e 128; *v.* também p. 80.

119. *Anais*, cit., Sessão de 1826, v. I, p. 186.

120. Afonso Celso, *Oito Anos de Parlamento*, p. 289, e *Década Republicana*, 1899, v. II, p. 206; Joaquim Nabuco, *Um Estadista do Império*, 1936, v. I, p. 51; José Maria dos Santos, *A Política Geral do Brasil*, 1930, *passim*; Olímpio Ferraz de Carvalho, *Sistema Parlamentar*, 1933, p. 319 e s.; Oliveira Lima, *O Império Brasileiro*, p. 68 a 92; Octávio Tarquínio de Souza, *Diogo Antônio Feijó*, 1942, p. 220, 222 e 223, 229, 238, 272 e 273; Paulo Brossard, *O Parlamentarismo no Brasil*, prefácio a Raul Pilla, *Parlamentarismo ao Alcance de Todos*, p. 5 a 12; Pinto Ferreira, *Curso*, p. 211.

121. Benjamin Constant, *Cours de Politique Constitutionnelle*, 1872, v. I, p. 74.

122. Amaro Cavalcanti, *Do Regime Federativo*, 1900, p. 207. Cf. Pontes

O IMPEACHMENT

ve para ilustrar, à maravilha, o conceito de Nabuco: "Não é só na Inglaterra que a Constituição não é escrita: escrevam-na como quiserem, imaginem os modos mais decisivos de demarcar os limites de cada poder, a Constituição terá sempre que ser o *modus vivendi* que eles assentarem entre si e que o país tiver sancionado" [123].

Reproduzir-se-ia no Brasil, de certa forma, o fenômeno que ocorrera no país onde o *impeachment* surgiu, agigantou-se, entrou em declínio e feneceu. Não previsto na Constituição, o sistema parlamentar em torno dela se formou, à maneira de aluvião, envolveu-a, e chegou a ser a nota dominante das instituições imperiais.

Em desuso caiu, por desnecessário, o sistema estatuído pela Lei de 1827, à medida em que o jogo da responsabilidade política passou a operar-se em termos de confiança parlamentar.

O mesmo estadista que fora peça relevante na feitura da Lei de 15 de outubro, nela chegando a ver "a medida a mais profícua, que se podia tomar para promover o bem geral", haveria de desempenhar papel conspícuo, senão decisivo, no advento do novo regime. Já na carta famosa, aliás, ponderava ele que os exames públicos dos negócios do Estado, presentes os Ministros, "mais do que a mesma Lei da responsabilidade prevenirão as malversações" [124]. A Vasconcellos, com efeito, o Barão do Rio Branco confere o laurel de ter sido o cérebro criador do governo de gabinete no Brasil, e os documentos parlamentares testemunham o juízo do rigoroso investigador [125].

---

de Miranda, *Revista Forense*, v. 125, p. 99, e *Questões Forenses*, 1957, v. I, p. 88: "o parlamentarismo do Império ... percorria o mesmo caminho, extraconstitucional, porém não anticonstitucional, que o parlamentarismo britânico percorria"; Octávio Tarquínio de Souza, *Bernardo Pereira de Vasconcellos*, p. 24 e 25.

123. Joaquim Nabuco, *Balmaceda*, 1936, p. 49.

124. Bernardo Pereira de Vasconcellos, *Carta*, cit., p. 17.

125. Barão do Rio Branco, *Efemérides Brasileiras*, 1946, p. 224: "foi no reinado de D. Pedro I e no período das regências o verdadeiro mestre do parlamentarismo no Brasil. Ninguém combateu com mais constância do que ele pelo estabelecimento do governo livre".

VII — O INSTITUTO
E O DIREITO REPUBLICANO

33. Baqueado o Império, revogada a Constituição de 25 de março de 1824, extinto o Poder Moderador, o Presidente da República, empolgando o "poder pessoal" [126], encarnou o Poder Executivo [127].

A Monarquia foi substituída pela República. A federação sucedeu ao Estado unitário. O sistema presidencial relegou a tradição parlamentar do Império.

Se a pessoa do Imperador era legalmente inviolável e sagrada, e não estava sujeita a responsabilidade alguma, o Presidente da República passou a ser legalmente responsável [128]. Tão responsável que os Ministros, meros auxiliares seus, não respondiam pelos conselhos que lhe dessem, perdiam o mandato parlamentar e não lhes era sequer permitido ingressar no plenário das Câmaras... [129].

Instituído o sistema presidencial, com sua característica fixidez de mandatos [130], foi adotada a técnica de apuração de responsabilidade governamental que lhe é própria, sob visível influência do modelo norte-americano [131].

---

126. Pandiá Calógeras, *Formação Histórica do Brasil*, 1945, p. 382; Campos Sales, *Da Propaganda à Presidência*, 1908, p. 215.
127. Constituição de 1891, arts. 41 e 49; Pedro dos Santos, *Os Nossos Ministros de Estado*, 1934, *passim*.
128. Pedro Lessa, op. cit., § 13, p. 47.
129. Assis Brasil, *Do Governo Presidencial na República Brasileira*, 1934, p. 256 e s.
130. Bagehot, op. cit., p. 19; Wilson, *Le Gouvernement Congressionnel*, 1900, p. 269.
131. Paulino Jacques, *Curso de Direito Constitucional*, 1962, p. 158; Pedro Lessa, op. cit., §§ 3 e 25, p. 35 e 94; na *Revista do Supremo Tribunal Federal* (v. 19, p. 4, v. 45, p. 13) sustentou Pedro Lessa que o *impeachment* brasileiro não era em tudo igual ao americano, pois o constituinte pátrio quebrara o padrão do instituto norte-americano, de origem inglesa. Viveiros de Castro

O instituto concebido à sombra da Constituição de 1824 e estruturado pela Lei de 1827, *mutatis mutandis,* foi conservado em sua parte processual. Sobreviveram até singularidades que lhe deviam ser específicas. Também na parte substantiva muita coisa sobrou. Mas modificação substancial foi introduzida. Deixou de ser criminal o instituto.

Isto porque, a despeito de Pontes de Miranda advertir que "é preciso atender-se à natureza do 'impeachment' no direito brasileiro, provindo da Constituição do Império, e não de outros povos"[132] e de Aurelino Leal haver salientado que o *impeachment* no direito brasileiro tivera início na legislação do Primeiro Reinado[133], são profundas as diferenças entre o direito imperial e o republicano, apesar das aparências comuns, de persistirem certas denominações, das semelhanças processuais, de ser quase idêntico o cerimonial. É que, embora as faltas pudessem ser políticas, pela Lei de 1827 era criminal o processo a que estavam sujeitos os Ministros e Conselheiros de Estado, ao passo que, no direito republicano, ainda que possam ter colorido e repercussões penais as faltas atribuídas à autoridade executiva, sempre foi de natureza política a responsabilidade a que ela está sujeita[134].

Acentuada a similitude do instituto brasileiro com o norte-americano, convém notar que, nos Estados Unidos, o *impeachment* tem cabimento em casos de traição, corrupção e outros grandes crimes e faltas graves; na Argentina, cabe o juízo político por crime comum, delito no exercício das funções ou mau desempenho do cargo. No Brasil, ele supõe a prática de "crime de responsabilidade", que a Constituição determina seja definido em lei especial, que regule também o processo.

Dir-se-á que nos Estados Unidos e na Argentina maior é a incidência do processo e mais ampla a discrição do Congresso em matéria de *impeachment.* Verificar-se-á, porém, que a diferença é mais aparente que real.

(*Estudos de Direito Público,* p. 447 a 449, e *Revista do Supremo Tribunal Federal,* v. 19, p. 15) mostrou que as diferenças existentes, a seu juízo, nem sempre felizes, eram superficiais e não podiam ser consideradas como quebra de padrão. O instituto continuava o mesmo.

132. Pontes de Miranda, *Revista Forense,* v. 125, p. 101; *Questões Forenses,* v. I, p. 90; v. II, p. 27; v. V, p. 57.

133. Aurelino Leal, op. cit., p. 483 a 493.

134. José Higino, *Anais do Senado Federal* (sessão de 2-11-1891), 1892, v. V, p. 206.

34. Cabe *impeachment*, nos Estados Unidos, em casos de traição, suborno, e em outros grandes crimes e faltas graves [135]. Note-se que as faltas graves — *high crimes and misdemeanors* — a que se refere a Constituição não precisam ser penalmente puníveis. Nesse sentido é quase unânime a doutrina [136 e 136a].

Com efeito, repelida que tem sido, por escritores, Congresso e tribunais, a doutrina entre outros sustentada por Dwight e endossada por Curtis, ao defender o Presidente Johnson — Lawrence objetou que a tese de Dwight não tinha senão um ano de vida, pois não encontrava amparo na tradição jurídica anglo-norte-americana [137] —, é quase pacífico que as faltas pelas quais pode a autoridade sofrer *impeachment* não precisam ser puníveis, obrigatoriamente, segundo o direito comum. Em outras palavras, o *impeachment*, processo político, não é coextensivo ao *indictement*, processo criminal, porque não existe

---

135. Maximiliano (op. cit., n. 361, p. 582) traduziu *misdemeanors* por "má conduta, ação má, falta, transgressão". *Mauvaise conduite* é como se lê na edição francesa de Bryce (op. cit., v. I, p. 82); Lêda Boechat Rodrigues, traduzindo a obra de Corwin, empregou a locução "crime de responsabilidade" em lugar de *misconduct* (op. cit., p. 11 e 23). "Atos ilícitos ou má conduta" é como traduz Pinto Ferreira, *Curso de direito constitucional*, p. 203. "Transgressões de caráter inferior (*misdemeanors*)", Ruy, *Obras Completas*, 1896, v. XXIII, t. III, p. 203.

136. Simpson (op. cit., p. 30 a 49), que dá ao assunto exaustivo desenvolvimento, observa que: *a*) segundo a tradição britânica, muitos processos foram instaurados, culminando com a condenação, em virtude de *offenses not indictable*; *b*) nos debates da constituinte "nowhere therein it is even suggested that indictability has any connection with impeachability"; *c*) "no commentator upon the Constitution has said that impeachment was limited to indictable offenses"; *d*) a maior parte dos *impeachments* havidos nos Estados Unidos originaram-se de *unindictable offenses*; *e*) os mais ativos e capazes membros da constituinte, Hamilton, Madison e Wilson, manifestaram-se neste sentido; *f*) também neste sentido é a jurisprudência dos tribunais de Connecticut, Nevada e Nebraska.

136a. The Law of Presidential Impeachment by the Committee on the Federal Legislation, *29 Record of the Association of the Bar of the City of New York*, 1974, p. 155 e s.; Fenten, The Scope of the Impeachment Power, *Northwestern University Law Review*, v. 65, reproduzido em *Impeachment. Selected Materials*, Committee on the Judiciary, House of Representatives, 1973, p. 663 a 682; Black Jr., *Impeachment*, 1974, p. 25 a 52, 71 a 76; Tribe, *American Constitutional Law*, 1988. p. 290 e s.

137. Tanto a aula de Dwight, "Trial by Impeachment", como o artigo de Lawrence, "The Law of Impeachment" foram publicados em 1867, em *The American Law Register*, fascículos de março e novembro, respectivamente, p. 257 a 283 e 641 a 680; Dupriez, op. cit., v. II, p. 98.

necessária correspondência entre infrações políticas e infrações penais. É abundante a doutrina a respeito [138].

Nesta linha é a jurisprudência parlamentar, que no sentido mais amplo tem sido construída [139], assim como a jurisprudência dos tribunais, nos raros casos em que as cortes têm tido a oportunidade de manifestar-se. O Tribunal de Nebraska, por exemplo, explicitamente repeliu a tese sustentada por Dwight e Curtis, "...we are constrained to reject the views of Professor Dwight, Judge Curtis, and other advocates of the doctrine that an impeachable misdemeanor is necessarily an indictable offence...". E também os Tribunais de Nevada e de Connecticut [140].

A respeito desse ponto é de clareza didática a dissertação de Pomeroy, o escritor americano que, no dizer de Ruy [141], mais copiosa

---

138. Story, op. cit., §§ 796 a 800; Farrar, op. cit., p. 529 e s.; Lawrence, op. cit., p. 645 e 647; Pomeroy, op. cit., §§ 717 a 727; Cooley, *The General Principles of Constitutional Law*, 1898, p. 178; Foster, op. cit., §§ 88 e 93, p. 510 e 581 a 600; Von Holst, op. cit., p. 160 e 161; Tucker, op. cit., § 200, p. 416; Curtis, *Constitutional History of the United States*, 1897, v. I, p. 482; Black, *Constitutional Law*, 1910, §§ 83 a 85, p. 138; Thomas, op. cit., p. 379, 382, 392 a 394; Watson, op. cit., v. II, §§ 651 e 652, p. 1123 e 1124; Finley and Sanderson, op. cit., p. 63; Kimball, *The United States Government*, 1924, p. 197; Hughes, *The Supreme Court of the United States*, 1936, p. 19; Mathews, op. cit., p. 116; Cornw, op. cit., p. 23; cf., do mesmo autor, *The President, Office and Powers*, 1948, p. 411; Johnson, *Government in the United States*, 1958, p. 396 e 397; Pritchett, *The American Constitution*, 1959, p. 180; Carrington, op. cit., p. 1067 e 1068; *Cyclopedia of Law* (Chadman), v. II — Constitutional Law Federal and State, p. 137; Simpson, op. cit., p. 30 a 49. Cf. Chambrun, *Le Pouvoir Exécutif aux États-Unis*, 1896, p. 299; Dupriez, op. cit., v. II, p. 98; Van Nest, Impeachable Offenses under the Constitution of the United States, *The American Law Review*, 1882, v. 16, p. 798 a 817; Duguit, op. cit., v. IV, § 35, p. 473; Carrasco, op. cit., v. II, p. 278, 279, 298 e 299, 322 e 323; Maximiliano, op. cit., n. 391, p. 643; Ruy Barbosa, *Obras Completas*, v. XX, t. II, p. 168 e 169; Pedro Lessa, *Revista do Supremo Tribunal Federal*, v. 19, p. 9 e 10; Eneas Galvão, *Revista*, cit., v. 45, p. 18 e 19; Pinto Ferreira, *Curso*, p. 203 e 204; Bidegain, *El Congreso de Estados Unidos de América*, 1950, n. 321, p. 364. Em sentido contrário, Dwight, op. cit., p. 263 a 269.

139. Story, op. cit., § 799: "Congress have unhesitatingly adopted the conclusion that no previous statute is necessary to authorize an impeachment for any official misconduct; ... In the few cases of impeachment which have hitherto been tried, no one of the charges has rested upon any statutable misdemeanors"; Pomeroy, op. cit., § 721; Lawrence, op. cit., p. 667 e s.; Thomas, op. cit., p. 392 e 393; Carrington, op. cit., p. 1067.

140. Simpson, op. cit., p. 46 e 47.

141. Ruy Barbosa, *Obras Completas*, v. XX, t. II, p. 169; *Comentários à Constituição*, v. III, p. 427. Esta apreciação de Ruy é de 1893. Posterior à obra

e proficientemente ventilou a teoria do *impeachment*: "toda a vez que o Presidente, o Vice-Presidente, ou outro funcionário que violou ciente e deliberadamente os termos expressos da Constituição, ou qualquer outra lei, que lhe cometa funções não discricionárias, ou, sendo a função discricionária, exerceu-a caprichosa, perversa, leviana, ou obcecadamente, impassível ante as conseqüências desastrosas desse proceder, cabe ao caso o julgamento político, pouco importando saber se o ato foi declarado felonia, ou crime, por lei do Congresso, ou encarado como tal no direito consuetudinário de Inglaterra. O funcionário é destarte responsabilizável, perante o Congresso, por muitas infrações do dever público, impossíveis de tratar como crimes comuns e definir na legislação como processáveis nas justiças ordinárias. Assiste ao Presidente, por exemplo, a faculdade do perdão, inacessível à fiscalização parlamentar. Válido é o indulto, outorgado, por ele, seja qual for o seu móvel, ou intento. Seria absolutamente impossível ao corpo legislativo definir hipóteses precisas, em que se haja de averbar como crime o exercício do poder de agraciar. Não se pode, todavia, contestar que o Presidente, ainda sem o interesse de um suborno, pode exercer essa função de tal modo, que destrua a eficácia da lei criminal, e descubra o propósito de subverter a justiça até os fundamentos. Por atos desse gênero o Presidente incorreria em caso de 'impeachment'. Outro: é da autoridade privativa do Presidente negociar com os Governos estrangeiros. Aí o Congresso não pode impor-lhe, ou manietá-lo, e muito menos converter qualquer procedimento diplomático em transgressão punível. Mas, acontecerá que, por negociações temerárias, obstinadas, extravagantes, contra os mais óbvios interesses do país, dado que sem o desígnio de traí-lo, o Presidente mergulhe a nação em guerras inúteis e calamitosas. O 'impeachment', nesta eventualidade, seria inegável. Mais: o Presidente é o Comandante-em-chefe das forças da nação, com poder exclusivo de fazer a guerra. Não tem o Congresso o direito de indicar-lhe campanhas, marchas, assédios, batalhas, retiradas, ainda menos o de assinalar como atentado criminável qualquer direção especial dada às hostilidades. Mas, não havendo no seu procedimento indícios de colaboração com os inimigos dos Estados Unidos, sucederá que haja, todavia, contumácia, em planos, cuja futilidade já esteja demonstrada pelo seu malogro, e que ocasionem à pátria reveses,

---

de Pomeroy é a de Roger Foster, na qual o instituto em exame é vastamente tratado. Referindo-se a este comentador da Constituição dos Estados Unidos, em 1905, Ruy (*O Direito*, v. 100, p. 26) observou: "escrevendo em 1896, Foster, o autor que mais largamente se tem ocupado com essa instituição...", e à p. 30: "...a obra de Roger Foster, o mais amplo repositório do assunto...".

O IMPEACHMENT

desonra e perdição. Eis aí outra conjuntura possível do 'impeachment'. Poderíamos adicionar muitos outros exemplos" [142].

35. No âmbito estadual não é menor a amplitude do *impeachment* quanto às causas que o motivam, indicadas em termos gerais e mais ou menos vagos [143].

Em muitos Estados norte-americanos, observa Stimson, crimes [144], de modo geral, constituem causa de *impeachment*; também faltas graves ou má conduta [145]; assim como qualquer delito funcional [146] ou

---

142. Pomeroy, op. cit., § 719, p. 483 a 485. A tradução é de Ruy Barbosa, *Obras Completas*, v. XX, t. II, p. 170 a 172; *Comentários à Constituição*, v. III, p. 428 a 429; Hind's, *Precedents of the House of Representatives of the United States*, 1907, III, cap. LXIII, n. 2001 a 2024; Cannon's *Precedents of the House of Representatives of the United States*, 1935, VI, cap. CXCIII, n. 454 a 466; *Impeachment. Selected Materials*, p. 27 a 202.

143. Stimson, op. cit., § 261, p. 230 e 231; Walker, op. cit., § 37, p. 92; Watson, op. cit., v. II, p. 1038; Graves, *American State Government*, 1946, p. 372 e 373; Bates and Field, *State Government*, 1949, p. 173 a 175 e 274; Anderson and Weidner, State and Local Government, in *The United States*, 1951, p. 400 e 401; MacDonald, *American State Government and Administration*, 1950, p. 191 e 192; Johnson, op. 316 e 317; Beard *American Government and Politics*, 1947, p. 656: "many constitutions provide that any civil officer of the state may be impeached, others make all executive officers liable to that procedure, and still others specially enumerate the officers who may be subjected to it. The causes of impeachment vary, but crime, misdemeanor, treason, bribery, drunkenness, malfeasance, gross immorality, extortion, neglect of duty, incompetence, and misconduct are among those enumerated in various constitutions. South Caroline however assigns no causes whatever; it leaves the matter entirely to the discretion of the members of the state legislature". Uma lei de Oklahoma, de 1915, dispõe: "An impeachment is a prosecution, by the house of representatives, before the Senate, of the governor or other elective state officer, under the Constitution, for wilful neglect of duty, corruption in office, drunkenness, incompetency, or any offense involving moral turpitude commited while in office". Singularidade oferece o Estado de Oregon. Dispõe o art. VII, secção 6 (emendado em 1910), de sua Constituição: "Public officers shall not be impeached: but incompetency, corruption, malfeasance or delinquency in office may be tried in the same manner as criminal offenses, and judgement may be given of dismissal from office, and such further punishment as may have been prescribed by law". Cf. Beard, op. cit., p. 657; MacDonald, op. cit., p. 191.

144. *Crime*: Arkansas, Colorado, Indiana, Louisiana, Michigan, Minnesota, Missouri, Montana, North Dakota, South Dakota, Utah, Virginia, Washington, West Virginia, Wisconsin, Wyoming.

145. *Misdemeanors*: Arkansas, Colorado, Louisiana, Michigan, Minnesota, Missouri, Montana, Utah, Virginia, Washington, West Virginia, Wisconsin, Wyoming.

146. *Any high crime in office*: Delaware, Mississipi, Tennessee.

PAULO BROSSARD

falta grave no exercício do cargo [147]; toda ofensa envolvendo torpitude moral, cometida no exercício do cargo, ou com ele relacionada [148]; traição [149]; corrupção [150]; embriaguez habitual [151]; embriaguez em qualquer tempo ou lugar [152]; manifesta imoralidade [153]; má conduta [154]; ou prevaricação no cargo [155]; mau procedimento oficial [156]; extorsão através do cargo [157]; opressão [158]; negligência de deveres oficiais [159]; má administração [160]; incompetência [161]; incapacidade mental [162], e ainda por causas não especificadas [163].

36. Na Argentina não é menos considerável a latitude da cláusula constitucional que, através da expressão "mau desempenho do cargo", permite juízo de indisfarçável largueza.

Os atos da autoridade passível de *impeachment* podem não corresponder às definições dos fatos delituosos dadas pelas leis penais, mas constituir "mau desempenho do cargo", unicamente porque prejudiquem o serviço público e desonrem o país [164]. E, mesmo em havendo crime, o delito não é julgado no juízo político.

---

147. *Any misdemeanors in office*: California, Florida, Delaware, Illinois, Iowa, Kansas, Kentucky, Maine, Mississipi, North Dakota, Nebraska, Nevada, Ohio, Pennsylvania, South Dakota.

148. *Any offence involving moral turpitude, committed while in office, or connected therewith*: Alabama, Oklahoma.

149. *Treason*: Delaware, Mississipi.

150. *Bribery*: Delaware, Mississipi, New Hampshire.

151. *Habitual Drunkenness*: Alabama, Louisiana, Missouri, North Dakota, Oklahoma.

152. *Drunkenness at any time or place*: Nebraska, South. Dakota.

153. *Gross Immorality*: West Virginia.

154. *Malfeasance*: Arkansas, Colorado, Iowa, Louisiana, Massachusetts, Missouri, Montana, North Dakota, Nevada, New Hampshire, South Dakota, Utah, Virginia, Washington, Wyoming.

155. *Misconduct in office*: Alabama, Louisiana, Michigan, Minnesota, North Dakota, New Hampshire, Oklahoma, South Dakota, Virginia, West Virginia, Wisconsin.

156. *Corruption in office*: Louisiana.

157. *Extortion in office*: Louisiana.

158. *Opression in office*: Louisiana, Missouri.

159. *Neglect of official duties*: Alabama, Indiana, Oklahoma, Virginia, West Virginia.

160. *Maladministration*: Massachusetts, New Hampshire, Virginia, Vermont, West Virginia.

161. *Incompetency*: Alabama, Louisiana, Oklahoma, West Virginia.

162. *Incapacity, mental or physical*: Indiana.

163. *No causes are specified*: South Carolina.

164. Araya, *Comentario a la Constitución de la Nación Argentina*, 1911,

A prática de um crime ou de um ato ilícito, a transgressão de uma lei, resulte ou não em dano material, a inépcia política, reveladora de inidoneidade profissional ou moral, enfim "tudo o que determine dano à função, ou seja, aos interesses gerais da Nação", autoriza o juízo político. O essencial não é a pessoa do Presidente, mas a eficácia e o decoro da função pública[165].

Na mesma linha de pensamento são os conceitos de Gonzalez Calderon, para quem "as previsões do artigo são meramente gerais e sintéticas como deviam sê-lo; porque o critério da Câmara ao acusar não depende de limitações teóricas, senão de sua prudência, de seu esclarecido espírito coletivo, do seu conceito sobre o que exigem os interesses públicos e do seu patriotismo para preservá-los. Deve-se sempre ter presente que o juízo é político, ainda que isto não signifique um incentivo para afastá-lo dos ditames da razão e da justiça ... Contudo, a frase 'mau desempenho' revela o desígnio constitucional de entregar ao Congresso a apreciação discricional (no sentido de ilimitação, dentro do razoável e conveniente) das circunstâncias que possam caracterizar semelhante conduta"[166].

Linares Quintana é conclusivo: "Conforme al art. 45 de la Constitución nacional, los motivos del juicio político *son las causas de responsabilidad que se intenten contra ellos, por mal desempeño o por delito en el ejercicio de sus funciones o por crímenes comunes.* Vale decir que se trata de causales de dos órdenes diferentes. Unas se refieren a la comisión de hechos calificados y penados por la ley como delitos: *delito en el ejercicio de sus funciones*, que es la especie delictiva que únicamente puede cometer el funcionario público, como por ejemplo el cohecho, la malversación de caudales públicos, las negociaciones incompatibles con el ejercicio de funciones públicas, las exacciones ilegales, etc.; otras aluden a los demás delitos que puede cometer cualquier individuo: *crímenes comunes*. Mas, aparte de estos hechos tipificados como delitos por el código penal, la Constitución, dentro de la amplia calificación de *mal desempeño*, incluye un vasto conjunto de situaciones que justifican el enjuiciamiento político *aun*

---

v. II, p. 56 e 57; Calderon, op. cit., v. III, p. 347, e *Curso*, p. 487; Gonzalez, op. cit., n. 506, p. 504; Bielsa, op. cit., n. 197, p. 484, e *Derecho Administrativo*, 1955, v. I, n. 115 e 119; Acórdão do Tribunal de Justiça de São Paulo, rel. Des. Bandeira de Melo, *RDA*, v. 81, p. 292, 294 e 295.

165. Bielsa, op. cit., n. 197, p. 484; Araya, op. cit., v. II, p. 56.

166. Gonzalez Calderon, op. cit., v. III, p. 347, e *Curso*, cit., p. 487; no mesmo sentido Gonzalez, op. cit., n. 506, p. 504.

cuando no constituyan delitos, y que hacen que el funcionario público sea indigno y/o incapaz de desempeñar la función pública. Como señala Joaquín V. González, 'pueden los actos de un funcionario no ajustarse al vocabulario de las leyes penales vigentes, no ser delitos o crímenes calificados por la ley común, pero sí constituir *mal desempeño,* porque perjudiquen el servicio público, deshonren el país o la investidura pública, impidan el ejercicio de los derechos y garantías de la Constitución, y entonces son del resorte del juicio político' " [166a].

37. Há quem entenda que o problema não existe no Brasil. "A Constituição federal brasileira evita semelhantes questões", escreve Paulo de Lacerda. "O seu art. 54 tira todo o arbítrio nessa matéria e, não satisfeita com determinar taxativamente as causas que podem fundamentar o processo de responsabilidade (*impeachment*), ordena de modo terminante, no § 1.º, que tais delitos sejam definidos em lei especial, e esta é a de n. 30, de 8 de janeiro de 1892" [167].

Terá razão, por inteiro, o derradeiro exegeta da primeira Constituição republicana?

38. Convém notar, preliminarmente, que raros são os países que em lei definiram os crimes ou infrações que ensejam o processo parlamentar [168].

A propósito, sustentou Gabriel Luiz Ferreira que não foi feliz o constituinte "especificando os crimes de responsabilidade, que seria melhor designar por uma fórmula genérica, abrangendo toda espécie de malversações, porque estas variam infinitamente de natureza e podem ser praticadas por um presidente de República, de tantas maneiras igualmente funestas à sociedade que qualquer especificação para o fim de serem punidas pecará por deficiente.

É verdade que dificilmente se conceberá um fato cuja classificação não possa caber em alguma das categorias de crimes de responsabilidade enumeradas no art. 54 da Constituição e detalhadamente definidas na Lei n. 30, de 8 de janeiro de 1892; mas, se o que se

---

166a. Linares Quintana, op. cit., v. VIII, n. 5.443, p. 477 e 478; n. 5.447, p. 481.

167. Lacerda, op. cit., v. II, n. 623, p. 462.

168. Duguit, op. cit., v. IV, § 51, p. 810 e 811; Laferrière, op. cit., p. 1027 e 1028; Virga, *Diritto Costituzionale*, p. 320 e 321; Donnedieu de Vabres, *Traité de Droit Criminel et de Législation Pénale Comparée*, 1947, p. 940: "la seule

O IMPEACHMENT

teve em vista foi não excluir da devida repressão hipótese alguma que a reclamasse, chegar-se-ia com mais segurança a esse resultado abrindo aos dois ramos do Congresso um campo de apreciação mais largo e mais livre.

Se, ao contrário, foi isso exatamente o que se procurou evitar, receando abusos do Congresso, escolheu-se um meio ineficaz, porque abusos pode o Congresso cometer de mil modos, inclusive a adulteração dos fatos e a condenação sem provas, soberano como é na decretação do 'impeachment' pela Câmara e no julgamento dele pelo Senado, corporação em que, aliás, não se deve presumir senão circunspeção e largueza de vistas".

De resto, o mesmo magistrado observara que: "na imensa variedade de circunstâncias em que se desenvolve a ação dos homens políticos, há fatos de natureza muito complexa — fatos que podem ser danosos em extremo, sem serem positivamente ilegais, e fatos que, admitindo a qualificação de crimes, nem por isso perdem o seu caráter político, sob cujo aspecto devem ser considerados, não exclusivamente segundo os preceitos inamolgáveis da justiça, mas pelo critério de conveniência, que altas razões de Estado podem sugerir" [169].

Sob prisma diverso, o problema foi examinado também por Galdino Siqueira [170].

---

infraction qui puisse lui être imputée — le crime de haute trahison — n'est pas définie par la loi; celle-ci ne détermine pas davantage la sanction. Cette responsabilité politico-pénale, dont les origines remontent à l'impeachment, échappe à l'application de la règle *nullum crimen, nulla poena sine lege*"; cf. Duguit, op. cit., v. IV, § 36, p. 495, 502 e 503. Cf. Barthélemy, La Loi du 5 Janvier 1918 sur la Mise en Accusation devant le Sénat du Président de la République et des Ministres, *Revue du Droit Public et de Science Politique*, 1918, v. XXXV, p. 424 a 461 e 581 a 638; Barthélemy et Duez, op. cit., 1933, p. 867 e s.; Roux, L'Affaire Malvy et le Pouvoir Souverain du Sénat comme Haut-Cour de Justice, *Revue Politique et Parlementaire*, n. 289, 10-12-1918, p. 266 e 280; n. 297, 10-8-1919, p. 145 a 149; Duguit, L'Arrêt du Sénat dans l'Affaire Malvy, *Revue*, cit., n. 297, p. 137 a 144; Ordonnance n. 59-1, de 2-1-1959, portant la loi organique sur la Haute-Cour de Justice.

169. Gabriel Luiz Ferreira, op. cit., p. 239 e 232.

170. Galdino Siqueira, op. cit., p. 239 e 240: "afastando-se ainda do seu modelo, a Constituição tirou à Câmara e ao Senado o poder discricionário de determinar os fatos produtores da responsabilidade do Presidente da República. Esta é afirmada, não por meras considerações de ordem política, mas mediante a constatação de alguns atos já tachados como crimes de responsabilidade pela Constituição e definidos em lei especial (Constituição, artigos 53 e 54; Lei n. 30, de 8 de janeiro de 1892). Mas embora tome por motivo da decisão alguns desses crimes, e no julgamento observe as formalidades processuais pre-

39. Contudo, embora "lei especial" (a Constituição do Império falava em "uma lei particular") tenha definido os crimes de responsabilidade [171], nem por isso parece assistir razão a Paulo de Lacerda, e a razão talvez ainda esteja com Story ao advertir que nem sempre é possível definir esses crimes [172].

Aliás, a própria Constituição estatui, no art. 89, *caput*, que "são crimes de responsabilidade os atos do Presidente da República que atentarem contra a Constituição Federal". E só depois de haver traçado essa regra básica é que acrescenta: "e, especialmente, contra...", seguindo-se os oito itens exemplificadamente postos em relevo pelo constituinte, que incumbiu o legislador da tarefa de decompô-los e enumerá-los. Mas ela mesma prescreveu que todo atentado, toda ofensa a uma prescrição sua, independente de especificação legal, constitui crime de responsabilidade [172a].

E a lei, editada em cumprimento à determinação do parágrafo único do art. 89, só depois de reproduzir esta norma genérica — aliás, desnecessariamente, mas para que dúvida não pairasse acerca do princípio segundo o qual todo e qualquer agravo à Constituição configura crime de responsabilidade —, somente depois de repetir que "são crimes de responsabilidade os atos do Presidente da República que atentarem contra a Constituição Federal" é que adiciona: "e, especialmente, contra: I — a existência da União; II — o livre exercício do Poder Legislativo, do Poder Judiciário e dos poderes constitucionais dos Estados; III — o exercício dos direitos políticos, individuais e sociais; IV — a segurança interna do País; V — a probidade na administração; VI — a lei orçamentária; VII — a guarda e o legal emprego dos dinheiros públicos; VIII — o cumprimento das decisões judiciais" (Constituição, art. 89); para, a seguir, em oito capítulos, que compõem o Título I, discriminar as infrações mencionadas nos oito incisos antes indicados [172b].

---

viamente estabelecidas (Constituição, artigo 54, § 2.º, Lei n. 27, de janeiro de 1892), o 'impeachment', pelo sistema brasileiro, segundo já evidenciamos, não deixa de ser uma providência de ordem política, um ato disciplinar, pois outro intuito não visa, determinando a perda do cargo ou esta e a incapacidade de exercer qualquer outro, senão desembaraçar sem demora a nação do funcionário que por seus crimes, pela má gestão dos negócios públicos, a está prejudicando".

171. Constituição, art. 89, parágrafo único; Constituição de 1891, art. 54, § 1.º; Constituição de 1824, art. 134.

172. Story, op. cit., § 800.

172a. Constituição de 1988, art. 85, *caput*.

172b. Constituição de 1988, art. 85, I a VII.

O IMPEACHMENT 55

Dir-se-á que a Constituição é lei, e dizendo-se que o ato do Presidente da República que contra ela atentar é crime de responsabilidade, mais não se estará fazendo senão definir, e com rigor, essa modalidade de infração constitucional. Quem articulasse este raciocínio, porém, estaria a revelar que pouco conhece das coisas políticas e da natureza da lei constitucional, que, como instrumento de governo, tem ensejado interpretações antagônicas conforme a concepção política dos seus intérpretes, mesmo entre juízes.

Como escreveu Carson, em passagem citada por Ruy, as teorias constitucionais professadas por Marshall e Taney, ao interpretar a Constituição, refletiram na Suprema Corte a concepção dos seus respectivos partidos e são inconciliáveis [173].

Em verdade, extraordinária é a amplitude da regra constitucional segundo a qual todo ato do Presidente da República que atentar contra a Constituição é crime de responsabilidade. Com base nessa cláusula, Câmara e Senado podem destituir o chefe do Poder Executivo com a mesma liberdade com que isto seria possível nos Estados Unidos e na Argentina, através da caracterização da "má conduta", da imputação de *high crimes and misdemeanors,* e sob acusação de "mau desempenho do cargo".

Mas para caracterizar a natureza substancialmente política que o *impeachment* apresenta também no direito brasileiro, quando a Constituição não estivesse a proclamá-la, bastaria recorrer à lei, votada pelo Congresso e sancionada pelo Presidente da República, e nela verificar latitude igual à que tem o *impeachment* nos Estados Unidos e o *juicio político* na Argentina [174].

Com efeito, constitui crime de responsabilidade contra a probidade na administração (art. 9.º, n. 7, da Lei n. 1.079) "proceder de modo incompatível com a dignidade, a honra e o decoro do cargo". Semelhantemente dispunha o Decreto n. 30, de 1892, ao preceituar, no art. 48, que formava seu Capítulo VI, ser crime de responsabilidade contra a probidade da administração "comprometer a honra e a dignidade do cargo por incontinência pública e escandalosa, ou pelo vício de jogos proibidos ou de embriaguez repetida, ou portando-se

---

173. Hampton L. Carson, *The Supreme Court of the United States*; its history, 1891, v. II, p. 380; Ruy Barbosa, *O Direito do Amazonas ao Acre Setentrional*, 1910, v. I, n. 57, p. 135; João Mangabeira, *Em Torno da Constituição*, 1934, p. 102 a 114.

174. Cf. Eneas Galvão, *Revista do Supremo Tribunal Federal*, v. 45, p. 18 e 19.

com inaptidão notória ou desídia habitual no desempenho de suas funções"[175].

Não é preciso grande esforço exegético para verificar que, na amplitude da norma legal — "proceder de modo incompatível com a dignidade, a honra e o decoro do cargo" —, cujos confins são entregues à discrição da maioria absoluta da Câmara e de dois terços do Senado, cabem todas as faltas possíveis, ainda que não tenham, nem remotamente, feição criminal.

39a. Coincidindo com o enunciado no art. 89 da Constituição de 1946, e mesmo nas Cartas subseqüentes, arts. 84 e 82, a Constituição de 1988 dispõe em seu art. 85:

"Art. 85. São crimes de responsabilidade os atos do Presidente da República que atentem contra a Constituição Federal e, especialmente, contra:

I — a existência da União;

II — o livre exercício do Poder Legislativo, do Poder Judiciário, do Ministério Público e dos Poderes constitucionais das unidades da Federação;

III — o exercício dos direitos políticos, individuais e sociais;

IV — a segurança interna do País;

V — a probidade na administração;

VI — a lei orçamentária;

VII — o cumprimento das leis e das decisões judiciais".

Parágrafo único. Esses crimes serão definidos em lei especial, que estabelecerá as normas de processo e julgamento.

Apenas incluiu o Ministério Público no inciso II e deixou de referir "a guarda e legal emprego dos dinheiros públicos", que a Constituição de 1946 mencionava e as Cartas de 1967 e 1969 deixaram de incluir, o que não significa que o Presidente viesse a ficar desobrigado de bem guardar os dinheiros públicos ou de dar-lhes emprego ilegal. Basta ver o que dispõe o art. 167, § 1.º, da Constituição. Ao demais, a enumeração é exemplificativa, "são crimes de responsabilidade os atos do Presidente da República que atentem contra a Constituição Federal e, especialmente, contra...". Desse modo, continua em vigor a Lei n. 1.079, revogada apenas naquilo em que a Constituição dispôs de maneira diferente, v. g., no art. 2.º, "... com inabilitação, até cinco anos...", onde há de ler-se "... com inabi-

---

175. Vittore Teixeira de Mattos, op. cit., p. 215; Ruy Barbosa, *Ruínas de um Governo*, 1931, p. 235.

litação, por oito anos...''. Este, aliás, o entendimento do Supremo Tribunal Federal — MS 20.474, 9-4-1986, relator Sydney Sanches; MS 20.941, 9-2-1990, relator Aldir Passarinho (cujo voto não prevaleceu no que se refere à inaplicabilidade dos arts. 14 a 23 da lei mencionada) — bem como da Câmara dos Deputados, informações prestadas nos mandados de segurança indicados.

40. É que, convém se diga desde logo, os crimes de responsabilidade não são crimes. Não correspondem a ilícitos penais. "O crime de responsabilidade — observou José Frederico Marques — embora assim chamado, infração penal não o é, pois só se qualificam como entidades delituosas os atos ilícitos de cuja prática decorra sanção criminal" [176]. E o crime de responsabilidade não acarreta sanção criminal, mas apenas a sanção política, taxativamente prevista na Constituição.

São infrações estranhas ao direito penal os chamados crimes de responsabilidade. São infrações políticas da alçada do Direito Constitucional.

40a. A esta doutrina o Tribunal de Justiça do Rio Grande do Sul emprestou sua autoridade, consagrando-a em mais de um julgado.

Assim na Apelação Crime n. 23.602. Condenado à perda do cargo com inabilitação de três anos para o exercício de qualquer outra função pública por sentença do Juiz de Direito, apelou o Prefeito, indo o recurso ao exame da 3.ª Câmara Criminal. Esta, porém, dele não tomou conhecimento e remeteu os autos "a uma das Câmaras Cíveis deste Tribunal, a que de direito couber", porque "os chamados crimes de responsabilidade definidos nesses diplomas (Leis n. 1.097 e 3.528) não são infrações penais, mas infrações políticas. As Câmaras Criminais não têm competência para conhecer de processos que não versem sobre matéria criminal".

Depois de observar que "a circunstância de se referirem a crimes de responsabilidade... faz desde logo gerar a idéia de que se trata de infrações de caráter criminal", adiantou o acórdão relatado por Gino Cervi:

" 'Em nosso Tribunal de Justiça, o eminente des. Celso Afonso Pereira teve ocasião de manifestar que 'as Constituições, quando falam em crime de responsabilidade, em contraposição de crime comum, referem-se àqueles sujeitos a juízo político'. E concluiu que o

---

176. José Frederico Marques, *Observações e Apontamentos sobre a Competência Originária do Supremo Tribunal Federal*, 1961, p. 44.

art. 160 da Const. do Estado, cuja inconstitucionalidade foi contra seu voto decretada, regia apenas aquelas infrações de caráter político, e não os crimes propriamente ditos — entendimento a que na ocasião aderiu o emin. des. Eloy José da Rocha, que sustentou que o art. 160 aludido se refere, exclusivamente, aos crimes de responsabilidade, de caráter político, cuja pena é a perda do cargo, e que são os previstos nas Constituições' (Acórdão do Tribunal Pleno, in Rev. Jurídica, vol. 25, pgs. 284/285).

Enfim o prof. Paulo Brossard de Souza Pinto, em documentadíssima monografia sobre o 'impeachment', insiste, citando em seu apoio duas vezes o prof. José Fred. Marques, que 'os crimes de responsabilidade não são crimes. Não correspondem a ilícitos penais'. 'O crime de responsabilidade, observa José Fred. Marques, embora assim chamado, infração penal não o é, pois só se qualificam como entidades delituosas os atos ilícitos de cuja prática decorra sanção criminal.' E o crime de responsabilidade não acarreta sanção criminal, mas apenas a sanção política, taxativamente prevista na Constituição. São infrações estranhas ao Direito Penal os chamados crimes de responsabilidade. São infrações políticas da alçada do Direito Constitucional' (*O Impeachment*, n. 40, pg. 56).

E mais adiante volta à carga: 'Destarte, convém seja notado, a expressão 'crime de responsabilidade', que 'entrou na Constituição sem exato conceito técnico ou científico' — a sentença é de José F. Marques —, nem sempre corresponde a infração penal. Quando motiva o 'impeachment', por exemplo, caso em que, sem dúvida, a despeito do 'nomen juris' que lhe dá o Código Supremo e a Lei que lhe é complementar, o ilícito a ele subjacente não é penal'. 'Se o crime de responsabilidade não é sancionado com pena criminal, como delituoso não se pode qualificar o fato ilícito assim denominado, pois o que distingue o crime dos demais atos ilícitos é, justamente, a natureza da sanção abstratamente cominada' (Op. cit., n. 47, pgs. 63/64).

Por aí se vê, portanto, que a denominação 'crime de responsabilidade' — expressão a que até a lei processual penal empresta diferente acepção (Livro II, Título II, Capítulo II) — não pode nem deve impressionar. Não basta o nome para caracterizar a natureza da infração, antes será ele mera representação exterior a sugerir uma estrutura com que, contudo, pode não estar em legítima correspondência. Por isso, a última palavra sobre a natureza da coisa a que a denominação se prende será dada pelo exame do seu substrato, pela análise da coisa em si mesma e dos seus componentes.

O IMPEACHMENT 59

Podem os crimes de responsabilidade continuar a chamar-se 'crimes'. Nem por isso se confundirão com os crimes propriamente ditos, porque outro é o seu âmbito, diversa a sua natureza e seu caráter, outra sua finalidade. Tanto assim é que o processo que lhes dá causa não dispensa o processo criminal que, paralelamente, pode instaurar-se: se à infração política corresponde, na lei penal comum, um delito, sofrerá o agente, além da sanção político-administrativa, ainda a punição pelo delito comum.

Por igual é irrelevante o argumento de ser a condenação de natureza criminal porque ao chamado crime de responsabilidade se aplica uma pena. A pena não é elemento decisivo para a caracterização de tal infração como criminal; como lembra Themístocles Cavalcanti, 'já se tem procurado confundir o direito penal e o direito disciplinar mas ninguém mais ousaria atribuir caráter criminal à pena de demissão imposta pela autoridade administrativa, porque as duas penas diferem pelo seu conteúdo e pela sua natureza' (Op. e vol. cit., pg. 275).

Assim, pois, os crimes de responsabilidade não são crimes no sentido estrito do termo, porque se revestem de caracteres fundamentais peculiares e inconfundíveis, que os diferenciam das infrações penais e gravitam em outra esfera. Como diz José Fred. Marques, não são ilícitos penais, não têm caráter nem conteúdo criminal, são infrações políticas estranhas, alheias, ao direito criminal, comum ou especial.

Se não são crimes, mas matéria política, não podem as Câmaras Criminais conhecer de feitos que sobre ela versam, não têm competência para julgar o recurso, pois, segundo o art. 27, II, letra *a*, do Cód. de Org. Judiciária, a ditas Câmaras só cabe julgar 'os recursos das decisões... dos juízes de primeira instância, em matéria criminal'. Esta Câmara, portanto, declara-se incompetente para conhecer da espécie, determinando a remessa dos autos a uma das Câmaras Cíveis deste Tribunal, a que de direito couber" (*Revista Jurídica*, v. 70, p. 371 a 374).

Desse modo, a Apelação Crime n. 23.602 veio a transformar-se na Apelação Cível n. 26.549, a que foi junto o Mandado de Segurança n. 628, que à matéria se relacionava. O apelo foi então conhecido e provido, por unanimidade. Eis uma passagem do acórdão, de que foi relator Arno S. Arpini:

"E é da Câmara Cível a competência para conhecer do apelo, pois mostra o venerando acórdão de fls. 138/143, sufragado pela douta maioria e cujas razões são aqui adotadas, que os chamados crimes de responsabilidade, definidos nas Leis n. 1.079, de 10-4-1950, e n. 3.528, de 3-1-1959, não são crimes no sentido estrito do termo, porque têm características fundamentais peculiares e inconfundíveis, que os diferenciam das demais infrações penais e gravitam em outra esfera. Como diz José Frederico Marques, não são ilícitos penais, não têm caráter nem conteúdo criminal, são infrações políticas estranhas, alheias ao direito criminal, comum ou especial.

É realmente o *impeachment* uma medida de caráter político ou político-administrativa, e não visa punir criminalmente alguém, mas afastar do cargo quem mal o gera; visa, como diz Orozimbo Nonato, 'declarar incompatibilidade, desqualificações, destituições, todas de ordem política' (Themístocles Cavalcanti — *Constituição Federal Comentada*, ed. 1952, vol. II/275 e seguintes; Paulo Brossard de Souza Pinto — *Impeachment*, pág. 56)" (*Revista Jurídica*, v. 70, p. 371 a 374).

Caso semelhante foi distribuído à 3.ª Câmara Criminal; também esta, é por unanimidade, remeteu o recurso ao conhecimento de uma das Câmaras Cíveis, uma vez que, diz a ementa do julgado, "os chamados crimes de responsabilidade, definidos na lei n. 3.528, de 1959, não são infrações penais, mas infrações políticas. Os recursos de decisão sobre estas infrações competem às Câmaras Cíveis". E na parte decisória: "os chamados crimes de responsabilidade, definidos na lei n. 3.528, de 1959, não são infrações penais mas infrações meramente políticas, como decidiu esta Câmara Criminal, então por maioria, na apelação n. 23.602, julgada em 5 de novembro de 1964, onde, entre outros trabalhos e opiniões, foi invocada erudita e recente monografia do Prof. Paulo Brossard de Souza Pinto (*O Impeachment*, 1964). Determinou-se a remessa do processo a uma Câmara Cível, que aceitou a competência, conforme se vê do Mandado de Segurança n. 628, julgado em 4 de março de 1965".

Era o Recurso Crime n. 4.363, relator Telmo Jobim, que fora vencido na Apelação Crime n. 23.602, por entender então que se fazia mister a prévia declaração de inconstitucionalidade das Leis n. 1.079 e 3.528. Redistribuída como apelação cível, tomou o n. 30.627. Coube apreciá-la a 1.ª Câmara Cível Especial, que aceitou a sua competência. O acórdão também foi unânime. Esta sua ementa: "Prefeito Municipal. Crime de responsabilidade. Seu processo e julgamento compete à Câmara de Vereadores e não ao Poder Judiciário. Aplicação da Lei Federal n. 3.528, de 3-1-1959, art. 4.º; Constituição Estadual, art. 165".

O IMPEACHMENT 61

"O magistrado deu-se por incompetente em despacho lançado na própria queixa, fundado no art. 4.º, parágrafo único, da Lei 3.258. Daí o recurso em sentido estrito, interposto pela Câmara de Vereadores e distribuído à egrégia Terceira Câmara Criminal, onde foi determinada a remessa dos autos a uma das Câmaras Cíveis deste Tribunal, por não se tratar de infração penal, mas sim política, em conseqüência do que foi o processo redistribuído a esta Câmara."

Isso porque, nesse entretempo, sobreveio a Constituição estadual de 1967, cujo art. 165, atual 159, substituiu o art. 160 da Constituição de 1947, dispondo: "nos crimes comuns e nos de responsabilidade, os Prefeitos e Vice-Prefeitos serão processados e julgados na forma prescrita em lei federal". A lei federal era a Lei n. 3.528.

Esta passagem é do acórdão, unânime: "estabelecendo perfeita simetria de situações, para o processo e julgamento dos crimes de responsabilidade, de conteúdo eminentemente político — abrangendo desde o Chefe do Poder Executivo Municipal, ou seja, da célula básica da vida política nacional, até o supremo magistrado, o Presidente da República —, atribuindo-se aos órgãos legislativos, respectivamente Câmara de Vereadores e Congresso Nacional, competência para processar e julgar ditos delitos — dos quais não resultará conseqüência mais grave senão a perda do cargo e a inabilitação até cinco anos para o exercício de qualquer função —, tudo sem prejuízo da constatação eventual da ocorrência de crime comum, caso em que ou originária, ou residualmente, a matéria seria encaminhada à Justiça comum, por seus órgãos competentes. É, em suma, o processamento do 'impeachment' matéria já tratada neste Tribunal e Câmara, no Conflito Negativo de Jurisdição n. 304, de 14-4-1965 (Câmara Cível Especial); Mandado de Segurança n. 628, idem (in *Revista Jurídica*, 70/371, de 4-3-64); Agravo de Petição n. 8.575, de 11-10-1962 (3.ª Câmara Cível, in *Revista Jurídica*, 61/101). Em tais condições, agiu com acerto o magistrado ao declarar-se incompetente.para conhecer da matéria".

E negou provimento à apelação cível, "eis que a matéria não é da alçada do Poder Judiciário", por não tratar-se de infração penal.

VIII — CRIMES DE RESPONSABILIDADE

41. Repetidas vezes a Constituição [176a] fala em crimes. Crimes comuns (arts. 88, 92, 101, *a*, *b*, *c*, 119, VII, 124, IX, 209, II); crime inafiançável (art. 45 e § 1.º); crime sujeito à jurisdição do Supremo Tribunal Federal (art. 101, I, *h*); crimes praticados em detrimento de bens, serviços ou interesses da União (art. 104, II, *a*); crimes dolosos contra a vida (art. 141, § 28); crimes políticos (arts. 101, II, *c*, 141, § 33); crime de opinião (art. 141, § 33); crimes eleitorais (art. 119, VII); crimes militares (art. 108); crimes contra a segurança externa do País ou as instituições militares (art. 108, § 1.º); crimes contra a segurança da Nação ou das instituições políticas e sociais (art. 207); crimes de responsabilidade (art. 54, parágrafo único, 59, I, 62, I e II, 88, 89, 92, 93, 100, 101, I, *c*, 124, IX).

Dispondo sobre estes, a Constituição emprega a mesma locução, indiscriminadamente, em relação a determinadas autoridades políticas, a magistrados e a certos funcionários.

Assim, ela se refere a crimes de responsabilidade do Presidente da República (arts. 88, 89, 59, I, e 62, I); os Ministros de Estado, por sua vez, podem praticá-los (arts. 54, parágrafo único, 59, I, 62, I,

---

176a. Também a Carta de 1969: crimes comuns (arts. 32, §§ 1.º e 2.º, 83, 119, I, *a*, 122, I, *b*; crime de qualquer natureza (art. 30, parágrafo único, *c*); crime contra a honra (art. 30, parágrafo único, *c*); crimes praticados em detrimento de bens, serviços ou interesse da União ou de suas entidades autárquicas ou empresas públicas (art. 125, IV); crimes dolosos contra a vida (art. 153, § 18); crimes políticos (arts. 57, VI, 125, IV, 153, § 19); crimes de opinião (art. 153, § 19); crimes eleitorais (art. 137, VII); crimes militares (art. 129); crimes contra as instituições militares (art. 129, § 1.º); crimes contra a segurança nacional (art. 129, § 1.º); crimes previstos em tratado ou convenção internacional e os cometidos a bordo de navios e aeronaves (art. 125, V); crimes contra a organização do trabalho ou decorrentes de greve (art. 125, VI); crimes de ingresso ou permanência irregular de estrangeiro (art. 125, X); crimes de responsabilidade (arts. 38, § 1.º, 42, I e II, 82, 83, 119, I, *b*, 122, I, *b*, 144, § 3.º).

O IMPEACHMENT 63

92, 93 e 101, I, *c*); do mesmo modo os Ministros do Supremo Tribunal Federal (arts. 100 e 62, II); igualmente o Procurador-Geral da República (art. 62, II); também os juízes dos tribunais superiores da União (Tribunal Federal de Recursos, Superior Tribunal Militar, Tribunal Superior Eleitoral, Tribunais Regionais Eleitorais, Tribunal Superior do Trabalho, Tribunais Regionais do Trabalho), os desembargadores dos Tribunais de Justiça dos Estados, do Distrito Federal e dos Territórios, os Ministros do Tribunal de Contas, os chefes de missão diplomática em caráter permanente (art. 101, I, *c*); e ainda os juízes de direito (art. 124, IX) [176b].

Além disso, conforme a autoridade ou o funcionário faltoso, assim a corte de julgamento — Tribunal de Justiça, Supremo Tribunal Federal ou Senado Federal — e o modo como o processo se desenrola [176c].

Enquanto o Senado julga o Presidente da República (e os Ministros de Estado nos crimes de responsabilidade conexos aos daquele, art. 62, I), depois de formulada a acusação pelo voto da maioria absoluta da Câmara dos Deputados (art. 59, I), cabe-lhe processar e julgar nos crimes de responsabilidade os Ministros do Supremo Tribunal Federal e o Procurador-Geral da República (arts. 62, II, e 100).

Por sua vez, o Supremo Tribunal Federal processa e julga os Ministros de Estado nos crimes de responsabilidade (arts. 92, 101, I, *c*, ressalvada a hipótese do art. 92, *in fine*, combinado com o art. 62, I); os Desembargadores dos Tribunais de Justiça dos Estados, do Distrito Federal e dos Territórios, os Ministros do Tribunal de Contas e os chefes de missão diplomática em caráter permanente (art. 101, I, *c*).

Os Tribunais de Justiça, por seu turno, processam e julgam os juízes de inferior instância dos respectivos Estados nos crimes comuns e de responsabilidade (art. 124, IX).

41a. A Constituição de 1988 também fala em crimes, v. g., crime (arts. 5.º, XXXIX, 109, V); crimes comuns (arts. 96, III, 105, I, *a*, 108, I, *a*); infrações penais comuns (arts. 86 e § 1.º, I, 102, I, *b*, *c*, 144, § 4.º); infrações penais praticadas em detrimento de bens, serviços ou interesse da União, ou de suas entidades autárquicas ou

---

176b. Carta de 1969, arts. 38, § 1.º, 42, I e II, 82, 83, 119, I, *b*, 122, I, *b*, 144, § 3.º.

176c. Carta de 1969, Tribunal de Justiça, Tribunais Federais de Recursos, Supremo Tribunal Federal ou Senado Federal (arts. 144, § 3.º, 122, I, *b*, 119, I, *b*, 42, I e II, 83).

empresas públicas (art. 109, IV); infrações penais contra a ordem política e social ou em detrimento de bens, serviços e interesses da União ou de suas entidades autárquicas e empresas públicas, assim como outras infrações cuja prática tenha repercussão interestadual ou internacional (art. 144, § 1.º, I); crimes dolosos contra a vida (art. 5.º, XXXVIII, *d*); crimes políticos (arts. 5.º, LII, 102, II, *b*, 109, IV); crime de opinião (art. 5.º, LII); crimes militares (arts. 124, 125, § 4.º, 144, § 4.º); crime propriamente militar (art. 5.º, LXI); crime de ação pública (art. 5.º, XLIV); crime inafiançável e imprescritível (art. 5.º, XLII e XLIV); crimes inafiançáveis e insuscetíveis de graça ou anistia (art. 5.º, XLIII); crime por retenção dolosa de salários (art. 7.º, X); crimes contra a organização do trabalho, contra o sistema financeiro e a ordem econômico-financeira (art. 109, VI); crimes de ingresso ou permanência irregular de estrangeiro (art. 109, X); crime contra o Estado (art. 136, § 3.º, I); crime de usura (art. 192, § 3.º).

Crimes comuns todos eles, no entendimento reiterado do Supremo Tribunal Federal [176d], que se contrapõem aos impropriamente chamados crimes de responsabilidade, expressão que, contudo, tem sentido equívoco, pois tanto designa infrações políticas, como crimes funcionais.

Menciona igualmente crimes de responsabilidade (arts. 50 e § 2.º, 52, I e II, 53, §§ 1.º e 3.º, 83 e parágrafo único, 86 e inciso II; 96, III, 102, I, *c*, 105, I, *a*, 108, I, *a*, 167, § 1.º).

42. De outro lado, que crimes de responsabilidade serão os do Presidente da República, deixados à margem pelo Código Penal de 1940? [177] Por que o diploma que expressamente os exclui de seu

---

176d. HC 41.296, de 23-11-1964, relator Gonçalves de Oliveira, *RTJ*, 33/590; HC 42.108, de 19-6-1965, relator Evandro Lins, *RTJ*, 32/614; Recl. 10, de 10-11-1971, relator Adalício Nogueira, *Boletim Eleitoral* n. 258, p. 561; Ação Penal 216 e 217, de 22-4-1976, relator Thompson Flores; Ação Penal 217, de 22-4-1976, relator Thompson Flores; HC 65.406, de 16-9-1987, relator Moreira Alves, *RTJ*, 123/122; CJ 6.971, de 30-10-1991, relator Paulo Brossard (ainda não publicado).

177. O Código Penal de 1940 não fez senão reproduzir, em seu art. 360, norma semelhante do Código de 1890, art. 6.º, *a*. O Código de 1890, por sua vez, reproduziu, *mutatis mutandis*, o disposto no Código de 1830, art. 308, I. O que tinha sentido, porém, no diploma imperial, deixou de tê-lo no republicano, uma vez que, segundo a Constituição de 1891, o processo de apuração de responsabilidade presidencial perdeu o caráter criminal que possuía, desde que entre nós instituído, pouco depois da independência, em relação a Ministros e Conselheiros de Estado.

âmbito [178] silencia a respeito dos crimes de responsabilidade dos Ministros de Estado, Ministros do Supremo Tribunal Federal, Procurador-Geral da República, juízes dos tribunais superiores federais, Desembargadores dos Tribunais de Justiça, Ministros do Tribunal de Contas, chefes de missão diplomática em caráter permanente e juízes de direito?

Serão diferentes uns de outros ou o legislador curvou-se, tão-somente, à ordem constitucional? [179] Neste caso, porém, por que a Lei Fundamental determinou que apenas os crimes de responsabilidade do Presidente da República (e reflexamente os dos Ministros de Estado, art. 93) fossem definidos em lei especial, que estabeleceria ainda as normas de processo e julgamento?

43. Esta falha da Lei Básica, que reiteradamente se refere de modo equívoco a crimes de responsabilidade, ora com sentido de infração política, ora na acepção de crime funcional, tem concorrido para a defectiva sistematização do instituto concernente à responsabilidade presidencial.

A deficiência, todavia, não é originalidade da Constituição de 18 de setembro. Depara-se-nos ela no Código de 1891; persistiu nos seguintes; e a ausência de tratamento sistemático da matéria parece haver contribuído para que a força da inércia se fizesse sentir com a simples e inadvertida repetição de textos de uma a outra Constituição. De resto, textos virgens [180].

---

178. O Código Penal, Decreto-Lei n. 2.848, de 7 de dezembro de 1940, excluiu também os crimes de responsabilidade dos interventores e governadores, matéria regida pelo Decreto-Lei n. 1.202, de 8 de abril de 1939, arts. 8.º e 9.º. Tais autoridades, porém, não podiam ser comparadas ao Interventor Federal e ao Governador de Estado, previstos nas Constituições republicanas, pois ambos supõem a autonomia local, própria da federação, ao tempo puramente nominal. O Decreto-Lei n. 1.202, alterado pelo de n. 5.511, enunciou os "crimes de responsabilidade" dos interventores, governador, e prefeitos (art. 8.º) e indicou o tribunal competente para julgá-los (art. 9.º).

Outrossim, como os velhos códigos estaduais, o Código de Processo Penal, que os sucedeu, no Capítulo II do Título II do Livro II, regula o processo e julgamento dos crimes de responsabilidade dos funcionários públicos (arts. 513 a 518) e no Capítulo VII, do Título V, do Livro I, ao disciplinar a competência pela prerrogativa de função, referiu-se aos crimes comuns e de responsabilidade.

179. Constituição, art. 89, parágrafo único; Constituição de 1891, art. 54, § 3.º; Constituição de 1988, art. 85, parágrafo único.

180. Ruy Barbosa, *Coletânea Jurídica*, 1928, p. 169 e *Novos Discursos e Conferências*, 1933, p. 351 e 352.

44. Com efeito, a Constituição de 1891 usou da locução "crimes de responsabilidade" referindo-se ao Presidente da República (arts. 53 e 54), aos Ministros de Estado (art. 52, § 2.°), aos juízes federais e do Supremo Tribunal Federal (art. 57, § 2.°), aos Ministros diplomáticos (art. 59, I, *b*) e ainda aos funcionários federais (art. 34, n. 27).

A mesma locução foi empregada para referir crimes de responsabilidade e crimes funcionais, estes previstos na lei comum, em relação a servidores públicos [181].

Igual jaça se notou na Constituição de 1934. Ao lado dos crimes de responsabilidade do Presidente da República (arts. 57 e 58) e dos Ministros de Estado (arts. 37 e 61, § 1.°), mencionavam-se os dos Ministros da Corte Suprema (art. 75), do Procurador-Geral da República, dos juízes dos tribunais federais, das Cortes de Apelação dos Estados, do Distrito Federal, dos Territórios, dos Ministros do Tribunal de Contas, dos Embaixadores e Ministros diplomáticos (art. 76, I, *b*).

A Carta de 1937 repetiu a locução "crimes de responsabilidade", com vários sentidos. Nos arts. 85 e 86, onde se referiu ao Presidente da República; no art. 100, ao dispor sobre os Ministros do Supremo Tribunal Federal; no art. 101, I, *b*, quando tratou dos Ministros de Estado, do Procurador-Geral da República, dos juízes dos tribunais de Apelação dos Estados, do Distrito Federal e dos Territórios, dos Ministros do Tribunal de Contas, dos Embaixadores e Ministros diplomáticos [182].

44a. Nem a Carta de 1969 se constrangeu de mencioná-los (arts. 38, § 1.°, 42, I e II, 82, 83, 119, I, *b*, 122, I, *b*, 144, § 3.°). A Constituição de 1988 conservou a velha e defeituosa denominação, empregando-a dez vezes, em sentido igualmente equívoco, ora no sentido de infrações político-disciplinares, ora no de crimes funcionais.

45. Todavia, a confusão tem origens mais remotas.

---

181. Raul Chaves, op. cit., n. 19, p. 41.

182. À semelhança das Constituições republicanas prescrevia a Carta de 1937: "uma lei especial definirá os crimes de responsabilidade do Presidente da República e regulará a acusação, o processo e o julgamento" (art. 86, § 2.°). Não se sabe por que estranhos motivos o fecundo legislador estado-novista, que, livre das peias parlamentares, editou milhares de leis, deixou sem cumprimento a determinação que se fizera...

O Código Criminal de 1830, originado de projeto de Bernardo Pereira de Vasconcellos [183], excluía de sua incidência "os crimes de responsabilidade dos Ministros e Conselheiros de Estado, os quais serão punidos com as penas estabelecidas na lei respectiva".

A lei referida no inciso I do art. 308 do Código era a de 15 de outubro de 1827, a cuja elaboração não estivera alheio o mesmo estadista, que tão grande influência exerceu na legislação do Primeiro Reinado e na política regencial.

Ocorre que, sendo criminal a lei que desde três anos dispunha "sobre a responsabilidade dos Ministros e Secretários de Estado e dos Conselheiros de Estado", era lógico que o Código Criminal lhe fizesse expressa menção, se a queria extravagante.

Observe-se, porém, que a Lei de 15 de outubro não usou a viciosa expressão ao dispor "sobre a responsabilidade dos Ministros e Secretários de Estado e dos Conselheiros de Estado".

Os Ministros e Secretários de Estado, prescrevia a Lei de 1827, de conformidade, aliás, com o que dispunha a Constituição do Império (art. 134), são responsáveis por traição (art. 1.º), por peita, suborno ou concussão (art. 2.º), por abuso de poder (art. 3.º), por falta de observância da lei (art. 4.º), pelo que obrarem contra a liberdade, segurança ou propriedade dos cidadãos (art. 5.º), por dissipação dos bens públicos (art. 6.º). Por sua vez, os Conselheiros de Estado são responsáveis pelos conselhos que derem: 1) sendo opostos às leis; 2) sendo contra os interesses do Estado, se forem manifestamente dolosos (art. 7.º).

Nem a Constituição do Império usou a denominação depois vulgarizada (arts. 38, 47, II, 133 e 134).

Destarte, o Código Criminal do Império (Lei de 16-12-1830), reportando-se aos delitos definidos pela Lei de 15 de outubro de 1827, prescreveu que ele não compreendia "os crimes de responsabilidade dos Ministros e Conselheiros de Estado, os quais serão punidos com as penas estabelecidas na lei respectiva".

Evidentemente, o Código aludia aos crimes imputáveis aos Ministros e Conselheiros de Estado, como tais, e que geram a responsabilidade deles. Contudo, as palavras se ligaram na locução "crime

---

183. Octávio Tarquínio de Souza, *Bernardo Pereira de Vasconcellos*, p. 51 e 52; Nestor Massena, *Direito Parlamentar no Brasil (Bernardo Pereira de Vasconcellos)*, 1947, p. 73 e s.

de responsabilidade", que o uso cunhou, e cuja impropriedade, posta em relevo por Tobias Barreto [184], não impediu lograsse boa fortuna e consagração oficial.

Dois anos depois do Código Criminal, pela Lei de 29 de novembro de 1832, era promulgado o respectivo Código de Processo. No Capítulo V do Título III, dispôs aquele diploma acerca "da denúncia dos crimes de responsabilidade dos empregados públicos e forma do processo respectivo" [185].

O Ato Adicional, de 12 de agosto de 1834, o "código da anarquia" [186], viria a dispor, outrossim, em seu art. 11: "também compete às Assembléias Legislativas provinciais: VII — decretar a suspensão, e ainda mesmo a demissão do magistrado contra quem houver queixa de responsabilidade, sendo ele ouvido, e dando-se-lhe lugar à defesa".

Por sua vez, a Lei de Interpretação, de 12 de março de 1840, estabeleceu no art. 5.º: "na decretação da suspensão ou demissão dos magistrados procedem as Assembléias provinciais como tribunal de justiça. Somente podem portanto impor tais penas em virtude de queixa, por crime de responsabilidade a que elas estão impostas por leis criminais anteriores, observando a forma de processo para tais casos anteriormente estabelecida".

46. Desde o Primeiro Reinado [187], a locução defeituosa se insinuou na linguagem legislativa e não mais foi abandonada. Empregada nas

---

184. Tobias Barreto, op. cit., v. I, p. 156: "a nossa legislação penal adotou o conceito do crime comum. Quanto ao próprio (que somente pode ser perpetrado por certas e determinadas pessoas, investidas de um caráter especial, como, por exemplo, a concussão, a prevaricação, o peculato etc.) ela também o conhece, mas sob o estranho título de crime de responsabilidade, frase pleonástica e insignificante, que pode com vantagem ser substituída pela de crime funcional ou de função". Cf. op. cit., v. I, p. 293 e v. II, p. 111; Raul Chaves, op. cit., n. 18, p. 37; Roberto Lyra, *Repertório Enciclopédico do Direito Brasileiro*, v. XIV, p. 17, verb. "Crime de responsabilidade".

185. O Vice-Presidente da Província de São Pedro do Rio Grande do Sul, Manoel Deodoro da Fonseca, denunciado por "crime de responsabilidade de emprego público", processado perante o Supremo Tribunal de Justiça, por ele foi condenado, aos 12 de fevereiro de 1887, como incurso nas penas do art. 160, do Código Criminal (*O Direito*, v. 42, p. 490).

186. Octávio Tarquínio de Souza, *Bernardo Pereira de Vasconcellos*, p. 151.

187. Raul Chaves, op. cit., n. 18, p. 37: "desde esse momento, a locução viciosa — com foros de linguagem legislativa —, ora aludindo àqueles delitos por que são responsáveis os ministros e secretários de Estado, ora designando

O IMPEACHMENT 69

leis do antigo regime com referência a autoridades políticas e a servidores públicos, teve ingresso e curso fácil nas leis republicanas. Desde logo no Decreto n. 510, de 22 de junho de 1890, arts. 52 e 53, no Decreto n. 914, de 23 de outubro de 1890, arts. 54 e 55, no Decreto n. 847, de 11 de outubro de 1890, que promulgou o Código Penal. Depois, na própria Constituição de 24 de fevereiro.

47. Dir-se-ia que a Constituição republicana, ao adotar locução corrente na linguagem das leis do Império, mais não fizera do que manter o tecido da elaboração jurídica iniciada há decênios, assimilando conceitos e experiências sócio-jurídicas. Essa exegese teria a seu prol consagrados preceitos de hermenêutica.

"A definição das instituições não definidas no texto constitucional — são palavras de Ruy Barbosa — se encontra nas leis, na jurisprudência, nas tradições, nas idéias correntes ao tempo em que se decretou esse texto. Uma regra de interpretação constitucional na jurisprudência americana quer que as constituições se entendam à luz da legislação preexistente no país" [188].

Ocorre que não é o nome que faz o conceito e nem sempre o *nomen juris* corresponde ao conceito jurídico.

Tanto mais oportuna é a lembrança quando a expressão trasladada das antigas leis vinha inserir-se em novo complexo institucional, que explicitamente podara o caráter penal que ao instituto atribuíra o diploma de 1827.

Em verdade, a Constituição de 1891, e, obediente a ela, a Lei n. 27, de 1892, estabeleceram nítida separação entre a jurisdição política e a criminal [189].

---

certas espécies de crimes comuns, definidos no Código de 1830, ou seja, *delicta in officio*, crimes de função, *delicta propria* dos que exercem funções públicas; desde esse momento, a locução nunca mais foi abandonada. Repetiram-na as leis; os legisladores a citaram; a ela recorreram escritores. E muitos por ela passaram sem sequer se aperceberem do vício que divulgavam". Cf. op. cit., n. 27, p. 59 e 60.

188. Ruy Barbosa, *O Direito*, v. 73, p. 106; Maximiliano, op. cit., n. 77, p. 108; Aurelino Leal, op. cit., v. I, p. 10; Black, op. cit., p. 19, 31 e 32; Endlich, *Commentaries on the Interpretation of Statutes*, 1888, §§ 517 e 527, p. 727, 742 e s.; Cooley, *A Treatise on the Constitutional Limitations*, 1903, p. 49; USCA — *Constitution*, 1944, v. I, p. 57 a 61, 73 e 80.

189. Constituição de 1891, art. 33, § 2.º; Lei n. 27, arts. 3, 24, 26 e 32.

PAULO BROSSARD

E se, sob o antigo regime, os crimes de responsabilidade dissessem respeito a Ministros de Estado ou a funcionários públicos, eram sancionados com pena criminal [190], isto nem sempre ocorreu, nem ocorre, nas leis republicanas, em cujo contexto a expressão ora designa infração política, ora tem o sentido de crime funcional.

Destarte, convém seja notado, a expressão "crime de responsabilidade", que "entrou na Constituição sem exato conceito técnico ou científico" — a sentença é de José Frederico Marques — nem sempre corresponde a infração penal. Quando motiva o *impeachment*, por exemplo, caso em que, sem dúvida, a despeito do *nomen juris* que lhe dá o Código Supremo e a Lei que lhe é complementar, o ilícito a ele subjacente não é penal. "Se o crime de responsabilidade não é sancionado com pena criminal, como delituoso não se pode qualificar o fato ilícito assim denominado, pois o que distingue o crime dos demais atos ilícitos é, justamente, a natureza da sanção abstratamente cominada" [191].

Desta forma, se no direito imperial a expressão ensejou reparos, que não faltaram, mais censurável se apresenta quando, com a República, os chamados crimes de responsabilidade passaram a designar, ao mesmo passo, entidades distintas, ilícitos políticos e ilícitos penais [192]

Esta simples disquisição, nem sempre feita com clareza, fornece a chave para a solução de vários problemas referentes à responsabilidade política do Presidente da República e de outras autoridades. E o fato de não ter sido oportunamente formulada é responsável por distorsões incompatíveis com as normas constitucionais.

Se aos crimes de responsabilidade, enquanto relacionados a ilícitos políticos, se reservasse a denominação de *infrações políticas* [192a], por exemplo, melhor se atenderia à natureza das coisas e se evitaria o escolho decorrente da designação, pelo mesmo nome, de realidades diversas.

---

190. José Higino, *Anais do Senado Federal*, 1892, v. V, p. 206: "...no antigo regime, o Senado, para o julgamento de tais crimes, se constituía em tribunal de justiça criminal, e podia aplicar não somente as penas de destituição e de inabilidade, como as de desterro, prisão e até a morte. O ministro estava sujeito exclusivamente a uma justiça de exceção...".

191. José Frederico Marques, op. cit., § 6.º, n. 2, p. 45.

192. Constituição de 1891, v. g., arts. 53, 52, § 2.º, e 34, n. 28; Raul Chaves, op. cit., n. 19, p. 41 e 42; n. 23, p. 49 e n. 27, p. 59 e 60.

192a. É a denominação adotada pelo Decreto-Lei n. 201, de 1967, que regula a responsabilidade dos prefeitos, no art. 4.º.

IX — CRIMES DE RESPONSABILIDADE E CRIMES COMUNS

48. Já houve críticas ao que se supôs constituir censurável superposição de ilícitos penais [193], e não faltou quem entendesse que a todo crime de responsabilidade devesse corresponder crime comum, de modo que a autoridade destituída por *impeachment* viesse a ser, sempre, criminalmente processada. A lei penal deveria correr paralela à lei de responsabilidade. Tinham de ser coextensivos os dois processos [194].

Em verdade, porém, nem existe criticável superposição de crimes nem deve haver necessária correlação de figuras delituosas nas duas leis, que são distintas e de distinta natureza.

48a. Segundo reiterada jurisprudência do Supremo Tribunal Federal, "a expressão crime comum, na linguagem constitucional, é usada em contraposição aos impropriamente chamados crimes de responsabilidade, cuja sanção é política, e abrange, por conseguinte, todo e qualquer delito".

49. Embora possa haver duplicidade de sanções em relação a uma só falta, desde que constitua simultaneamente infração política e infração criminal, ofensa à lei de responsabilidade e ofensa à lei penal, autônomas são as infrações e de diversa natureza as sanções aplicáveis num e noutro caso. Aliás, a circunstância de ser dúplice a pena está a indicar que as sanções têm diferente natureza, correspondentes a ilícitos diferentes.

---

193. Raul Chaves, op. cit., n. 21, p. 46; cf. n. 40, p. 91.

194. *Diário do Congresso Nacional*, 13 de maio de 1948, p. 3210 a 3212. A opinião, externada no curso de debate parlamentar, parece foi revisada pelo Senador, e professor, Ferreira de Souza, que a emitira. Impugnaram-na, Agamenon Magalhães, Waldemar Pedrosa, Gustavo Capanema e Freitas e Castro.

De resto, a dualidade de sanções que, em virtude de um mesmo fato, podem incidir sobre a mesma pessoa, não é peculiaridade deste capítulo do Direito Constitucional.

Algo semelhante ocorre quando, pela mesma e única falta, conforme seja ela, o funcionário público responde a processo administrativo e a processo penal, sujeito assim a pena disciplinar e a pena criminal. Como funcionário, e enquanto funcionário, está sujeito a sanção disciplinar. Como homem, capaz e responsável, é sujeito a sanção penal. Dessa forma, em razão de um só fato, sanções administrativas podem coexistir com sanções penais, cada qual, é ocioso salientar, em sua órbita.

Originadas de uma causa comum, semelhantemente, sanções políticas podem justapor-se a sanções criminais, sem litígio, sem conflito, cada uma em sua esfera.

Com efeito, à dupla sujeição se subordinam certas autoridades, cujo procedimento ora enseja apenas o *impeachment*, ora permite que à sanção política se adicione a sanção penal.

O Presidente da República que cometesse delito sem qualquer relação com o cargo e sem envolver os deveres próprios da função, estaria sujeito a processo penal, sem que houvesse processo político.

Poderia suceder também que falta enunciada na lei de responsabilidade não fosse prevista na lei criminal. Haveria nesse caso processo político, sem que pudesse haver ação penal.

Se a mesma falta fosse prevista como crime, na lei penal, e como infração política ou crime de responsabilidade, na lei especial, o Presidente estaria sujeito a dois processos e, por conseguinte, a dupla sanção.

Que a ação penal tem cabida se e quando além da falta política houver também infração penal, é matéria pacífica[195]. A Constituição assim o prescreve: "não poderá o Senado Federal impor outra pena que não seja a perda do cargo com inabilitação, até[195a] cinco

---

195. Willoughby, op. cit.; v. III, § 934, p. 1451: "where a criminal offense has been committed the party is still liable and subject to indictment, trial judgment and punishment according to law"; Pomeroy, op. cit., § 728, p. 493: "if the offence be also an indictable crime, the liability to the ordinary process of the criminal law still exists".

195a. Constituição de 1988, art. 52, parágrafo único: "...limitando-se a condenação, que somente será proferida por dois terços dos votos do Senado Federal, à perda do cargo, com inabilitação por oito anos, para o exercício de função pública, sem prejuízo das demais sanções judiciais cabíveis".

O IMPEACHMENT

anos, para o exercício de qualquer função pública, sem prejuízo da ação da justiça ordinária".

50. Se crime não existir, o problema se esgota no âmbito legislativo, com a aplicação tão-somente da pena política. Em havendo crime, na justiça ordinária se instaura ação penal contra o que foi condenado na jurisdição política [196], permanecendo o *impeachment* como simples processo político e política, tão-somente, a sanção aplicada.

Ocorre isto porque, em todas essas situações possíveis, há nítida distinção de relações, ainda quando haja concomitância de sanções. É que estas são diferentes num e noutro caso.

51. A circunstância de uma falta constituir, ao mesmo tempo, ilícito político e ilícito penal, crime de responsabilidade e crime comum,

---

196. Se a ação penal supõe condenação no juízo político ou dela independe, é matéria que tem dado margem a controvérsia. Em face do art. 33, § 3.º, da Constituição de 1891, Ruy Barbosa pronunciou-se pela afirmativa (*O Direito*, v. 100, p. 32 a 46); também Pedro dos Santos, *Revista de Direito*, v. 16, p. 453 a 465; Milton, *A Constituição do Brasil*, 1898, p. 119; Barbalho, *Constituição Federal Brasileira*; Comentários, 1902, p. 99 e 219; Aurelino Leal, op. cit., v. I, p. 481 a 493. Em sentido contrário, Amâncio de Souza, op. cit., § 2.º, p. 43 e s.

Em alguns Estados norte-americanos é admitida ação penal qualquer que seja o resultado do processo político. Nesse sentido são expressas as Constituições de Alabama, art. VII, 173; Arizona, art. VIII, 2, 2; Arkansas, art. XV, 1; Califórnia, art. IV, 18; Colorado, art. XIII, 2; Flórida, art. III, 29; Illinois, art. IV, 24; Iowa, art. III, 20; Kansas, art. II, 28; Louisiana, art. 218; Maine, art. IV, parte II, secção 7; Montana, art. V, 17; Nebraska, art. III, 14; Nevada, art. VII, 2; New Mexico, art. IV, 36; North Dakota, art. XIV, 196; Ohio, art. II, 24; Pennsylvania, art. VI, 3; South Dakota, art. XVI, 3; Utah, art. VI, 19; Washington, art. V, 2; Wyoming, art. III, 18. Outras, no entanto, trasladando, mais ou menos literalmente, a Constituição Federal, art. I, secção 3, *in fine*, só franqueiam o processo na justiça ordinária contra o acusado, a que o tribunal político houver imposto a condenação. Assim as Constituições de Connecticut, art. IX, secção 3; Delaware, art. VI, 2; Geórgia, art. III, 5; V; Kentucky, secção 68; Massachusetts, Parte II, cap. I, secção II, n. VIII; Michigan, art. IX, 3; Minnesota, art. XIII, I; Mississipi, art. IV, 51; New Hampshire, Parte II, secção 38; New Jersey, art. VI, 3; Rhode Island, art. XI, 3; South Caroline, art. XV, 3; Texas, art. XV, 4; Vermont, secção 54; Virgínia, art. IV, 54; West Virginia, art. IV, 9. Outras Constituições não resolvem a questão: Idaho, art. V, 3; Indiana, art. IV, 7 e 8; Maryland, art. III, 26; North Caroline, art. IV, 2; Oklahoma, art. VIII, 6; New York, art. VI, 13; Tennessee, art. V, 4; Wisconsin, art. VII, 1.

Os textos utilizados são os que figuram na compilação de Kettleborough, *The State Constitutions*, 1918.

74 PAULO BROSSARD

dando origem a dois processos, um no âmbito parlamentar, outro perante cortes de justiça, tem contribuído, paradoxalmente, para alimentar confusão acerca das características do *impeachment* no direito brasileiro.

Com a sanção criminal nada tem que ver a sanção política a que está sujeita esta ou aquela autoridade. Mesmo quando haja concorrência de sanções, elas são distintas, como diversos os processos que visam à sua aplicação. E não é por outro motivo que, sem incorrer na pecha de *bis in·idem*, podem conviver e efetivamente convivem ambas as penas, que são ajustadas a ilícitos autônomos e diferentes.

Observando que a solução norte-americana separa "profondément la justice politique de la justice de droit commun", sistema que a seu juízo tem o mérito de evitar a aplicação de penas criminais na jurisdição excepcional, Lair, com o sufrágio de Vilbois, manifesta reservas em face da possibilidade de serem contraditórias as decisões num e noutro processo, resultantes de um só fato. A seus olhos seria isso um escândalo, a menos que o Judiciário, rendendo-se à condenação política, se limitasse a dosar a pena criminal, em função da prévia condenação política, caso em que desapareceria praticamente o mérito antes apontado, pois a decisão verdadeira, e única, competiria à Câmara Alta [197].

É improcedente o reparo. Chocante contradição haveria se as sanções fossem iguais, igual a natureza dos processos e idênticos os critérios de julgamento.

É que inexiste correlação obrigatória entre crime de responsabilidade e crime comum. E mesmo quando ela eventualmente ocorra, o fato de um "crime" previsto na lei de responsabilidade ser definido como crime na lei penal, não dá nem tira coisa alguma ao ilícito político, que continua a ser o que é, tão-somente, ilícito político, apreciado através de critérios políticos numa jurisdição política.

Destarte, ao processo político pode suceder, ou não, o processo criminal. Sucedendo, à condenação no juízo parlamentar não se segue, necessariamente, a condenação no juízo ordinário. No juízo político os fatos podem parecer bastantes para justificar o afastamento da autoridade a ele submetida. No juízo criminal, sob o império de critérios, que não são em tudo iguais aos que vigoram no juízo parlamentar, os mesmos fatos podem ser insuficientes para

---

197. Lair, op. cit., p. 417; Vilbois, op. cit., p. 64.

O IMPEACHMENT

a condenação e a ação penal ser julgada improcedente. Sem escândalo, nem contradição, poderia ocorrer que ex-Presidente, despojado do cargo, mercê de condenação pelo Senado, viesse a ser absolvido pela justiça em processo criminal a que respondesse [198].

Acerca da influência que uma jurisdição sobre outra poderia exercer, leciona Pontes de Miranda: "a decisão do Senado Federal, em tais casos (a ação da justiça comum só se inicia depois do julgamento pelo Senado Federal), nenhuma eficácia de coisa julgada material irradia, para que a ela se tivesse de ater o Supremo Tribunal Federal" [199].

À sanção aplicada pelo Senado pode somar-se outra infligida pela justiça, e podem coexistir crimes comuns e "crimes" de responsabilidade, exatamente porque estes últimos não constituem crime, mas infrações políticas, relacionadas a ilícitos de natureza política, politicamente sancionadas. São entidades distintas e nada mais.

---

198. Arosemena (*Estudios Constitucionales sobre los Gobiernos de la America Latina*, 1888, v. I, p. 391) menciona o caso do Presidente José M. Obando, destituído pelo Senado e absolvido pela justiça, ocorrência verificada em Nova Granada, em 1855.

199. Pontes de Miranda, *Comentários à Constituição de 1946*, v. II, p. 281; Maximiliano, op. cit., n. 280, p. 392; Viveiros de Castro, *Revista do Supremo Tribunal Federal*, v. 19, p. 20; Lawrence, op. cit., p. 647.

X — NATUREZA DO "IMPEACHMENT"

52. A definição do *impeachment* vem dando margem a divergências de monta: foi tido como instituto penal, encarado como medida política, indicado como providência administrativa, apontado como ato disciplinar, concebido como processo misto, quando não heteróclito; e, é claro, como instituição *sui generis*. As divergências resultam, talvez, da defectiva terminologia do Direito Constitucional, mas existem.

Se, no plano biológico, as divisas entre o mundo vegetal e o animal nem sempre são nítidas, da mesma forma, no elenco das instituições nem sempre é fácil distribuí-las em categorias estanques, esteticamente repartidas e catalogadas, à feição do que se poderia denominar parnasianismo jurídico.

Entre nós, porém, como no direito norte-americano e argentino, o *impeachment* tem feição política, não se origina senão de causas políticas, objetiva resultados políticos, é instaurado sob considerações de ordem política e julgado segundo critérios políticos — julgamento que não exclui, antes supõe, é óbvio, a adoção de critérios jurídicos. Isto ocorre mesmo quando o fato que o motive possua iniludível colorido penal e possa, a seu tempo, sujeitar a autoridade por ele responsável a sanções criminais, estas, porém, aplicáveis exclusivamente pelo Poder Judiciário.

Foi o que, no julgamento de Johnson, proclamou enfaticamente o Senador Sumner e vem sendo repetido pelos autores [200].

Em verdade, as deficiências na terminologia do Direito Constitucional; o emprego de vocábulos iguais para designar realidades diversas; o desordenado arrolamento de fatos históricos, precedentes

---

200. Watson, op. cit., v. I, p. 208; Chambrun, op. cit., p. 313; Vilbois, op. cit., p. 84; Gonzalez Calderon, op. cit., v. III, p. 344; Maximiliano, op. cit., n. 391, p. 644; Aurelino Leal, op. cit., p. 443; Viveiros de Castro, *Acórdãos e Votos*, p. 130.

O IMPEACHMENT

parlamentares e escritos jurídicos, ocorridos e enunciados em épocas e países diferentes; as reminiscências do instrumento que foi criminal, e que persistem, aqui e ali, a despeito da mudança substancial nele operada; a manutenção das formas e exterioridades do processo judicial; a existência de uma fase probatória, à qual se aplicam princípios relativos à prova produzida em juízo; a presença de fatos que são, a um tempo, políticos e criminais, enquanto outros são apenas políticos e sem significação na esfera penal, estes e aqueles constituindo motivos bastantes para instauração do *impeachment*, tudo tem contribuído para dificultar a fixação da natureza do instituto ligado à apuração da responsabilidade do Presidente da República.

Porém, mesmo quando neste ou naquele aspecto do instituto, ou se note vestígio de sua primitiva estrutura penal, ou se deparem elementos oriundos de outros ramos do direito, ou nele inspirados, a predominância do caráter político marca a sua verdadeira natureza e o inclui entre as instituições de Direito Constitucional [201].

53. Os mais autorizados constitucionalistas americanos têm doutrinado que o *impeachment* é instituto político, e não têm feito senão desdobrar o pensamento dos constituintes de Filadélfia [202], "the greatest

---

As palavras de Sumner foram estas: "as we discern the true character of impeachment under our Constitution we should be constrained to confess that it is a political proceeding, before a political body, with political purpose; that it is founded on political offenses proper for the consideration of a political body and subject to a political judgement only. Even in case of treason and bribery the judgement is political and nothing more".

201. Gabriel Luiz Ferreira, op. cit., p. 241 e 242; Viveiros de Castro, *Estudos de Direito Público*, 1914, p. 445, *Acórdãos e Votos*, 1925, p. 85, e *Revista do Supremo Tribunal Federal*, v. 19, p. 13 e 14.

202. Hamilton, na vigorosa defesa que, com Madison e Jay, fez da Constituição Federal, escreveu: "they are of a nature which may with peculiar propriety be denominated political, as they relate chiefly to injuries done immediately to the society itself" (*The Federalist*, n. 65). Madison, por sua vez, que foi constituinte, Secretário de Estado e depois Presidente da República, ao discutir, em 1789, o projeto que criava o Departamento de Negócios Estrangeiros, atribuiu ao *impeachment* o máximo elastério político, *Elliott's Debates*, v. IV, p. 373, apud Simpson, op. cit., p. 44 e 45, e Lawrence, op. cit., p. 651 e 652, nota 1. Outrossim, James Wilson, constituinte e depois Juiz da Suprema Corte, doutrinou: "in the United States... impeachment are confined to political characters, to political crimes, and misdemeanors and to political punishments" (*Law Lectures,* v. II, p. 166, apud Simpson, op. cit., p. 45). Por ocasião do julgamento de Chase, em 1805, o Senado repeliu a tese de que funcionava como tribunal, porque — o depoimento é de John Quincy Adams — "impeachment is nothing more than an enquiry, by the two Houses of Congress, whether

PAULO BROSSARD

public men of that day"[203], aliás, sintetizado por Hamilton nas páginas de *O Federalista*.

Story já ensinava que "o 'impeachment' é um processo de natureza puramente política"[204]. Lawrence, tantas vezes citado pelas maiores autoridades, faz suas as palavras de Bayard, no julgamento de Blount: "o 'impeachment', sob a Constituição dos Estados Unidos, é um processo exclusivamente político. Não visa a punir delinqüentes, mas proteger o Estado. Não atinge nem a pessoa nem seus bens, mas simplesmente desveste a autoridade de sua capacidade política"[205]. Lieber não é menos incisivo ao distinguir o *impeachment* nos dois lados do Atlântico, dizendo que "o 'impeachment' inglês é um julgamento penal", o que não ocorre nos Estados Unidos, onde o instituto é político e não criminal[206]. Von Holst não diverge: "o 'impeachment' é um processo político"[207]. É semelhante a linguagem de Tucker: "o 'impeachment' é um processo político contra o acusado como membro do governo, para proteger o governo no presente ou futuro"[208]. É conhecida a passagem em que Black sintetiza numa frase a lição que, desde o século XVIII, vem sendo repetida nos Estados Unidos: "é somente política a natureza deste julgamento"[209]. Ou, como escreveu Tocqueville, num trecho que correu mundo: o fim principal do julgamento político nos Estados Unidos é retirar o poder das mãos do que fez mau uso dele, e de impedir que tal cidadão possa ser reinvestido de poder no futuro. Como se vê, é um ato administrativo ao qual se deu a solenidade de uma sentença[210].

---

the office of any public man might be better filled by another... Impeachment was not a criminal prosecution; it was no prosecution at all... A trial and removal of a judge upon impeachment need not imply any criminality or corruption in him" (*Memoirs*, v. I, p. 321 e 322, apud Simpson, op. cit., p. 22).

203. Simpson, op. cit., p. 42.

204. Story, op. cit., v. I, § 803, p. 586.

205. Lawrence, op. cit., p. 261, nota 2.

206. Lieber, op. cit., p. 85: "it will be observed that the American trial of impeachment is not a penal trial for offenses, but a political institution, trying for political capacity. The senate, when sitting as a court to try impeachments, can only remove from office, whatever the crime may have been; and the impeached person can be penally tried after the senate has removed him from office. In its political character, then, but in no other point, the American impeachment resembles the Athenian ostracism, which was likewise a political, and not a penal institution. The English impeachment is a penal trial".

207. Von Holst, op. cit., p. 159.

208. Tucker, op. cit., § 199, p. 411 e 412.

209. Black, *Handbook of American Constitutional Law*, 1910, § 85, p. 139.

210. Tocqueville, op. cit., v. I, p. 180.

O IMPEACHMENT 79

54. Na Argentina, que, antes do Brasil, adotou instituições seme-lhantes às americanas, outra não é a lição dos constitucionalistas. Lá, como aqui, o *impeachment* tem por objeto separar a autorida-de do cargo por ela ocupado, independentemente de considerações de ordem criminal [211]. "O objetivo do juízo político não é o castigo da pessoa delinqüente, senão a proteção dos interesses públicos con-tra o perigo ou ofensa pelo abuso do poder oficial, negligência no cumprimento do dever ou conduta incompatível com a dignidade do cargo" [212].

55. Sob a Constituição de 1891, predominou a opinião de que era político o instituto; desviando-se da concepção adotada pelo legislador de 1827, as Leis n. 30 e 27, de 1892, ao regularem a responsabilidade presidencial, fiéis ao preceito constitucional, fizeram-no em termos políticos.

Aliás, desde a elaboração das leis reguladoras da responsabili-dade presidencial, ficou definida essa orientação.

A sanção imposta pelo Senado é "de caráter disciplinar e não de caráter criminal", argumentava José Higino; "trata-se, pois, de um processo administrativo ou político e de uma pena de natureza disciplinar; e assim se explica a razão por que a acumulação da pena imposta ao Presidente da República pelo Senado e da pena criminal imposta pelos tribunais ordinários, não constitui violação do princí-pio do *non bis in idem*; do mesmo modo por que esse princípio não é ofendido, quando o empregado público, punido administrativamente, é depois processado e punido criminalmente pelos tribunais, e em razão do mesmo delito" [213].

Voltando da Câmara, foi novamente discutido pelo Professor do Recife o projeto originário do Senado: "o Senado não é chamado a julgar e a punir o Presidente da República criminalmente, o 'im-

---

211. Araya, op. cit., v. II, p. 54; Gonzalez, op. cit., n. 503, p. 501; Bar-raquero, *Espíritu y Práctica de la Constitución Argentina*, 1889, p. 283; Bas, op. cit., v. I, p. 351; Bielsa, op. cit., n. 195, p. 481; Gallo, op. cit., p. 232.

212. Gonzalez Calderon, op. cit., v. III, p. 346, e refere o ensinamento de Gonzalez, op. cit., n. 506, p. 546 (n. 513, n. 599), Montes de Oca, *Derecho Constitucional*, v. II, cap. VII; Agustin de Vedia, *La Constitución Argentina*, p. 173 e s.; Estrada, *Curso de Derecho Constitucional*, v. III, p. 266. Também Araya, op. cit., v. II, p. 54; Gallo, op. cit., p. 233.

213. José Higino, *Anais do Senado Federal*, Sessão de 19 de outubro de 1891, 1892, v. V, p. 36.

peachment' é um julgamento político, uma medida de salvação pública, que tem por fim ser destituído do cargo o Presidente que delinqüiu e cujo governo pode comprometer a segurança, os interesses ou a honra da nação. ... O Senado converte-se então em tribunal de justiça para julgá-lo politicamente, e como medida de governo, destituí-lo do cargo..." [214].

Vetado por Deodoro, volta a ser apreciado o projeto que define os crimes de responsabilidade do Presidente da República. Na véspera do golpe de 3 de novembro de 1891, o Senado rejeita o veto. José Higino sustentou outra vez que "o Senado é um tribunal político e não um tribunal de justiça criminal. A sua missão não é conhecer dos crimes de responsabilidade do Presidente da República para puni-lo criminalmente, mas para decretar uma medida de governo, a qual é a destituição do presidente delinqüente. ... Crime de responsabilidade é a violação de um dever do cargo, de um dever funcional. ... Releva ponderar que no antigo regime, o Senado, para o julgamento de tais crimes, se constituía em tribunal de justiça criminal, e podia aplicar não somente as penas de destituição e de inabilidade, como as de desterro, prisão e até a de morte. O ministro estava sujeito exclusivamente a uma justiça de exceção, e, entretanto, podia ser condenado por excessos e abusos de poder não especificados na lei. Como se estranha que o Senado Federal, funcionando como tribunal político e para o fim de apear do cargo o presidente delinqüente, não o possa condenar por excessos e abusos de poder repetidos, que tenham causado dano provado ao Estado ou aos particulares?" [215].

Mais tarde, o antigo Professor, constituinte, Senador da República, Ministro da Justiça, ao tempo Juiz do Supremo Tribunal, e que tivera papel saliente na feitura das Leis n. 27 e 30, de 1892, em nota à obra de Von Liszt, por ele traduzida, volta a fazer o discrime entre os dois tipos de responsabilidade governamental: "em muitos Estados da Alemanha os ministros, tendo resolvido as câmaras que sejam responsabilizados, são julgados por um 'tribunal de Estado'

---

214. José Higino, *Anais*, cit., Sessão de 23 de outubro de 1891, v. V, p. 103.

215. José Higino, *Anais*, cit., Sessão de 2 de novembro de 1891, p. 204, 205 e 206. Rejeitado o veto de Deodoro, no dia imediato foi dissolvido o Congresso. Entre outros, votaram a favor do projeto, repelindo o veto, Ruy Barbosa, Campos Sales, e os futuros juízes do Supremo Tribunal, Amaro Cavalcanti, José Higino, Coelho e Campos, Américo Lôbo e Ubaldino do Amaral.

O IMPEACHMENT 81

composto por estas e pelo monarca. A esse tribunal compete julgar se o ministro violou a constituição e declarar 'os efeitos jurídicos' da condenação. — Se a responsabilidade constitucional dos ministros, cujo conhecimento compete aos tribunais de Estado, deve ser o 'impeachment' à americana (responsabilidade disciplinar) ou o 'impeachment' à inglesa (responsabilidade criminal) é questão muito controvertida entre os publicistas alemães. Ambas as concepções têm sido defendidas. Nas constituições e nas leis orgânicas encontram-se mais ou menos confundidos os dois pontos de vista. Cita-se como a lei mais conseqüente no ponto de vista de responsabilidade disciplinar a de Baden de 20 de fevereiro de 1868" [216].

Aristides Milton [217] e Soriano Souza [218], aquele constituinte, este lente no Recife, não dissentiram dessa orientação em seus comentários, de resto, os primeiros, à Constituição republicana.

Segundo o magistério de Barbalho, o Senado não aplica "penas propriamente criminais"; "sem impor penas criminais, tem por única missão arredar do posto supremo, quem se mostrou indigno dele". O processo objetiva "antes que a punição, a pronta retirada do funcionário acusado e pois fica sem objeto desde que este deixa suas funções" [219].

Em dissertação mais de uma vez louvada por Viveiros de Castro e aprovada pelo Congresso Jurídico Americano de 1900, seguro "na lição dos publicistas mais autorizados", doutrinou Gabriel Luiz Ferreira: "o 'impeachment' é uma instituição de Direito Constitucional, e não de Direito Penal, sendo-lhe, portanto, inaplicável o princípio, por este estabelecido, da graduação da pena pela gravidade do delito. Ao conjunto de providências e meios elucidativos, que o constituem, dá-se o nome de processo, porque é o termo genérico com que se designam os atos de acusação, defesa e julgamento; mas, é um processo *sui generis*, que não se confunde com o processo judiciário,

---

216. José Higino, nota *d*, à p. 406, do v. I do *Tratado de Direito Penal de Franz von Liszt*, edição de 1899. Outrossim, como Juiz do Supremo Tribunal, subscreveu o acórdão n. 104, de 1895.

217. Aristides Milton, op. cit., p. 119.

218. Soriano de Souza, *Noções de Direito Público e Constitucional*, 1893, p. 160 e 179.

219. João Barbalho, op. cit., p. 99 e 100. Barbalho foi constituinte, Senador, Ministro da Justiça e do Supremo Tribunal. Como Juiz, subscreveu os acórdãos n. 343, de 1899, e 476, de 1901, nos quais é proclamada a natureza política do *impeachment*.

PAULO BROSSARD

porque deriva de outros fundamentos e visa fins muito diversos. Se algumas de suas fórmulas são semelhantes, se ambos terminam por um julgamento que se resolve em sentença, condenando ou absolvendo, nem por isso deixa ele de ter o caráter de um fato essencialmente político" [220].

Decorridos mais de vinte anos da promulgação da Lei Básica, Galdino Siqueira divulga seu estudo sobre o *impeachment* no regime constitucional brasileiro e repetidamente acentua o caráter político e disciplinar do instituto. Eis um lance apenas: "à parte a semelhança de algumas de suas fórmulas e atos (com o processo judiciário), visto como implica num julgamento, é um processo *sui generis*, de caráter eminentemente político, porquanto é por este prisma que se considera a infração, que lhe serve de motivo, abstraído de seu aspecto jurídico, assunto do procedimento da justiça ordinária, que lhe é concorrente; não visa a punição do acusado, mas como providência política, afastá-lo logo da gestão dos negócios públicos" [221].

Do ponto de vista de Gabriel Luiz Ferreira e Galdino Siqueira participa Viveiros de Castro. Para este publicista o *impeachment* não se situa no campo do Direito Penal, mas nas lindes do Direito Constitucional [222].

Epitácio Pessoa, como José Higino, era lente da Academia do Recife e participara da elaboração da lei de responsabilidade [223]. Fora Ministro da Justiça e Juiz do Supremo Tribunal. Antes de chegar à Presidência da República e à Corte Internacional de Haia, sendo Senador, em parecer sobre caso estadual, doutrinou:

"Mas o 'impeachment' não é um processo criminal; é um processo de natureza política, que visa não a punição de crimes, mas simplesmente afastar do exercício do cargo o governador que mal gere a cousa pública, e assim a destituição do governador não é também uma pena criminal, mas uma providência de ordem administrativa. Os chamados crimes de responsabilidade do governador não são propriamente crimes; são uns tantos atos previamente especificados, que, previstos ou não na lei penal da República, incompatibilizam

---

220. Gabriel Luiz Ferreira, op. cit., p. 241 e 242.
221. Galdino Siqueira, op. cit., p. 236 e 237.
222. Viveiros de Castro, *Estudos*, p. 445 a 447; *Acórdãos e Votos*, p. 130, e *Revista do Supremo Tribunal Federal*, v. 19, p. 12 a 22.
223. Epitácio Pessoa, *Obras Completas*, v. I, 1955, p. 54 e s., p. 71 e s., p. 90 e s., p. 99 e s., p. 105 e s.

aos olhos do Estado o seu governador para o exercício da função. A chamada pena de destituição também não é rigorosamente uma pena, mas uma medida de governo. São noções sabidíssimas, que dispensam o apelo às autoridades" [224].

Se Epitácio Pessoa é categórico no afirmar que "o 'impeachment' não é um processo criminal, é um processo de natureza política", Carlos Maximiliano não é menos incisivo ao enunciar iguais conceitos, quase com as mesmas palavras: "o 'impeachment' não é um processo criminal"; "tratando-se de um julgamento político, era natural que a uma corporação política fosse confiado" [225].

A nota discrepante foi dada por Aurelino Leal. Tratando da pena ou penas aplicáveis, deu realce ao elemento lingüístico, exagerando na interpretação literal: "dir-se-á que o Senado não impõe penas criminais. Antes de mais nada, há uma *lei* de responsabilidade, que define *crimes* de responsabilidade e que prescreve *penas*. A condenação, portanto, é de *natureza criminal*" [226]. Na página imediata, porém, não deixou de reconhecer que o Senado "será sempre um tribunal político".

56. Verifica-se, destarte, que a doutrina assentara ser o *impeachment* instituto de natureza política. Tal como na Argentina e nos Estados Unidos. Não visa ele senão a afastar do cargo a autoridade que com ele se incompatibilizou, seja porque tenha cometido crime, seja porque tenha praticado ou deixado de praticar atos que, sem constituírem infração penal, revelam que é prejudicial ou inconveniente sua permanência no governo. Por isto Carrasco pôde concluir que "en el Brasil, el Senado solo puede destituir al acusado sin aplicar penas reservadas a los tribunales de justicia; es un juicio simplemente político" [227].

57. Porém, não apenas a doutrina, pelos seus expoentes, ia afirmando e reafirmando esta tese. O Supremo Tribunal Federal não

---

224. *Revista de Direito*, v. 42, p. 75 e 76, *Obras Completas*, v. XI, e *Pareceres Jurídicos*, t. I, p. 198; enquanto Juiz do Supremo Tribunal, subscreveu o acórdão n. 3.018, de 1911.

225. Maximiliano, op. cit., n. 391, p. 643; n. 280, p. 393. Maximiliano como José Higino, João Barbalho e Epitácio Pessoa, além de jurisconsulto, possuía experiência parlamentar e fora Ministro da Justiça como os três mencionados, e como eles viria a ser Juiz da Corte Suprema.

226. Aurelino Leal, op. cit., v. I, p. 480.

227. Carrasco, op. cit., v. II, p. 306.

sufragou outra, em reiterados arestos, às vezes indiretamente, como no Acórdão n. 104, de 1895 — "deliberações de tal espécie pertencem exclusivamente ao domínio político do Poder Legislativo"[228] —, às vezes diretamente, como no Julgado n. 343, de 1899, onde proclamou que o *impeachment* é processo "de natureza política. ... O julgamento político não tem outro objeto senão averiguar e resolver se o empregado possui ou não as condições requeridas para continuar no desempenho de suas funções"[229].

A tese foi reafirmada no Acórdão n. 1.476, de 1901: "neste caso não profere um julgamento político, como é o processo instaurado contra o Presidente do Estado, nos termos do artigo 27 da Constituição" (de Mato Grosso)[230]. No Aresto n. 3.018, de 1911, outra vez o Supremo Tribunal Federal manteve a orientação consagrada: o *impeachment* é processo exclusivamente político[231].

Foi em 1916, ao ser julgado o Habeas-Corpus n. 4.091[232], que, pela primeira vez no Supremo Tribunal Federal, a natureza do *impeachment* deu margem a dissensões. Oliveira Ribeiro, seu relator, invocando a jurisprudência do Tribunal, sustentava que "o 'impeachment' — ou processo do governador do Estado — estabelecido na respectiva Constituição Estadual, não é um processo crime, conforme o nosso direito processual, é sim uma providência política, tomada por uma Assembléia política, contra uma autoridade, por motivos de ordem meramente política". Nessa emergência, Pedro Lessa indagava e respondia: "De que natureza é o 'impeachment'? É na sua essência uma medida constitucional, ou política, ou uma medida de ordem penal? Diante dos citados artigos da Constituição, penso que não é lícito duvidar que, por sua origem e por sua essência, é um instituto político ou de índole constitucional, e por seus efeitos ou conseqüências de ordem penal. O que o engendrou, foi a necessidade de pôr termo aos desmandos do Executivo. Por ele fica o Poder Legislativo investido do direito de cassar o mandato do Executivo, o Legislativo indubitavelmente impõe penas. A leitura dos citados artigos da Constituição Federal não deixa pairar a menor dúvida a esse respeito. O 'impeachment', pois, tem um duplo caráter, é um instituto heteróclito. Se fosse meramente constitucional não se compreenderia que,

---

228. Supremo Tribunal Federal, *Jurisprudência* (de 1895), 1897, p. 239.
229. Supremo Tribunal Federal, *Jurisprudência* (de 1899), 1901, p. 342.
230. Supremo Tribunal Federal, *Jurisprudência* (1901), 1905, p. 8.
231. *Diário Oficial da União*, de 30 de abril de 1911, p. 3223.
232. *Revista do Supremo Tribunal Federal*, v. 45, p. 11 a 23.

O IMPEACHMENT   85

além da perda do cargo, ainda acarretasse a incapacidade de exercer qualquer outro. Se fosse meramente penal não se explicaria a sujeição do Presidente, ou representante do Poder Executivo, a outro processo e a outra condenação criminal" [233].

Mais extremado foi Guimarães Natal, ao dizer que "o 'impeachment' tal como o consagrou a Constituição Federal não é um processo exclusivamente político... esse caráter exclusivamente político o tornaria incompatível com o regime presidencial [234]... é também um processo penal e de acentuado caráter judicial". Nesse julgamento, porém, Eneas Galvão observou que "objeto do 'impeachment' são essas faltas, sejam elas ou não crimes previstos no Código Penal, possa ou não deles resultar matéria para o processo criminal", uma vez que "não somente infrações de Direito Penal mas outros muitos atos contrários ao bom desempenho da função governamental e que não são violação daquela natureza, motivam o 'impeachment' " [235].

No mesmo ano, ao julgar o Habeas-Corpus n. 4.116, pela primeira vez se lê acórdão do Supremo Tribunal Federal: "o 'impeachment', na legislação federal, não é um processo exclusivamente político, senão, também, um processo misto, de natureza criminal e de caráter judicial, porquanto só pode ser motivado pela perpetração de um crime definido em lei anterior, dando lugar à destituição do cargo e à incapacidade para o exercício de outro qualquer. Os Estados não podem legislar sobre os casos de 'impeachment', *ex vi* do artigo 34, § 23, da Constituição da República"; e o habeas-corpus impetrado em favor do Presidente do Mato Grosso foi concedido, "a fim de que o paciente não seja em virtude de processo criminal contra ele instaurado pela Assembléia do Estado do Mato Grosso, privado da liberdade necessária ao pleno exercício das funções constitucionais de Presidente do Estado em que se acha legalmente investido" [236].

58. Mas não só doutrina e jurisprudência· proclamavam que política era a natureza do *impeachment*. Também a legislação, assim federal, como estadual. Pois, embora competisse à União legislar sobre direito penal, a lei federal jamais regulou o instituto no que concerne aos Estados. Fizeram-no estes, em suas Constituições e em leis a elas

---

233. *Revista do Supremo Tribunal Federal*, v. 45, p. 13.
234. *Revista do Supremo Tribunal Federal*, v. 45, p. 20; cf. n. 27 e 28, *supra*.
235. *Revista do Supremo Tribunal Federal*, v. 45, p. 16.
236. *Revista do Supremo Tribunal Federal*, v. 19, p. 7 e 9.

complementares. E foi em casos regidos por leis estaduais que o Supremo Tribunal Federal decidiu, repetidas vezes, que o instituto não era criminal, mas político e, por conseguinte, da economia dos Estados-Membros. Destarte, doutrina, jurisprudência e legislação eram harmônicas na consagração da tese.

Um julgado, contudo, muitas vezes citado como se, em tal matéria, fosse o único do Supremo Tribunal Federal, ou uma espécie de *leading case*, correu mundo — "aberrante dos bons princípios" e fruto de uma "maioria ocasional", segundo Maximiliano [237]; e especialmente através de sua ementa, contribuiu para toldar a reiterada e até então uniforme jurisprudência da mesma Corte e para desfigurar a conceituação do instituto, desvirtuando ainda sua evolução legislativa e jurisprudencial.

Dir-se-ia que, ao contrário da doutrina, que permaneceu coesa e coerente até a queda da Primeira República, o Supremo Tribunal Federal revogava sua jurisprudência para seguir rumo diverso. Ocorre, em verdade, que a tese segundo a qual o *impeachment* era processo criminal, ou misto, enunciada no acórdão de 8 de novembro de 1916, ao ser decidido o Habeas-Corpus n. 4.116, não corresponde e longe está de corresponder à decisão da Corte, aos seus fundamentos e aos votos desenvolvidamente articulados.

Para verificar-se que o acórdão não corresponde ao decidido, basta considerar que *cinco* juízes foram vencidos — J. L. Coelho e Campos, Godofredo Cunha, Oliveira Ribeiro, Pedro Mibielli e Viveiros de Castro; *dois* acompanharam o relator apenas nas conclusões, para conceder o habeas-corpus — Leoni Ramos e Sebastião de Lacerda; *um* o concedia por motivos inteiramente estranhos aos do acórdão, cuja fundamentação impugnou vigorosamente — Pedro Lessa; somente *três* — portanto, *três em onze*, não computando o Presidente Hermínio do Espírito Santo — subscreveram o julgado, endossando-o sem reservas — André Cavalcanti (relator), Canuto Saraiva e Guimarães Natal [238].

59. Em 1937, o Supremo Tribunal Federal voltou a consagrar sua antiga jurisprudência, ainda que sem referi-la. Foi ao decidir o Habeas-Corpus n. 26.544. Carvalho Mourão deteve-se no exame da tese.

---

237. Maximiliano, op. cit., n. 282, p. 399, nota 5; Mendonça de Azevedo, *A Constituição Federal interpretada pelo Supremo Tribunal Federal*, 1925, n. 330, p. 121 e 122.

238. *Revista do Supremo Tribunal Federal*, v. 19, p. 7 a 22.

O IMPEACHMENT 87

Pensava ele, "de acórdo com as considerações dos Ministros Relator (Laudo de Camargo) e Costa Manso, que a questão é exclusivamente política, visto como, no 'impeachment', não há, de modo algum, processo criminal, nem punição, mas, apenas, suspensão do cargo, pelo decreto de acusação, e, posteriormente, perda e inabilitação para outros. São estas medidas exclusivamente políticas. ... O 'impeachment' não tem caráter de processo criminal, como as medidas aplicadas não têm caráter de pena, havendo, simplesmente, afastamento, mais ou menos prolongado, do acusado, do cargo de então e de outros cargos futuros. Não só pela sua finalidade, como pela própria natureza das providências facultadas, o 'impeachment' é medida exclusivamente política. ... processo eminente e exclusivamente político. ... O processo é exclusivamente político..." [239].

60. Depois do interregno funesto, restabelecida a ordem legal com o advento da Constituição de 18 de setembro, que, no particular, praticamente reproduziu o sistema da primeira Constituição republicana, parece que caiu no olvido a rica elaboração jurídica tecida em decênios de vida política.

A despeito do parecer que ofereceu Themístocles Cavalcanti, na qualidade de Procurador-Geral da República, ao encaminhar a Representação n. 96, e outras [240], e de muito se dizer no curso dos julgamentos que o processo era "eminentemente político", é difícil indicar o rumo, a nota dominante da doutrina, da jurisprudência e da legislação, dezoito anos depois de promulgada a Constituição Federal. A fórmula que o tentasse teria de conciliar as posições mais antagônicas e contraditórias, para dizer mais ou menos assim: o processo político não é puramente criminal, mas marcadamente judicial, portanto, misto; por conseguinte, aos Estados não é defeso instituí-lo, mas hão de fazê-lo repetindo o modelo federal...

61. Não obstante, a Lei n. 1.079, ao dispor sobre a responsabilidade do Presidente da República, o faz em termos corretos, não indo além da sanção política, tal como determinava a Constituição fosse feito.

Contudo, invadiu competência local e regulou o instituto no âmbito dos Estados. Para tanto, seu relator na Comissão Mista das

---

239. *Arquivo Judiciário*, v. 45, p. 213 a 215.

240. Themístocles Cavalcanti, *Revista Forense*, v. 125, p. 112 a 118 e p. 398, e *A Constituição Federal Comentada*, 1948, v. II, p. 263 a 280.

PAULO BROSSARD

Leis Complementares invocou o art. 5.º, XV, *a*, da Constituição [241]. A esse ponto de vista, que chegou a ser repelido quanto ao processo [242], não faltaram impugnações [243]. Aqui, como em outros passos da elaboração legislativa, se fez sentir a influência dos recentes arestos do Supremo Tribunal, que esterilizaram a competência dos Estados, enfaticamente assegurada pela Constituição.

Mais tarde, pela Lei n. 3.528, até ao recôndito dos Municípios desceu o legislador federal. Enumerou os crimes de responsabilidade dos prefeitos e supletivamente, outra vez, dispôs sobre o respectivo processo.

A tanto levam as premissas falsas. E o esquecimento da História do Brasil.

---

241. Waldemar Pedrosa, Anteprojeto n. 6 — 1948. Define os crimes de responsabilidade e regula o respectivo processo e julgamento, Preclusão histórica, *Diário do Congresso Nacional*, 20 de abril de 1948, p. 2567, e *Documentos Parlamentares*, v. XCIV, p. 128.

242. *Documentos Parlamentares*, v. XCIV, p. 186.

243. *Documentos Parlamentares*, v. XCIV, p. 160 e 161; v. XCVI, p. 7 a 14.

XI — O "IMPEACHMENT" E OS ESTADOS

62. Assim caracterizado o *impeachment*, instituto de Direito Constitucional, a quem compete dispor, no âmbito dos Estados-Membros, seja quanto à definição dos casos em que tem lugar, pela enunciação dos "crimes de responsabilidade", seja quanto ao respectivo processo — à União ou aos Estados?

63. Sob a .Constituição de 1946 tornou-se quase pacífico que aos Estados é defeso definir os "crimes de responsabilidade" de seus Governadores e Secretários de Estado. Pois não compete à União, privativamente, legislar sobre direito penal?

Nesse sentido foram os julgados do Supremo Tribunal Federal, ao apreciar, nas Representações n. 96, 97, 102 e 111, as Constituições de São Paulo, do Piauí e das Alagoas [244].

O mesmo rumo tomou a doutrina, embora sem demorar-se no exame do problema [245].

Ainda mais: a legislação consagrou esta orientação. Lei federal, pela primeira vez desde que a federação foi instituída, definiu crimes

---

244. *Revista Forense*, v. 125, p. 93 e s., 391 e s., 431 e s.; v. 126, p. 77 e s.

245. Pontes de Miranda, *Revista Forense*, v. 125, p. 102, e *Questões Forenses*, v. I, p. 92: "ainda que houvesse deixado às Constituições estaduais legislar sobre crimes e penas, o que não deixou ... As Constituições estaduais não podem definir crimes de responsabilidade de chefes do Poder Executivo estadual"; Sampaio Dória, *Direito Constitucional*; Comentários à Constituição de 1946, 1960, v. III, p. 400; Camillo Martins Costa, Competência Federal em Matéria de "Impeachment" nos Estados e nos Municípios, *Correio do Povo*, de 22 e 23 de julho de 1961; Eduardo Espínola, *A Constituição dos Estados Unidos do Brasil*, 1952, v. I, p. 332; Prado Kelly, *Documentos Parlamentares*, 1954, v. 94, p. 169 e s.; Raul Chaves, op. cit., n. 29, p. 64 e 65; Noé Azevedo e Joaquim Canuto Mendes de Almeida, em pareceres mencionados por Hahnemann Guimarães, *Revista Forense*, v. 125, p. 144 e 422; v. 126, p. 78. Em sentido contrário, Temístocles Cavalcanti, op. cit., v. II, p. 266 e s.; Pinto Antunes, *Da Limitação dos Poderes*, 1955, p. 61.

PAULO BROSSARD

de responsabilidade de Governadores e Secretários de Estado e regulou, supletivamente, o seu processo. Fê-lo a de n. 1.079, de 10 de abril de 1950 [246]. Depois, era inevitável cuidar da responsabilidade dos Prefeitos: foi editada a Lei n. 3.528, de 3 de janeiro de 1959.

64. Mais do que no abandono, esta orientação recente importa no esquecimento de outra, que prosperou ao tempo da Constituição de 1891 — de resto, mais conforme à índole do *impeachment* e mais adequada à natureza do Estado federal.

Com efeito, sob a Constituição de 24 de fevereiro, embora competisse à União, como agora, legislar privativamente sobre direito penal [247], ela nunca definiu crimes de responsabilidade de autoridades locais — do Estado ou do Município — e, livre e validamente, fizeram-no os Estados-Membros, com chancela dos poderes federais.

Tal sucede na Argentina. Lá, a despeito de competir ao Congresso Nacional, com exclusividade, legislar sobre direito criminal, às Províncias jamais se negou a competência para regular o *juicio político* e aplicá-lo conforme as disposições do direito estadual [248].

De resto, os mais autorizados jurisconsultos, penalistas inclusive, nunca puseram em dúvida a competência estadual a respeito. De Ruy Barbosa a João Barbalho, de José Higino a Galdino Siqueira, de Clóvis Bevilacqua a Pedro Lessa, de Epitácio Pessoa a Amaro Cavalcanti, de Afrânio de Melo Franco a Prudente de Moraes Filho, de Carlos Maximiliano a Viveiros de Castro, de Afonso Celso a Laudelino Freire, de Pisa e Almeida a Eneas Galvão, de Lúcio de Mendonça a Oliveira Ribeiro, em quase-unanimidade [249], dissertando ou

---

246. Na elaboração da Lei n. 1.079 se fez sentir, confessadamente, a influência das decisões do Supremo Tribunal Federal nos casos de São Paulo, Piauí e Alagoas (*Documentos Parlamentares*, v. XCIV, p. 161, 164, 165, 167, 180; v. XCV, p. 58 a 63, 73, 74, 78, 100; v. XCVI, p. 26 a 28, 35, 39, 47).

247. Constituição de 1891, art. 34, n. 23; Constituição, art. 5.º, XV, *a*.

248. Constituição argentina, art. 67, n. 11; Bas, *Derecho Federal Argentino*, 1927, v. I, p. 351; Matienzo, *Derecho Constitucional*, 1916, v. II, p. 80; Gonzalez Calderon, *Introducción al Derecho Público Provincial*, 1913, p. 293; Gallo, op. cit., p. 236 a 239, 302 a 304; Quiroga, *Juicio Político*, 1892, p. 44 e 45; Zavallia, *Derecho Federal*, 1941, v. I, p. 495 e 496; Bielsa, op. cit., p. 484, n. 58; Galdino Siqueira, op. cit., p. 248; Epitácio Pessoa, *Revista de Direito*, v. 42, p. 75; Pedro Lessa, *Revista do Supremo Tribunal Federal*, v. 19, p. 11.

249. Em contrário se pronunciaram: Paulo de Lacerda (*Revista de Direito*, v. 42, p. 68 a 70), Guimarães Natal, Canuto Saraiva (*Revista do Supremo Tribunal Federal*, v. 45, p. 20 e 23) e André Cavalcanti (*Revista do Supremo Tribunal Federal*, v. 19, p. 9).

decidindo, todos prestigiaram, direta ou indiretamente, explícita ou implicitamente, as práticas vigentes nesse sentido.

65. Segundo Sampaio Dória, que cita o art. 74 da Lei n. 1.079, "nos Estados, os crimes de responsabilidade dos Governadores e seus Secretários são os mesmos definidos para o Presidente da República e seus ministros".

Já o mesmo não pensa em relação ao processo. "O processo e o julgamento do 'impeachment', nos Estados, não é, em tudo e por tudo, o Direito Processual a que se refere a letra *a*, item XV, do artigo 5.º, da Constituição Federal, como da competência privativa da União, excluída pelo art. 6.º a legislação estadual supletiva ou complementar. O Direito Processual, cuja legislação para todo o país é exclusiva da União, é o processo em Direito Civil, Comercial, Penal, Eleitoral, Aeronáutico e do Trabalho."

Donde se conclui que o processo do *impeachment*, a seu juízo, não é penal. Se o fosse, haveria de ser da privativa competência da União legislar sobre ele. Neste caso, porém, forçoso seria concluir que os crimes de responsabilidade, que motivam o *impeachment*, também não constituem matéria penal, a ser regulada pelo poder que tem competência privativa para legislar sobre direito criminal.

E continua o lente da Academia de São Paulo: "o processo de 'impeachment' do Presidente ou dos Ministros do Supremo Tribunal Federal não visa diretamente a aplicação de penas, como nos delitos de que trata o Código Penal. É o processo especial para privar de seus cargos o Presidente da República, ou seus Ministros, e os Ministros do Supremo Tribunal Federal. Afastados definitivamente, por sentença, dos cargos, ficam os destituídos sujeitos à ação da justiça ordinária. Aí é que lhes poderão ser aplicadas as penas do Código Penal. Para esta aplicação, o processo é exclusivamente o que for estatuído pelo Congresso Nacional. O processo para destituir a nação os que eleja para o cargo de Presidente da República, ou os que invista, nos termos constitucionais, no cargo de membro do Supremo Tribunal Federal, é processo legislado pelo Congresso. Mas o processo para destituir o povo de cada Estado seus respectivos Governadores é matéria de autonomia estadual, e, pois, objeto de lei estadual. Isto é o que está na lógica da organização federativa. E se a Constituição Federal nem expressa nem implicitamente declara o contrário, negar aos Estados competência para determinar o processo e julgamento dos Governadores é contender com a forma federativa do Estado"[250].

Se a cláusula que confere à União competência privativa para legislar sobre direito processual não impede os Estados de fazê-lo em relação ao processo de *impeachment*, é evidente que, pela mesma razão, o preceito que à União assegura o exclusivo poder de legislar sobre direito penal não inibiria os Estados de enumerar as faltas que constituiriam os chamados crimes de responsabilidade de suas autoridades políticas.

Seria contender com a forma federativa negar aos Estados-Membros competência para indicar os crimes de responsabilidade dos seus Governadores, até porque a Constituição, silente a respeito, a eles reserva os poderes não conferidos à União.

A incongruência, porém, antes de ser do professor, é da Lei n. 1.079.

Com efeito, se se tratasse de matéria penal, à União competiria legislar sobre crimes de responsabilidade dos Governadores e Secretários de Estado. Neste caso, porém, impunha-se-lhe o dever de legislar, igualmente, acerca do respectivo processo, que haveria de ser criminal. Contudo, sobre este a União legislou, mas o fez de modo supletivo, e reconhecendo explicitamente a competência estadual.

65a. Antes da Constituição de 1988 (art. 27, § 1.°) nenhuma outra fez referência a imunidades de Deputado estadual. No entanto, sempre se entendeu, assim na doutrina como na jurisprudência, inclusive do Supremo Tribunal Federal, que a sua afirmação nas Constituições estaduais não infringia a competência federal, privativa, para regular direito e processo penais. Resultavam da organização federativa e da independência dos Poderes[250a]. Com maior razão, haveria de reconhecer-se, como se reconheceu, a competência local para dispor sobre a responsabilidade política de seus governadores.

66. Da história constitucional brasileira, que há para recolher nesta matéria?

---

250. Sampaio Dória, op. cit., v. III, p. 400 a 402.

250a. Pedro Aleixo, *Imunidades Parlamentares*, 1961, p. 103 a 112; Barbosa Lima Sobrinho, *As Imunidades dos Deputados Estaduais*, 1966, *passim*; Baltazar Barbosa, *Justiça*, v. XXXI, p. 445.

O IMPEACHMENT   93

Na praxe constitucional dos Estados-Membros, aliás, de difícil acesso e ainda não explorada [251], encontram-se experiências que constituem material quase único entre nós, uma vez que no plano federal jamais prosperou um só processo de *impeachment*, pois, embora várias tenham sido as denúncias apresentadas, nenhuma delas logrou ser julgada "objeto de deliberação". Todas, sem exceção, foram liminarmente rejeitadas [252].

67. O problema não foi ignorado no plano da doutrina. E, inventariando-se suas manifestações, ressurgem alguns nomes laureados nas letras jurídicas do País.

---

251. Raul Chaves (op. cit., n. 22, p. 47) sustenta que, sob a Constituição de 1891, a maioria dos Estados "limitou-se a estatuir normas especiais para o processo, atenta que estaria ao preceito do art. 34, n. 23, da Constituição do país, que tornava privativo do Congresso Nacional legislar sobre Direito Criminal da República. Admitiram leis especiais definindo os seus crimes de responsabilidade as Constituições do Pará, Ceará, Piauí, Rio Grande do Norte, Alagoas, São Paulo, Goiás e Mato Grosso". Pensa o autor que a matéria não foi "tão apreciada e discutida como após a Constituição federal vigente". Lauro Nogueira, por sua vez, na monografia que escreveu sobre *O "Impeachment" especialmente no Direito Brasileiro* (p. 73), informa que "na esfera federal, entre nós, o 'impeachment' jamais se efetivou e, na estadual, parece que um ou outro caso isolado se verificou, de pouca ou nula repercussão". Em nota, n. 162, acrescenta: "procurei em nossos repertórios — revistas jurídicas — e nada encontrei. Em seus *Comentários à Constituição Federal Brasileira*, Ruy alude a um 'impeachment' na Bahia".

252. Mário Lessa, *Da Responsabilidade do Presidente da República*, 1925, p. 70 a 136; Aníbal Freire, op. cit., p. 127 a 130; Adolfo Bergamini, *Diário do Congresso Nacional*, de 12 de outubro de 1926, p. 3940 a 3941; Parecer n. 12, de 1926, da Comissão Especial, *Diário do Congresso Nacional*, de 20 de outubro de 1926, p. 4222 a 4225; Plínio Casado, *Diário do Congresso Nacional*, de 7 de novembro de 1926, p. 5188 e s.; João Mangabeira, *Diário do Congresso Nacional*, de 2 de novembro de 1926, p. 4953 a 4958; Parecer n. 148, de 1954, da Comissão Especial da Câmara dos Deputados; Denúncia contra o Sr. Ministro da Fazenda, 1952; *Diário do Congresso Nacional*, de 24 de agosto de 1954, p. 5853; Parecer n. 44, de 1956, da Comissão Especial da Câmara dos Deputados; Parecer n. 187, de 1967, da Comissão Especial da Câmara dos Deputados, *Diário do Congresso Nacional*, de 22 de janeiro de 1967, p. 265 a 267.

No plano federal, foram apresentadas denúncias contra os Presidentes Floriano Peixoto, em 1893, Campos Sales, em 1901 e 1902, Hermes da Fonseca, em 1912, Artur Bernardes, em 1926, Getúlio Vargas, em 1954; e contra os Ministros de Estado Horácio Lafer, em 1952, Hugo de Faria, em 1954, e Parcifal Barroso, em 1956; Humberto de Alencar Castello Branco, em 1966.

Nos Estados, onde alguns processos chegaram a termo, registraram-se denúncias em Pernambuco, em 1893, no Amazonas, em 1898 e 1911, em Sergipe,

PAULO BROSSARD

Galdino Siqueira talvez tenha sido o primeiro a focar a questão em termos doutrinários [253]: "na atual organização política, e desde que o 'impeachment', pelo sistema americano, e pela nossa Constituição federal é ato disciplinar ou administrativo, ou, como diz Von Liszt, um efeito de Direito Público, nada impede que os Estados federados o acolham, e o regulem em seus diferentes aspectos, dando-lhe como motivo, além dos crimes funcionais da legislação federal, as infrações dos deveres oficiais que qualificarem. Efetivamente, se os Estados podem decretar suas Constituições e leis orgânicas, criar cargos, suas condições de investidura e exercício, respeitados os princípios constitucionais da União, como inferência lógica podem também legislar sobre as infrações dos deveres funcionais, editando as penas necessárias. E nem se objete que as infrações funcionais já estão previstas como crimes pela lei penal, cuja decretação não cabe aos Estados, e sim privativamente à União. A objeção envolve confusão do Direito Penal com o direito disciplinar, quando são autônomos, com esfera própria de domínio. ... Assim, podem os Estados qualificar de infração disciplinar a ação já qualificada como crime funcional pela lei penal, como qualificar outras não previstas por esta, tanto mais quanto no Código Penal não figuram todos os casos de falta de cumprimento de deveres dos funcionários, porque pode haver atribuições especiais conferidas pelas leis dos Estados aos respectivos funcionários. Conseguintemente, podem os Estados adotar e regular o instituto do 'impeachment' qualificando as infrações funcionais que lhe sirvam de motivo, com a precisa clareza, e individuação, para cingirem-se ao espírito que domina a Constituição Federal, que no caso quer evitar todo o arbítrio na determinação da responsabilidade. Poder ou faculdade idêntica têm as províncias da República Argentina, onde por vezes se tem aplicado o 'impeachment', o que vem aclarar ainda mais o assunto, sabido que ali a União lhes veda legislar sobre o Direito Criminal, e que, através da Constituição Argentina, trasladamos para a nossa grande número de disposições da Cons-

---

em 1898, no Mato Grosso, em 1916 e em 1936, no Rio Grande do Norte, em 1951, na Bahia, em 1952, e nas Alagoas, em 1957.

253. A competência estadual para regular o *impeachment* não foi examinada no caso Aurelino Leal, quando sobre outros aspectos do instituto opinaram Ruy Barbosa, O Direito, v. 100, p. 18 a 49; Lafayette, *Pareceres*, 1921, v. II, p. 355; Aurelino Leal, *Irresponsabilidade Funcional dos Secretários de Estado e "Impeachment" dos Funcionários Civis perante a Constituição da Bahia*, 1905, e O "Impeachment" dos Secretários de Estado perante a Constituição Baiana, in *Pandectas Brasileiras*, v. V, p. 97 a 111; Amâncio de Souza, *Responsabilidade Funcional dos Secretários de Estado*, 1906.

tituição Americana. ... Aos Estados não é defeso decretar como penas, ou melhor, como providências políticas, úteis pela prontidão e eficácia, além da perda do cargo, a incapacidade para exercer qualquer outro"[254].

"Entra perfeitamente na esfera da competência dos Estados — opinou Clóvis Bevilacqua — determinar os casos em que o respectivo Presidente deverá perder o cargo. Cabe-lhes, igualmente, declarar, em lei, que, julgada procedente a acusação, ficará suspenso de suas funções. Nenhum outro poder senão o Legislativo Estadual é chamado a regular esses casos. O assunto é estranho à atividade legislativa federal"[255].

Respondendo à consulta, no caso de Mato Grosso, Afrânio de Melo Franco invocou a experiência republicana: "os Estados não têm competência para alterar a classificação, a enumeração e definição dos referidos crimes comuns; podem, porém, definir, e em leis próprias, os crimes de responsabilidade do Presidente e Secretários de Estado, determinando-lhes o processo e julgamento. No Brasil, os Estados têm legislado sobre esse assunto, sendo que o de Minas o fez pela Lei n. 9, de 6 de novembro de 1891, nos termos dos artigos 28, 82 e 58 da respectiva Constituição"[256].

É manifesto que tais princípios — Afonso Celso se referia aos princípios constitucionais a que os Estados deviam e devem obediência — "é manifesto que tais princípios não são violados pela estipulação, em leis estaduais, de fatos determinados de 'impeachment' dos governadores. ... A competência da União para regular o Direito Privado e a matéria penal não inibe aos Estados o estabelecimento da responsabilidade de seus governadores e a decretação de penas de caráter político"[257].

Não faltou, por ocasião do episódio mato-grossense, o parecer de Epitácio Pessoa, que, enquanto juiz do Supremo Tribunal, subscrevera o Acórdão n. 3.018, de 1911, no qual ficou reconhecida a competência estadual para dispor sobre o processo de responsabilidade. O futuro Presidente da República feriu a questão de modo claro e direto. Deseja-se saber, escreveu ele, "deseja-se saber se podem os Estados criar e regular nas suas leis o 'impeachment' dos respectivos gover-

---

254. Galdino Siqueira, op. cit., p. 243 a 244, 247 a 248 e 250.
255. Clóvis Bevilacqua, *Revista de Direito*, v. 42, p. 58 e 59.
256. Afrânio de Melo Franco, *Revista de Direito*, v. 42, p. 73.
257. Afonso Celso, *Revista de Direito*, v. 42, p. 77.

nadores. ... A meu juízo, não se pode recusar aquele direito aos Estados. ... A dúvida a este respeito vem do art. 34, n. 23, da Constituição, que reserva ao Congresso Nacional a atribuição privativa de legislar sobre o Direito Criminal da República, não sendo lícito, portanto, aos Estados definir crimes ou editar penas. Mas o 'impeachment' não é um processo criminal; é um processo de natureza política, que visa não a punição de crimes, mas simplesmente afastar do exercício do cargo o governador que mal gere a cousa pública, e assim a destituição do governador não é também uma pena criminal, mas uma providência de ordem administrativa. Os chamados crimes de responsabilidade do governador não são propriamente crimes; são uns tantos atos previamente especificados, que, previstos ou não na lei penal da República, incompatibilizam aos olhos do Estado o seu governador para o exercício da função. A chamada pena de destituição também não é rigorosamente uma pena, mas uma medida de governo. São noções sabidíssimas, que dispensam o apelo às autoridades. Na República Argentina, onde também a lei criminal é uma só para todo o país, não se contesta às províncias o direito de instituir o juízo político para os seus governadores. Muitos destes têm sido ali submetidos ao processo de 'impeachment'. Entre nós, igualmente, todas as constituições locais, revogadas ou vigentes, adotaram o 'impeachment', sem que jamais alguém se lembrasse de argüi-las por isto de infringentes do pacto federal. Mais de um caso de 'impeachment' se tem verificado nos Estados e o Supremo Tribunal mais de uma vez tem reconhecido a legitimidade deste direito, como se pode ver dos acórdãos..." [258].

Milton [259] e Barbalho [260] abonam a exegese, referindo julgados que a consagram; também Maximiliano: "ao Poder Legislativo dos Estados compete enumerar os crimes de responsabilidade dos governadores e regular o respectivo processo político. A assembléia condenará o chefe do Executivo à perda do cargo e poderá agravar a pena com a incapacidade para exercer outra função pública estadual" [261].

Por fim, Ruy Barbosa. Examinando o problema do *impeachment* no âmbito dos Estados, nunca lhe ocorreu pôr em dúvida a competência deles para regular o processo de apuração de responsabilidade das autoridades locais.

258. Epitácio Pessoa, *Revista de Direito*, v. 42, p. 75 e 76; *Obras Completas*, v. XI, t. I, p. 198.
259. Milton, op. cit., p. 291 e 292.
260. Barbalho, op. cit., p. 240.
261. Maximiliano, op. cit., n. 282, nota 5, p. 398 e 399; Pinto Antunes, op. cit., p. 61.

No caso da Bahia, por exemplo, fez restrições de ordem política, por entender inconvenientes algumas peculiaridades do instituto adotado em sua Província [262]. Mas nada opôs fundado em razões de ordem constitucional.

Outrossim, à época do caso de Mato Grosso, em 1916, subscreveu, sem reserva, o parecer de Prudente de Moraes Filho, que começava com esta proposição: "não vejo na Constituição Federal um só dispositivo que proíba os Estados de definirem os crimes de responsabilidade dos seus respectivos presidentes ou governadores e de outras autoridades ou funcionários estaduais" [263].

Com este pronunciamento, Ruy Barbosa não fazia mais que ratificar seu parecer de 1911, no qual se refere ao abandono do cargo do Governador ou Vice-Presidente como crime de responsabilidade, criado pela Constituição do Amazonas, e alude aos enumerados "na lei amazonense n. 14, de 5 de outubro de 1892, que estabeleceu os crimes de responsabilidade do governo do Estado" [264], sem nela vislumbrar eiva de inconstitucionalidade.

Tais delitos, escreveu o jurisconsulto, "tais delitos, porém, o Direito Constitucional os separa dos crimes comuns, submetendo-os a uma jurisdição especial, por terem, como crimes de uma alta esfera política, natureza distinta da desses outros crimes. Nada mais arbitrário, portanto, creio eu, do que removê-los para uma jurisdição de direito comum, que a sua índole repele, quando as duas Constituições (do Amazonas) sucessivamente criaram para eles um tribunal *sui generis*, reservando para o Superior Tribunal de Justiça, como

---

262. Ruy Barbosa, *O Direito*, v. 100, p. 45 e 46: "mau é o regime? Por péssimo o tenho eu. Mas, como intérprete, não legislo. Ao contrário, disseco fielmente as imperfeições do direito constituído, para, como reformador, pugnar-lhe pela alteração no direito constituendo. A Constituição baiana sofre, neste ponto, de um defeito capital. Nem todos os exemplos americanos, em Direito Político, são bons de imitar, com o nosso temperamento, os nossos hábitos e o nosso meio".

263. Prudente de Moraes F.º, O "Impeachment" nas Constituições Estaduais, *Revista de Direito*, v. 45, p. 254 a 256; Ruy Barbosa, *Revista de Direito*, p. 258.

264. Ruy Barbosa, *O Direito*, v. 114, p. 448 e 449. Cf. a decisão do Tribunal Misto do Estado do Amazonas, de 22 de maio de 1899 (*Revista de Jurisprudência*, 1899, v. 6, p. 262), segundo a qual "inconstitucional, por ofensiva ao disposto no artigo 34, § 23, da Constituição Federal, é a lei estadual que definir crimes e cominar penas. Assim, é nula, visto incidir nessa censura, a lei do Estado do Amazonas n. 14, de 5 de outubro de 1892". *V.* Lêda Boechat Rodrigues, *História do Supremo Tribunal Federal*, v. II, p. 99.

foro do governador e seu substituto legal, exclusivamente os crimes comuns na acepção estrita deste qualificativo" [265].

E em 1911 mais não fazia que confirmar parecer exarado em 1893: "a lei de responsabilidade, que o Congresso pernambucano votar, não pode qualificar e, muito menos, punir delitos anteriores a ela" [265a].

Esta, em síntese, a doutrina que se foi tecendo, ao longo dos anos, sob o influxo, direto ou não, das questões emergentes.

68. Ocorre que os fatos antecederam a doutrina. As assembléias constituintes estaduais indicaram os crimes de responsabilidade dos Governadores e seus Secretários, e, decompondo as normas constitucionais, as legislaturas os definiram e dispuseram acerca do processo respectivo.

Se as Constituições dos Estados, mais do que anexo útil, são complemento indispensável da Constituição [266], é de ser sublinhado que, em conformidade com a doutrina e em harmonia com a jurisprudência, as legislações, federal e estadual [267], orientaram-se uma no sentido de assegurar, a outra no de exercitar a autonomia local.

Trinta anos depois de promulgada a Constituição republicana, o fato de os Estados haverem exercido essa competência, que, de resto, jamais se teve como usurpada, senão como legítima, foi registrado por Castro Nunes, sem surpresa nem reparos [268].

---

265. Ruy Barbosa, *O Direito*, v. 114, p. 447 (parecer de 20-2-1911).

265a. Ruy Barbosa, *Obras Completas*, v. XX, t. V, p. 380.

266. Boutmy, op. cit., p. 62; Aurelino Leal, op. cit., v. I, p. 12 e 13.

267. A maioria dos Estados, sob a Constituição de 1891, definiu os crimes de responsabilidade de suas autoridades. Nem todas as leis serão modelares; mas o fato é ilustrativo.

268. Castro Nunes, *As Constituições Estaduais do Brasil Comentadas e Comparadas entre si e com a Constituição Federal*, 1922, v. I, n. 69, p. 123: "os Estados adotam, em suas linhas gerais, o 'impeachment' segundo o modelo federal. Em todas as Constituições se definem os crimes de responsabilidade do governador ou presidente, reproduzindo, *mutatis mutandis*, a compendiação do art. 54 da Carta da União. Rio Grande do Sul particulariza o decoro da administração e o funcionamento legal da magistratura, além das outras figuras delituosas que são lugares-comuns em todas as constituições (atentar contra a existência política e as constituições da União e do Estado, contra o livre exercício dos poderes políticos, o gozo e exercício legal das liberdades, a segurança interna do Estado, a gestão legal dos dinheiros públicos, etc.)". Cf. Castro Nunes, *Revista Forense*, v. 125, p. 151, 152 e 427.

O IMPEACHMENT

69. Com efeito, não só a União, àquele tempo, se omitiu em legislar, e jamais definiu "crimes de responsabilidade" de governantes estaduais, como a maioria dos Estados usou da outorga constitucional e regulou o *impeachment*, arrolando os crimes de responsabilidade de suas autoridades políticas, e dispôs sobre o respectivo processo. Assim, o Amazonas, o Piauí, o Ceará, a Paraíba, Pernambuco, Alagoas, o Sergipe, a Bahia, Minas Gerais, o Paraná, o Rio Grande do Sul, o Mato Grosso [269].

Como não se trata de pena criminal, estabelecida em lei nacional, mas de pena política, ligada à economia do Estado, sempre se entendeu, e algumas Constituições e leis estaduais foram expressas nesse sentido, que no *impeachment* estadual a desqualificação da autoridade para exercer função pública refere-se a cargo estadual [270].

---

269. Lei federal n. 30, de 7 de janeiro de 1892; Amazonas, Lei n. 14, de 5 de outubro de 1892; Piauí, Lei n. 16, de 9 de agosto de 1892; Ceará, Leis n. 26 e 30, de 25 e 26 de novembro de 1892; Lei n. 20, de 25 de outubro, e 36, de 26 de novembro de 1892; Paraíba, Lei n. 3, de 2 de dezembro de 1892; Pernambuco, Lei n. 63, de 5 de abril de 1893; Alagoas, Lei n. 6, de 12 de maio de 1892; Sergipe, Lei n. 11, de 23 de junho de 1892; Bahia, Lei n. 637, de 2 de janeiro de 1906; Minas Gerais, Lei n. 9, de 6 de novembro de 1891; Paraná, Lei n. 25, de 27 de junho de 1892; Rio Grande do Sul, Leis n. 12 e 13, de 13 e 27 de julho de 1896; Mato Grosso, Leis n. 23 e 26, de 16 e 17 de novembro de 1892.

Na constituinte de São Paulo de 1901, Herculano de Freitas e Duarte de Azevedo sustentaram a competência local em matéria de *impeachment*, inclusive quanto à definição dos crimes de responsabilidade, porque não se tratava de matéria de direito criminal; este de competência da União. *Anaes do Congresso Constituinte do Estado de São Paulo de 1901*, 1902, p. 219 e s., 482 a 494.

270. Maximiliano, op. cit., n. 282, p. 398, nota 5; Stimson, op. cit., § 263, p. 232; MacDonald, op. cit., p. 192; Carrasco, op. cit., v. II, p. 308; Bas, op. cit., v. I, p. 351.

Piauí, Lei n. 16, art. 33; Ceará, Constituição de 1891, art. 54, § 2.º; Lei n. 20, art. 18; Paraíba, Lei n. 3, art. 22; Pernambuco, Constituição de 1891, art. 70; Lei n. 63, art. 1.º, § 1.º; Lei n. 65, art. 3.º, § 13; Paraná, Constituição de 1891, art. 52; Lei n. 25, art. 2.º; Rio Grande do Sul, Constituição de 1891, art. 22, § 1.º; Lei n. 13, art. 23; Mato Grosso, Lei n. 23, arts. 2.º, 3.º, 4.º, 5.º, 7.º, 8.º, 9.º, 14, 15, 16, 17, 19, 21, 22, 29, 30, 35, 37, 39.

A grande maioria das Constituições dos Estados norte-americanos estabelece explicitamente que a pena política de demissão e desqualificação diz respeito ao exercício de outro cargo ou função *estadual*: Alabama art. VII, secção 176; Arkansas, XV, 1; Arizona, VIII, 2; Califórnia, IV, 18; Colorado, XIII, 2; Connecticut, IX, 3; Delaware, VI, 2; Georgia, III, V, 5; Idaho, V, 3; Illinois, IV, 24; Iowa III, 20; Kansas, II, 28; Louisiana, 218; Maine, IV, II, 7; Massachusetts, II, I, II, VIII; Minnesota, XIII, 1; Mississipi, IV, 51; Missouri, VII, 2; Montana, V, 17; Nebraska, III, 14; Nevada, VII, 2; New Hampshire, II, 38;

PAULO BROSSARD

70. Como a maioria dos Estados-Membros, o Rio Grande do Sul definiu os crimes de responsabilidade de seu Presidente, do Vice-Presidente e dos Secretários de Estado. Fê-lo pela Lei n. 12, de 13 de julho de 1896. Tem ela algumas singularidades, da mesma forma que a Lei n. 13, pela qual é marcado o processo respectivo. A exposição de motivos, que a justifica, interessante sob vários aspectos, é do Presidente Castilhos.

Anotando a Constituição gaúcha de 29 de junho de 1935, Maurício Cardoso não se esqueceu de aditar a Lei n. 12, de 1896, ao art. 66 da nova Constituição, no qual eram enunciados os crimes de responsabilidade do Governador do Estado [271].

71. Desse modo, doutrina e legislação, assim da União como dos Estados, tinham como local a competência para regular o *impeachment*. E se aos Estados competia legislar sobre direito processual, à União e só a ela era atribuído dispor acerca do direito criminal, o

---

New Jersey, VI, III, 3; New Mexico, IV, 36; New York, VI, 13; North Carolina, IV, 2; North Dakota, XIV, 196; Ohio, II, 24; Oklahoma, VIII, 5; Pennsylvania, VI, 3; Rhode Island, XI, 3; South Carolina XV, 6; South Dakota, XVI, 3; Tennessee, V, 4; Texas, XV, 4; Utah, V, 19; Vermont, I, 54; Virginia, IV, 54; Washington, V, 2; West Virginia, IV, 9; Wisconsin, VII, 1; Wyoming, III, 18.

271. Maurício Cardoso, op. cit., p. 63.

O projeto de Constituição da República Rio-Grandense, apresentado à Assembléia reunida no Alegrete pela Comissão por ela designada para elaborá-lo, concebia a responsabilidade governamental nos seguintes moldes: "Art. 22. Compete igualmente à mesma câmara o direito exclusivo de acusar perante o Senado ao Presidente da República, Ministros de Estado, Conselheiros de Estado, membros de ambas as câmaras e do Tribunal Supremo de Justiça, pelos delitos seguintes: 1.º) Traição. 2.º) Por peita, suborno, e concussão. 3.º) Por abuso de poder. 4.º) Por violação da Constituição e das Leis. 5.º) Por tudo quanto obrarem contra a liberdade, segurança e propriedade dos cidadãos. 6.º) Por dissipação dos bens públicos. 7.º) Pelos conselhos que derem opostos às leis e aos interesses do Estado manifestamente dolosos. 8.º) Finalmente por quaisquer outros crimes, que mereçam pena infamante ou de morte. Art. 23. A Câmara dos Deputados pode conhecer destes crimes, a requerimento de parte ou de alguns de seus membros, e procederá nos termos da acusação, quando delibere que tem lugar a formação da culpa. Art. 24. Uma lei particular especificará a natureza destes delitos e a maneira de proceder contra eles. ... Art. 40. É da atribuição exclusiva do Senado: 1.º) Exercer as funções e autoridade de um grande júri para julgar aos funcionários da República, que tenham de ser acusados pela Câmara dos Deputados em conseqüência dos crimes declarados no art. 22, pronunciando sentença contra os mesmos em virtude da lei por duas terças partes de votos dos senadores presentes".

O IMPEACHMENT 101

que não impediu que aqueles, e unicamente eles, estipulassem, em leis próprias, quais os crimes de responsabilidade de seus Governadores e Secretários.

72. Como se comportou a jurisprudência nesse período? No sentido de reconhecer a competência estadual, de 1895 a 1937, foi a jurisprudência do Supremo Tribunal Federal. Muitos dos mais ilustres juízes do Pretório Excelso firmam esses arestos. Alguns deles haviam sido constituintes, parlamentares, Ministros de Estado.

73. Em 1.º de maio de 1895, o Supremo Tribunal, ainda que incidentemente, reconhece que aos Congressos estaduais compete enunciar os crimes de responsabilidade de suas autoridades [272], e no Acórdão n. 104, de 1895, se refere à lei estadual n. 16, de 9 de agosto de 1892, que definia os crimes de responsabilidade do Governador e Secretários de Estado do Piauí, sem nela lobrigar vício algum, que, de resto, não foi alegado [273].

No Acórdão n. 343, de 1899, é a Lei n. 11, de 23 de julho de 1892, de Sergipe, a mencionada pelo Supremo Tribunal, sem que nela vislumbre invasão de competência federal [274].

A competência estadual para regular o *impeachment* é indiretamente reconhecida pela Suprema Corte no Aresto n. 1.476, de 1901 [275].

No Julgado n. 3.018, de 1911, outra vez a Corte Suprema reconheceu a competência local para definir crimes de responsabilidade dos governantes estaduais: concedeu *habeas corpus* para trancar processo crime e recusou-o quanto ao processo de responsabilidade, porque este só o Senado amazonense, nos termos da lei estadual, poderia decidir [276].

De outro lado, ao apreciar o Recurso de Habeas Corpus n. 3.715, de 1915, sendo relator Pedro Lessa, o Supremo Tribunal concluiu pela inconstitucionalidade da Lei baiana n. 1.065, de 14 de novembro de 1914, que dispunha sobre o *impeachment* no plano muni-

---

272. *O Direito*, v. 67, p. 310.
273. Supremo Tribunal Federal, *Jurisprudência* (de 1895), 1897, p. 239 e 240.
274. Supremo Tribunal Federal, *Jurisprudência* (de 1899), 1901, p. 342.
275. Supremo Tribunal Federal, *Jurisprudência* (de 1901), 1905, p. 8 e 9.
276. *Diário Oficial*, de 30 de abril de 1911, p. 3223; *Correio do Povo* e *Jornal do Comércio*, de Porto Alegre, de 30 de abril de 1911.

102 PAULO BROSSARD

cipal; assim o fez, porém, e por unanimidade, unicamente porque a lei estadual contrariava a Constituição da Bahia, e não porque ao Estado se negasse poder para regular o *impeachment*. Esta tese, aliás, não foi sequer aflorada, seja pelo impetrante Almachio Diniz, seja pelo Supremo Tribunal Federal [277].

Julgando o Habeas Corpus n. 4.091, de 1916, o Supremo Tribunal Federal mais uma vez reconheceu a competência estadual para regular o *impeachment,* a partir da definição dos crimes de responsabilidade, que, no Mato Grosso, constavam da Lei n. 23, de 16 de novembro de 1892: "sendo incontestável a competência da Assembléia Legislativa de Mato Grosso para processar o paciente na qualidade de Presidente do Estado, por fatos que o citado art. 27 (da Constituição estadual) e leis especiais do Estado qualificam de crime de responsabilidade, é evidente que qualquer constrangimento daí resultante contra o paciente não pode dar lugar ao *habeas corpus,* com fundamento no art. 72, § 22, da Constituição Federal, que se refere a coação ou violência por ilegalidade ou abuso de poder" [278].

No mesmo ano, porém, e com relação ao mesmo caso, no Habeas Corpus n. 4.116, o Supremo Tribunal haveria de proclamar que "o 'impeachment', na legislação federal, não é um processo exclusivamente político, senão, também, um processo misto, de natureza criminal e de caráter judicial, porquanto só pode ser motivado pela perpetração de um crime definido em lei anterior, dando lugar à destituição do cargo e à incapacidade para o exercício de outro qualquer. Os Estados não podem legislar sobre os casos de 'impeachment', *ex vi* do artigo 34, § 23, da Constituição da República" [279].

---

277. *Revista do Supremo Tribunal Federal*, v. 8, p. 7 a 26. Almachio Diniz, *As Garantias da Liberdade Individual por meio de um Habeas Corpus,* 1915, *passim.*

Quando, em 1905, sucedeu o caso Aurelino Leal, a ninguém ocorreu alegar a falta de lei federal, nem asseverar que a Constituição da Bahia extravasara de seu leito próprio. Ainda que não especificamente focada a tese, a plena competência estadual para regular o *impeachment* em todos os seus aspectos, com amplitude maior do que na órbita federal, ficou reconhecida pelo Tribunal de Justiça da Bahia, em acórdão de 18 de junho de 1905, relator Pedro dos Santos, depois Ministro do Supremo Tribunal (*Revista de Direito,* v. 16, p. 453 a 465). Pela Constituição baiana, de 2 de julho de 1891, que se afastou do modelo federal para inspirar-se diretamente no norte-americano, todos os funcionários estaduais, e não apenas as autoridades políticas, estavam sujeitas ao *impeachment.*

278. *Revista do Supremo Tribunal Federal*, v. 45, p. 11.

279. *Revista do Supremo Tribunal Federal*, v. 19, p. 7 a 22.

O acórdão, porém, não corresponde, nesta parte, ao decidido [280].

280. Segundo Maximiliano, o acórdão, "aberrante dos bons princípios", resultou de "maioria ocasional". Em verdade, a maioria, seis sobre cinco, concedeu *habeas corpus* para anular o processo instaurado pela Assembléia contra o Presidente do Estado de Mato Grosso, mas o fez por motivos variados e contraditórios. Nesta parte, o acórdão reflete o pensamento do relator, André Cavalcanti, de Guimarães Natal e de Canuto Saraiva. Sem falar nos cinco vencidos, os demais concediam o *habeas corpus* por motivos estranhos aos do acórdão, e um deles, Pedro Lessa, foi explícito em afirmar que aos Estados, e nunca à União, competia definir os crimes de responsabilidade das autoridades estaduais.

Com efeito, Pedro Lessa, cujo voto foi decisivo para a concessão do *habeas corpus*, e para quem o *impeachment* não era processo puramente político mas de duplo caráter, heteróclito (*Revista do Supremo Tribunal Federal*, v. 45, p. 13), proclamou e reafirmou a competência estadual para regular o *impeachment*, desde a definição dos crimes de responsabilidade.

Ao votar pela concessão do Habeas Corpus n. 4.091, declarou ele que não aceitava "nenhum dos fundamentos da petição de *habeas corpus*" e o concedia unicamente porque reputava "a Assembléia Legislativa manifestamente suspeita para processar e julgar o Presidente do Estado". A competência estadual, afirmou-a ele em tese e na espécie. É claro, asseverou, que o Legislativo federal "é o único competente para legislar sobre o Direito Penal. Mas o Direito Penal tem um domínio bem conhecido. ... Se aos Estados fosse vedado instituir o 'impeachment', à imitação da União, a esta nunca seria também facultado criar o 'impeachment' para os Estados, o que importaria em intervir na formação das normas da Constituição dos Estados; e o resultado fora ficarem os Estados privados de uma salvaguarda dos seus direitos, mutilados, ou deficientes na sua organização constitucional. Parece-me, pois, que o Estado de Mato Grosso, formulando na sua Constituição e nas suas leis secundárias as regras relativas ao 'impeachment' do presidente, não exorbitou da sua competência constitucional..." (*Revista do Supremo Tribunal Federal*, v. 45, p. 13 a 15).

No julgamento do Habeas Corpus n. 4.116, Pedro Lessa foi igualmente categórico ao afirmar a plena constitucionalidade da legislação mato-grossense: "diante dos artigos citados da lei de Mato Grosso, de 17 de novembro de 1892, e do regimento interno da Assembléia Legislativa do mesmo ano, que não se podem increpar de inconstitucionais, ou contrários à Constituição Federal. ... Foram esses os fundamentos do meu voto (suspeição dos juízes: 'como permitir que uma assembléia política, composta de inimigos, em começo de guerra civil, julgasse o presidente de Mato Grosso?'), não a inconstitucionalidade do processo por crime de responsabilidade, estatuído pela Constituição de Mato Grosso. Na Argentina, cujo regime neste ponto é idêntico ao nosso, a maior parte das constituições das províncias têm estatuído o 'impeachment', em que se destitui o presidente e se declara o mesmo incapaz de exercer novo cargo na província (Constituição de Buenos Aires, arts. 73 a 75; de Córdoba, arts. 56 a 59, de Santa Fé, arts. 51 a 56, de Tucumán, arts. 71 a 73, etc., etc.) ... e, tratando-se dos Estados, o legislador constituinte é o de cada um deles, e não o federal, a quem falece competência para legislar sobre o exercício e limites dos poderes políticos de cada uma das divisões administrativas e políticas da União. O que se deve exigir, é que a Constituição do Estado não viole a federal, e a de

PAULO BROSSARD

74. Tais foram as manifestações jurisprudenciais sob a Constituição de 1891. Em harmonia com a doutrina, o Supremo Tribunal validou a legislação dos Estados. Na tecelagem dessa jurisprudência participaram antigos constituintes e membros da legislatura na qual foi elaborada a lei que, na órbita federal, definiu os crimes de responsabilidade do Presidente da República.

75. Derrocada a Constituição republicana, no interregno legal que se seguiu à Constituição de 16 de julho de 1934, com repercussão nos tribunais, pelo menos dois casos de *impeachment* se contaram.

A verdade é que produziu seus frutos o Acórdão de 8 de novembro de 1916, prolatado no Habeas Corpus n. 4.116, embora estivesse longe de corresponder, no particular, ao pensamento do Supremo Tribunal Federal e não houvesse chegado a ser solução para o caso matogrossense, resolvido através de intervenção federal, que se seguiu a transigências e renúncias.

Vinte anos passados, sob a Constituição de 1934, em 14 de maio de 1936, invocava-o a Corte de Apelação do Maranhão, ao conceder mandado de segurança ao Governador do Estado para "anular *ab initio* o processo de 'impeachment'" contra ele instaurado, entre outros motivos porque, "competindo privativamente à União legislar sobre Direito Penal, Comercial, Civil, Aéreo e Processual, só ao Congresso Nacional cabe votar leis definindo crimes de responsabilidade dos Governadores e estabelecer a forma para o processo de tais crimes" [281].

Mato Grosso, em vez de infringir a federal, a esta tanto se adstringiu, que parece tê-la copiado" (*Revista do Supremo Tribunal Federal*, v. 19, p. 9 a 12.)

Eneas Galvão também apreciou o aspecto em exame: "não tem fundamento a alegação de inconstitucionalidade do 'impeachment'. ... Objeto do 'impeachment' são essas faltas (faltas definidas em leis estaduais, esclarece ele), sejam elas ou não crimes previstos no Código Penal, possa ou não delas resultar matéria para o processo criminal perante a autoridade judiciária competente para a imposição das penas declaradas no mesmo Código. ... não somente infrações de Direito Penal, mas outros muitos atos contrários ao bom desempenho da função governamental e que não são violação daquela natureza, motivam o 'impeachment'. Por se tratar de uma jurisdição política é que nele não se poderá impor mais que a perda do cargo e a incapacidade de exercer qualquer outro e do mesmo modo não ficará prejudicada a ação da justiça ordinária" (*Revista do Supremo Tribunal Federal*, v. 45, p. 15 a 20).

Viveiros de Castro, em voto erudito, reafirmou tese que sustentara em seus *Estudos de Direito Público*: o *impeachment* é instituto de Direito Constitucional, não de direito penal (*Revista do Supremo Tribunal Federal*, v. 19, p. 12 a 22, e comentário em *Acórdãos e Votos*, p. 129 e 130).

281. *Revista de Direito*, v. 120, p. 239 a 249.

O IMPEACHMENT

Pouco depois era a Corte de Apelação de Mato Grosso que concedia mandado de segurança ao Governador, denunciado por delitos de responsabilidade, "para continuar nas funções do cargo e tornar nenhum o procedimento criminal, por fundado em preceitos da Constituição do Estado e que contrariavam a Constituição Federal" [282].

A tese vitoriosa nas cortes locais, porém, não prosperou na Corte Suprema, e em ambos os Estados a intervenção federal foi decretada, tal como ocorrera em 1916 [283]; e no segundo deles sentenciou que "no 'impeachment' não há, de modo algum, processo criminal ... o 'impeachment' não tem caráter criminal, como as medidas aplicadas não têm caráter de pena, havendo, simplesmente, afastamento, mais ou menos prolongado, do acusado, do cargo de então e de outros cargos futuros. Não só pela sua finalidade, como pela própria natureza das providências facultadas, o 'impeachment' é medida exclusivamente política, escapando, pois, em virtude do art. 68, da Constituição, às atribuições do Judiciário".

---

282. *Arquivo Judiciário*, v. 45, p. 213, MS 19, de 4-3-1937, Rel. Des. Olegário de Barros.

283. Se é certo que a Corte de Apelação do Maranhão concedia mandado de segurança ao Governador do Estado, para "anular *ab initio* o processo de 'impeachment' intentado contra o Doutor Achiles de Faria Lisboa, por ofender o art. 113, n. 26, da Constituição Federal, assim como por serem manifestamente inconstitucionais os dispositivos em que se baseia o mesmo processo — arts. 63 e 64 e seus parágrafos da Constituição Maranhense, que ferem os arts. 5.º, n. XIX, alínea *a*, e 7.º, n. I, alínea *b*, da mesma Constituição Federal, e a Lei Estadual n. 4, de 25 de janeiro do corrente ano, que fere o já citado artigo 5.º, n. XIX, alínea *a*, da mencionada Constituição Federal..." (*Revista de Direito*, v. 120, p. 248); se é igualmente certo que a Corte de Apelação de Mato Grosso concedia mandado de segurança ao Governador Mário Correa da Costa, denunciado por delitos de responsabilidade, "para continuar nas funções do cargo e tornar nenhum o procedimento criminal, por fundado em preceitos da Constituição do Estado e que contrariavam a Constituição Federal", e era alegada a "falta de lei definindo os atos criminosos do Governador" (*Arquivo Judiciário*, v. 45, p. 213), também é certo que não prevaleceram as decisões judiciais, e, tal como em 1916 ocorrera, a intervenção foi decretada em ambos os Estados. Pelo Decreto n. 881, de 5 de junho de 1936, no Maranhão; no Mato Grosso, em 6 de março de 1937, pelo Decreto n. 1.468.

Pelo que se lê no acórdão da Corte Suprema, prolatado em 8 de julho de 1936 (STF, *Jurisprudência, Matéria Cível*, 1936, Primeira Parte, v. 27, p. 235 a 241), depois de conceder mandado de segurança ao Governador Achiles de Faria Lisboa, anulando *ab initio* o processo de *impeachment* (*Revista de Direito*, v. 120, p. 249), seis desembargadores, em sessão das Câmaras Reunidas do Tribunal maranhense, "usurpando atribuições privativas da Câmara Criminal, e agindo ilegal e tumultuariamente — a alegação é do impetrante —, concederam

106 PAULO BROSSARD

76. Pouco depois era o "Estado Novo" que chegava. E o que a Revolução de 1930 não conseguira extirpar, o regime instituído em 10 de novembro de 1937 se encarregou de extinguir.

Ao ressurgirem as instituições representativas, passados quase nove anos, profunda transformação se operara no País, a ponto de se terem tresmalhado alguns conceitos básicos e elementares. Em verdade, foi tão fugaz o interregno constitucional entre 1930 e 1946 — pouco mais de três anos no plano federal, de 16 de julho de 1934 a 10 de novembro de 1937; pouco mais de dois anos no âmbito estadual e no municipal, pois as Constituições dos Estados são de 1935 —, tão prolongado foi o período discricionário que, ao termo do "Estado Novo", caíra em quase esquecimento a penosa experiência constitucional adquirida em quarenta anos (sem falar no liberal regime anterior a 15 de novembro), ao longo da por vezes acidentada história da Primeira República.

---

uma ordem de *habeas corpus* ao presidente da Assembléia Legislativa a fim de assumir o exercício das funções dele, requerente, até ser solucionada a intervenção federal já solicitada ao Presidente da República". O dissídio resultou na intervenção federal, de resto solicitada pela Assembléia Legislativa. Dispôs o art. 2.º do Decreto n. 881: "fica interrompido, temporariamente, o exercício da autoridade do atual governador do Estado (artigo 12, § 4.º, da mesma Constituição) até que a autoridade competente se pronuncie afinal sobre sua responsabilidade (artigo 64 da Constituição do Estado) e, no caso de condenação, até que seja eleito e empossado o seu substituto". Alegando que o ato do Presidente da República era inconstitucional, requereu mandado de segurança o Governador maranhense. A Corte Suprema (Edmundo Lins, presidente, Bento de Faria, relator, Carlos Maximiliano, Octávio Kelly, Laudo de Camargo, Carvalho Mourão, Plínio Casado, Eduardo Espínola), por unanimidade, em 8 de julho de 1936, não conheceu o Mandado de Segurança n. 270. Entendeu que a matéria era exclusivamente política.

Em 30 de agosto de 1937, também por unanimidade, o Pretório Excelso não conhecia do Habeas Corpus n. 26.544, que lhe impetrara o Governador de Mato Grosso, embora ele alegasse, entre outros motivos, "a falta de lei definindo os atos criminosos do Governador; a inexistência de preceitos reguladores do processo de responsabilidade". A Corte Suprema (Edmundo Lins, presidente, Laudo de Camargo, relator, Cunha Melo, Octávio Kelly, Costa Manso e Carvalho Mourão, *Arquivo Judiciário*, v. 45, p. 213 a 215) — a Corte Suprema não aderiu à tese da criminalidade do instituto. Indeferiu o *habeas corpus* porque o *impeachment* é "processo eminente e exclusivamente político" e porque "o *habeas corpus* se legitima quando o paciente sofre, ou está na iminência de sofrer, em sua liberdade física, coisa que não pode acontecer com o processo do 'impeachment', cujo objeto é a perda do cargo e inabilitação para o exercício de outro, dentro de certo tempo". Porque "no 'impeachment' não há, de modo algum, processo criminal ... o 'impeachment' não tem caráter criminal...".

A absorvente centralização iniciada em 1930 e culminada em 1937, quando a federação se transformou em palavra vã, apagou os vestígios da prática federativa. A mole imensa dos decretos-leis ocupou o lugar da jurisprudência, que, depois de incertezas e desvios, chegara a exprimir diretrizes seguras extraídas dos princípios gerais das instituições. Os elementos recrutados para os postos de direção refletiam, em geral, mentalidade marcada pelo ciclo ditatorial. O Supremo Tribunal não se livrou dessa influência e dessa mentalidade. De um grande tribunal federal ele se foi transformando numa espécie de corte local, cujo acesso ficava reservado quase que a magistrados da metrópole do País [284]. Perdeu a perspectiva nacional, vista através de critérios federativos. Foi desaparecendo o colorido local, a variedade das províncias na unidade da nação. Decisões proferidas após a Constituição de 1946 revelam os estigmas que a centralização deixara nos espíritos e nos hábitos. A legislação, a seguir elaborada, ressentiu-se dessa influência.

A nação continuava a pagar os erros de um passado recente.

77. Ao apreciar artigos da Constituição do Estado de São Paulo, através da Representação n. 96, Goulart de Oliveira, seu relator no Supremo Tribunal Federal, outra vez arrolava o aresto de 8 de novembro de 1916 para fulminar a competência local quanto à definição dos "crimes de *impeachment*". Nesse julgado, como nos que se sucederam, referentes às Constituições do Piauí e das Alagoas, ora se afirma, ora se nega a competência dos Estados para disciplinar o *impeachment*, instituto que, ao mesmo tempo, é tido como de natureza política e reduzido aos apertados quadrantes do direito criminal. Bem examinadas as decisões, forçoso será concluir que, ao juízo do Tribunal Excelso, "não podem as constituições estaduais qualificar crimes e impor penas, ainda que em crimes de responsabilidade, por ser essa atribuição exclusiva do Poder Legislativo da União", mas "não há dúvida de que o Estado pode legislar a respeito (do 'impeachment'): tem competência para tanto". Desde que se limite, quanto ao processo, a copiar o modelo federal...

Daí João Mangabeira haver asseverado na Comissão Mista de Leis Complementares: "a decisão do Supremo Tribunal foi uma espécie de sentença de Salomão, que se contradiz consigo mesma. ... Essa decisão do Supremo Tribunal se fosse submetida a uma dis-

---

284. Paulo Brossard, Pedro Lessa, *Revista Jurídica*, v. 41, p. 30 e 31.

cussão ampla, como se faz nos Estados Unidos, não resistiria à análise. Ela briga consigo mesma do princípio ao fim" [285].

78. Voltou o Supremo Tribunal Federal, dez anos depois, a enfrentar problemas relacionados com o *impeachment* de Governadores. Desta vez em face da Lei n. 1.079.

Ao ser decidido o Recurso de Mandado de Segurança n. 4.928, recorrente o Governador e recorrida a Assembléia Legislativa de Alagoas, a competência local encontrou defensores, e a vera natureza do instituto foi enunciada.

Assim se pronunciou Cândido Mota Filho: "logo que foi promulgada a Lei n. 1.079, fui consultado sobre ela e sustentei a sua inconstitucionalidade, na parte em que regulava os crimes de responsabilidade dos Governadores de Estado. E não tenho razões para modificar esse meu ponto de vista. Acho que o título único, da parte quarta, capítulo primeiro, é excessivo e extravasa da competência da União, quando cuida da responsabilidade dos Governadores dos Estados e dos seus Secretários, chegando, para tanto, a minúcias de fórmulas processuais ... Voto pela inconstitucionalidade da Lei n. 1.079 na parte referente aos Governadores de Estado".

Não ficou em unidade o voto do professor de Direito Constitucional da Faculdade de Direito de São Paulo. A ele se somou o de Nélson Hungria: Asseverando que o § 3.º do art. 78 da Lei n. 1.079, que estava em exame, era triplicemente inconstitucional, e que "o 'impeachment' é processo marcadamente político, eminentemente político", acrescentava: "o 'impeachment' não conduz à aplicação de pena criminal. A pena criminal só existe no Código Penal. A Lei n. 1.079 cuida tão-somente da aplicação de medida político-administrativa, que é o afastamento do acusado do cargo que ocupa e sua subseqüente inabilitação temporária para a função pública. Assim, tratando-se de processo político-administrativo, e não judicial, não há que intervir, no plano estadual, a lei federal. Quando a Constituição, no seu artigo 5.º, n. XV, letra *a*, atribui, privativamente, à União legislar sobre matéria processual é fora de qualquer dúvida que está em causa apenas o processo judiciário civil ou penal... Para regu-

---

285. João Mangabeira, *Documentos Parlamentares*, v. XCIV, p. 180. Cf. Agamenon Magalhães, loc. cit., p. 160 e 161: "o 'impeachment' é político e o Estado é autônomo. ... A própria opinião do Supremo, a meu ver, já invadiu essa autonomia".

lar ou disciplinar o processo do 'impeachment', em relação aos Estados, em relação aos Governadores, só é competente a Constituição ou lei estadual"[286].

É certo que, distinguindo-se de Hahnemann Guimarães, para quem o *impeachment* é instituto de direito criminal, cuja disciplina, mesmo em relação aos Estados, compete exclusivamente à União, outros juízes, Castro Nunes, Edgar Costa, Orozimbo Nonato, Lafayette de Andrade, com maior ou menor ênfase, haviam sublinhado o caráter político do instituto[287]. Mas da tese não foram extraídas as naturais conseqüências, e aos Estados não foi reconhecida senão competência subsidiária. A Lei n. 1.079, ao dispor sobre o processo de responsabilidade de Governadores e Secretários de Estado, refletiu a orientação do Supremo Tribunal, ao apreciar as Constituições dos Estados de São Paulo, do Piauí e das Alagoas.

Decorrido um decênio desses julgados, pela primeira vez se proclamava no Tribunal Excelso, sob o regime de 1946, que era dos Estados e somente deles a competência para disciplinar o *impeachment* na esfera local.

Ficaram vencidos, porém, os juízes que votaram assim. Não prosperou ainda a boa doutrina. Boa e esquecida.

79. Ao dispor sobre crimes de responsabilidade de autoridades locais, como decorrência das decisões do Supremo Tribunal[288], a Lei n. 1.079 quebrou a linha evolutiva das instituições pátrias.

Se, mais do que lógica, o direito é experiência, como proclamava Wendell Oliver Holmes ao abrir seu curso sobre a *Common Law* no "Lowell Institute"[289] — quarenta anos depois ele haveria de di-

---

286. *Três Casos Constitucionais*, p. 36, 37 e 43.

É interessante notar que Cândido Mota F.º, antes de conquistar a cátedra de Direito Constitucional da Faculdade de São Paulo, foi docente de direito criminal na mesma Academia, e Nélson Hungria é penalista dos mais autorizados. A ambos coube repelir a tese segundo a qual o *impeachment* é instituto de direito penal. Tal como ocorrera com José Higino e Carvalho Mourão, sob as Constituições de 1891 e 1934, respectivamente. O primeiro professou na Faculdade do Recife, traduziu e anotou o *Tratado de Direito Penal*, de Von Liszt; o segundo foi lente catedrático dessa disciplina na Faculdade do Rio de Janeiro.

287. *Revista Forense*, v. 125 e 126. V. nota 244.

288. V. nota 246.

289. Holmes, *The Common Law*, p. 1; Max Lerner, *The Mind and Faith of Justice Holmes*, 1954, p. 51.

110 PAULO BROSSARD

zer na Suprema Corte que "a page of history is worth a volume of logic" [290] —, a experiência jurídica consolidada através das lições da doutrina, das soluções legislativas e das construções jurisprudenciais, experiência que radica nos primeiros anos da República e se prolongou por cerca de meio século, não podia ser razoável e legitimamente apagada sem justificação.

Justificação não houve. Caiu no esquecimento a anterior experiência constitucional.

Assistindo razão ao magistrado famoso, segundo o qual o significado das provisões constitucionais "não é formal, é vital, e a apreensão do seu sentido não se logra tomando as palavras e um dicionário, mas à luz da sua origem e do seu desenvolvimento histórico" [291], não deixa de ser desconcertante o abandono, sem motivação, da hermenêutica constitucional consagrada e vivida em quase meio século de experiências políticas e jurídicas, tanto mais quanto "a construção contemporânea da Constituição, especialmente quando geralmente adotada, e do mesmo modo sua construção prática, especialmente se for sancionada por largo espaço de tempo, constituirão valiosos auxílios para determinar sua significação e intenção nos casos de dúvida" [292]. E isto sobe de ponto "sempre que uma disposição constitucional, que tem recebido uma determinada construção judicial, for adotada nos mesmos termos pelos autores de outras Constituições, presumir-se-á que a sua construção foi igualmente adotada" [293].

80. Embora à União sempre coubesse legislar sobre direito penal, e com exclusividade, nunca anunciara os crimes de responsabilidade — infrações políticas — dos Governadores e autoridades menores [294]. E a

---

290. New York Trust Co. *v.* Eisner, 256 U. S. 345, 349 (1921), in *The Constitution of the United States of America. Analysis and Interpretation* (edição do Senado, Documento n. 170, sob a direção de Corwin), 1953, p. 320.

291. Holmes, *The Dissenting Opinions of Mr. Justice Holmes*, 1929, p. 307.

292. Aurelino Leal, op. cit., p. 10; Maximiliano, op. cit., n. 69, p. 101 e 102; Story, op. cit., v. I, § 407, p. 310; Cooley, *Constitutional Limitations*, 1903, p. 102; Black, *Construction and Interpretation of Laws*, n. 20, p. 31; Willoughby, op. cit., v. I, § 26, p. 49.

293. Aurelino Leal, op. cit., p. 10; Black, op. cit., n. 21, p. 32: "where a clause or provision in a constitution, which has received a settled judicial construction, is adopted in the same words by the framers of another constitution, it will be presumed that the construction there of was likewise adopted".

294. *Documentos Parlamentares*, v. XCVI, p. 23.

O IMPEACHMENT   111

validade da legislação estadual, que o fizera, fora reconhecida pelos poderes federais.

A lógica, "fautora de erros harmoniosos", na frase de Gilberto Amado [295], produziu aqui, todavia, modelo de extravagância e incongruência.

Definindo crimes de responsabilidade dos Governadores e Secretários de Estado — tratar-se-ia de matéria penal —, deixou contudo a União de dispor, com igual privatividade, como lhe competiria e seria de seu dever, acerca do processo respectivo, pois, desde que fosse matéria de direito penal a definição dos crimes, o processo correspondente tinha de ser penal.

Ainda mais. Explícita e reiteradamente reconheceu a competência estadual para disciplinar o processo [296].

Poderia a União, sem infringir o art. 5.º, XV, *a*, da Lei Magna, proclamar que era estadual a competência de legislar sobre matéria dita criminal, e o Estado poderia, sem lesão ao mesmo preceito, substituir-se à União e legislar sobre processo referente a crimes por ela definidos?

Ou os crimes de responsabilidade são infrações penais e somente a União pode criá-los, e é dever seu, intransferível, indelegável, dispor também, e de modo exclusivo, sobre o processo — processo penal —,

---

295. Gilberto Amado, *O Brasil e o Direito do Mar* (discurso proferido na Comissão Plenária da II Conferência das Nações Unidas sobre o Direito do Mar).

296. A Comissão Mista de Leis Complementares, em sessão de 23 de abril de 1948, por doze contra onze votos, decidiu que era estadual a competência para legislar sobre o processo de *impeachment* dos Governadores (*Documentos Parlamentares*, v. XCIV, p. 186).

Estabelecida, porém, regra supletiva, a competência estadual para regular o processo foi advogada repetidas vezes (op. cit., v. XCV, p. 57 a 64, 85 a 87, 284, 385, 392 a 395, 402 a 412; v. XCVI, p. 7 a 14, 23 a 25, 83 a 86).

Parece que somente Olavo Oliveira sustentou, no Senado, que não só o processo era estadual, mas que à União falecia competência inclusive para definir crimes de responsabilidade das autoridades locais, porque "uma coisa é crime, é pena, e outra é 'impeachment'". " 'Impeachment' não é crime nem pena; não é matéria de direito substantivo penal, não é processo; é parte sim da auto-organização dos poderes políticos de cada Estado" (op. cit., v. XCVI, p. 24).

Apresentada emenda supressiva da Parte IV do projeto (que veio a transformar-se na Parte IV da Lei n. 1.079), porque, não se tratando de direito penal nem de direito processual penal, não competia à União legislar a respeito (op.

ou é do Estado a competência para editar as leis do processo, por explícito reconhecimento da União, e à União não compete definir os chamados crimes de responsabilidade, por não se tratar de matéria penal.

Não obstante, após definir os crimes de responsabilidade das autoridades locais — "constituem crimes de responsabilidade dos Governadores dos Estados ou dos seus Secretários, quando por eles praticados, os atos definidos como crimes nesta Lei", dispõe o art. 74 da Lei n. 1.079 —, estabeleceu que "o governador será julgado, nos crimes de responsabilidade, pela forma que determinar a Constituição do Estado...''; e no § 3.º do mesmo art. 78 volta a proclamar que é estadual a competência para em tal emergência legislar. A regra nele exarada vale para a hipótese de os Estados não usarem de seu poder e se absterem de legislar[297]. *Si et in quantum* a lei federal substituirá a norma estadual: "nos Estados, onde as Constituições não determinarem o processo nos crimes de responsabilidade dos Governadores, aplicar-se-á o disposto nesta lei...''. O art. 79 não é menos expressivo: "no processo e julgamento do Governador serão subsidiários desta Lei naquilo em que lhe forem aplicáveis, assim o regimento interno da Assembléia Legislativa e do Tribunal de Justiça, como o Código de Processo Penal".

81. A solução que ao problema do *impeachment* no âmbito dos Estados foi dada, após 1946, assim pelo Supremo Tribunal Federal como pela legislação da República, e ainda pela maior parte da

---

cit., v. XCV, p. 57 a 64), sobre ela opinou a Comissão de Constituição e Justiça do Senado, relator Artur Santos. Vale a pena reproduzir dois tópicos do parecer: "é irrecusável que pertence aos Estados, como consentâneo de sua auto-organização política, a faculdade de prover a responsabilidade de seus governadores, observados os princípios estabelecidos na Carta Magna. ... Se o 'impeachment', como instituição correlata do mecanismo dos poderes políticos, é um só em nosso regime, não podendo os Estados adotá-lo em modo diverso, como declarou, com admirável precisão, o Sr. Ministro Castro Nunes, não há como investir contra o capítulo II, Título único, Parte Quarta, do projeto, que resguarda o respeito à lei fundamental, ressalvando aos Estados a faculdade de disporem em suas Constituições, sobre o julgamento de seus governadores, nos crimes de responsabilidade" (loc. cit., p. 73 e 74).

297. *Três Casos Constitucionais*, p. 37 e 43: "como estabelecer uma inversão constitucional, como essa nunca vista da União legislar supletivamente para os Estados?", indagava Cândido Mota F.º. De "berrante incongruência", Nélson Hungria chamou ao § 3.º do art. 78. Pontes de Miranda (*Questões Forenses*, 1959, v. V, p. 52 a 62) entende que é válida a norma federal "subsidiária".

doutrina, não se compadece com as normas constitucionais, que, no particular, como em tantos outros pontos, não constituíram inovação, mas reiteração do Direito Constitucional republicano.

Dado que os impropriamente chamados crimes de responsabilidade, enquanto infrações políticas, não são crimes, mas ilícitos de natureza política, como política é a pena a eles cominada, cujos efeitos não extravasam da esfera provincial, nada mais condizente com a lógica das instituições federativas que, no círculo dos Estados, o direito local regulasse o *impeachment*.

Do mesmo modo quanto aos municípios.

XII — O "IMPEACHMENT" NOS MUNICÍPIOS

82. Segundo a Constituição de 1824, às Câmaras, "eletivas e compostas de vereadores", existentes em todas as cidades e vilas, competia "o governo econômico e municipal" [298]. "O exercício de suas funções municipais, formação de suas posturas policiais, aplicação das suas rendas, e todas as suas úteis e particulares atribuições, serão decretadas por uma lei regulamentar." Esta, conforme preceituava o art. 169 da Carta Imperial, veio a ser a Lei de 1.º de outubro de 1828. Declarou ela, em seu art. 24, que "as Câmaras são corporações meramente administrativas e não exercerão jurisdição alguma contenciosa".

Está visto que, sob o Império, os municípios, meras corporações administrativas, na linguagem legal reproduzida por autores [299], não gozavam de autonomia política [300].

Com a República, porém, os municípios passaram à categoria de entidades políticas, portadores de competência própria, constitucionalmente garantida, e vinculada ao seu "peculiar interesse" [301]. A

---

298. Constituição de 1824, arts. 167 e 168.

299. Veiga Cabral, *Direito Administrativo*, 1859, p. 510.

300. Ato Adicional, Lei de 12 de agosto de 1834, art. 10, §§ 3.º a 10; Lei de Interpretação, Lei de 12 de maio de 1840, arts. 1.º e 2.º; Lei de 1.º de outubro de 1828, arts. 73 e 78; Uruguay, *Direito Administrativo*, v. I, p. 205: "o ato adicional tal qual tem sido executado, sem o auxílio de outras instituições, que, aliás, não lhe repugnam, descentralizando as Províncias da Corte, centraliza nelas o poder nas mãos das Assembléias Provinciais e na dos Presidentes unicamente. O poder municipal foi reduzido e sujeito à rigorosa tutela das mesmas Assembléias e dos Presidentes"; Ribas, *Direito Administrativo Brasileiro*, 1866, p. 195; Pereira do Rego, *Direito Administrativo*, 1877, § 64, p. 89; Alcides Cruz, *Direito Administrativo*, 1914, p. 123 e 124; Ruy Cirne Lima, *Princípios de Direito Administrativo Brasileiro*, 1939, § 4.º, p. 16; 1964, § 4.º, p. 35; cf. Hely Lopes Meirelles, *Direito Municipal Brasileiro*, 1964, p. 79.

301. Maurício Cardoso, *Anais*, cit., v. II, p. 157; *Constituição anotada*, p. 21; Pontes de Miranda, *Comentários à Constituição* (de 1934), v. I, p. 388,

O IMPEACHMENT   115

experiência republicana, nem sempre favorável à autonomia municipal, inspirou seu robustecimento; foi assegurado um mínimo inviolável de competência, abroquelada com a outorga de elenco tributário específico [302].

Em vez de uma divisão dual de competências, apresenta a federação, desde que instituída, tríplice partilha, correspondente a três categorias distintas de entidades políticas. Se já era assim no regime de 1891, depois de 1934 esta peculiaridade da federação brasileira [303] adquiriu o grau de evidência, distribuídos os poderes entre a União, os Estados e os Municípios, sob a garantia da Constituição.

83. Não obstante, sob a influência de publicistas imperiais e de autores e julgados norte-americanos e argentinos, ainda hoje se diz, aqui e ali, que os municípios são "meras corporações administrativas" [304].

Ocorre, porém, que nos Estados Unidos, como na Argentina, é diferente a organização municipal. Naquele país, por exemplo, os municípios variam de Estado a Estado [305]. Lá, como observou Ruy Barbo-

---

e *Comentários à Constituição de 1946*, v. II, p. 106 e 131; Ruy Cirne Lima, *Introdução ao Estudo do Direito Administrativo*, 1942, p. 56, e *Sistema de Direito Administrativo*, 1953, p. 83; Paulo Brossard, *Aspectos da Autonomia Municipal (Informações prestadas pela Assembléia Legislativa ao Egrégio Tribunal de Justiça)*, 1954, p. 4 a 7, 10 a 17. No Rio Grande do Sul a Lei n. 19, de 12 de janeiro de 1897, discriminou a competência administrativa do Estado e dos Municípios; Júlio de Castilhos, Justificação da Lei n. 19, in Joaquim Luiz Osório, op. cit., p. 377 e 378.

302. O que era indefinido ou precário, dado que da alçada privativa do Estado (no Rio Grande do Sul, a Lei n. 369, de 1925, enumerou os tributos municipais), se fez definido e certo desde a Constituição de 1934, art. 13; Constituição, arts. 29 e 21; Levi Carneiro, *Organização dos Municípios e do Distrito Federal*, 1953, p. 44 a 46, 65 a 67; Aliomar Baleeiro, *Alguns Andaimes da Constituição*, 1950, p. 182 e s.; Victor Nunes Leal, *Problemas de Direito Público*, 1960, p. 162, 163 e 173.

303. Victor Nunes Leal, op. cit., p. 163; Atílio Vivacqua, *Documentos Parlamentares*, v. XCIV, p. 244 e 245; v. XCV, p. 65 a 68.

304. Castro Nunes, *Do Estado Federado e sua Organização Municipal*, 1920, n. 79, p. 150 e 151. Autor de um ds poucos livros sobre a matéria, ao tempo da primeira Constituição republicana, contribuiu para a vulgarização desta doutrina, várias vezes consagrada pelos tribunais, inclusive o Supremo Tribunal Federal e o Tribunal de Justiça do Rio Grande do Sul, em arestos antigos e recentes. Cf. Levi Carneiro, *Problemas Municipais*, 1931, p. 27, e Freitas e Castro, *Documentos Parlamentares*, v. XCIV, p. 254.

305. Osvaldo Trigueiro, *O Regime dos Estados na União Americana*, 1942, p. 237 a 276.

sa, as municipalidades são "criações dos Estados, simples agências suas, com uma esfera de competência a respeito de cujos limites a legislação estadual não tem barreiras na constituição nacional". Assegurando a autonomia dos municípios em tudo quanto respeite ao seu peculiar interesse, a Constituição de 1891 "lhes abonou a eles uma extensão de competência independente e inviolável no que entender com as conveniências locais dessas pequenas sociedades"[306]. Se Ruy assim doutrinava, sob o regime de 1891, com mais razão a mesma doutrina é de prevalecer agora, quando a Constituição assegurou a autonomia municipal e a erigiu em princípio constitucional, a que os Estados devem obediência, sob pena de intervenção[307].

A Constituição norte-americana ignora os municípios, de sorte que eles não passam de "criação ou instrumentos de organização estadual. Recebem da Constituição ou das leis de cada Estado os seus poderes em maior ou menor escala, como também acontece na Argentina"[308].

No Brasil, porém, embora criaturas dos Estados, os municípios não são emanações suas, nem o Estado lhes dá ou tira poderes e atribuições. Ao contrário, a competência dos municípios é privativa, não lhes advém do Estado nem da União. Como a dos Estados e a da União, a competência municipal é marcada pela Constituição[309]. Não significa isto que o Estado não possa enriquecer o elenco de atri-

---

306. Ruy Barbosa, parecer de 28 de abril de 1915, in *Ação de Indenização*, 1915, n. 7, 8 e 57, p. 46, 47 e 66.

307. Constituição, arts. 28, 29, 20 e 21; Constituição, art. 7.º, VII, *e*; Constituição de 1934, arts. 7.º, I, *d*, e 12, V; Constituição de 1891, reformada em 1926, art. 6.º, II, *f*. A doutrina, aliás, já assentara esse entendimento: Milton, op. cit., p. 333; Amaro Cavalcanti, op. cit., p. 367 e 368; Araújo Castro, *Manual da Constituição Brasileira*, 1920, p. 173, e *A Reforma Constitucional*, 1924, p. 41 e 42; Herculano de Freitas, *Revista dos Tribunais*, v. 47, p. 71; Viveiros de Castro, *Acórdãos e Votos*, p. 120 e 121; Ernesto Leme, *A Intervenção Federal nos Estados*, 1930, n. 104 a 111, p. 97 a 102. Constituição de 1988, art. 34, VII, *c*.

308. Aliomar Baleeiro, *Limitações Constitucionais ao Poder de Tributar*, 1960, n. 21 e 22, p. 98 e 107, e *A Tributação e a Imunidade da Dívida Pública*, 1939, n. 49, p. 117; Pontes de Miranda, *Comentários à Constituição de 1934*, v. I, p. 385; Victor Nunes Leal, op. cit., p. 161 e 162.

309. Lafayete Pondé, Parecer (inédito) emitido no Congresso de Direito Constitucional da Bahia, comemorativo do centenário de Ruy Barbosa, e aprovado em 8 de novembro de 1949: "os serviços, que competem aos municípios, as atribuições destes, entre nós, não são uma descentralização dos serviços, ou dos poderes do Estado. Em vez disto, são serviços e poderes estranhos à competência estadual, jamais deferidos a esta competência, porquanto reservados pela Constituição Federal, de modo originário e exclusivo, aos próprios municí-

O IMPEACHMENT

117

buições ou poderes dos municípios; mas há de respeitar a competência que a estes a Constituição outorga [310]. Nos territórios federais, por exemplo, existem municípios, a despeito de não haver Estado, dotados de competência igual à dos que se situam em Estados. Outrossim, extinto que seja um município, seus poderes não tornam ao Estado, nem à União, mas se redistribuem entre municípios ou são absorvidos por município [311].

Destarte, não seria possível repetir aqui o que a Suprema Corte dos Estados Unidos assim como os escritores daquele país têm assentado: "as corporações municipais são meros instrumentos do Estado para a mais conveniente administração do governo local. Seus poderes podem ser aumentados, restringidos ou completamente suprimidos à vontade da legislatura" [312].

---

pios. Nem as municipalidades brasileiras são entidades criadas pelo Estado, ou desdobramentos deste. Certo, este as estabelece ou as extingue. Mas, estabelecendo-as, tão-só lhes delimita o território, que é o próprio território estadual: não lhes define, porém, as atribuições, não lhes outorga *poderes seus*, pois as atribuições e poderes do município criado serão exercidos *em bloco*, sem qualquer restrição, que jamais lhes poderia impor o Estado. Por outro lado, extinto um município, suas funções jamais passariam ao Estado, ao qual, aliás, nunca pertenceram, mas ao outro município, a cujo território aquele fosse incorporado. ...se os municípios pudessem ser tidos como autarquias, ficariam ao sabor da maior ou menor extensão com que ao Estado conviesse organizar os seus próprios serviços e desdobrá-los em formação autárquica" (*Revista de Direito Administrativo*, v. 36, p. 426).

310. Constituição, art. 29; Constituição do Rio Grande do Sul, art. 154, II; Paulo Brossard, *Aspectos da Autonomia Municipal*, p. 7.

311. Paulo Brossard, *Aspectos da Autonomia Municipal*, Constituição de 1934, art. 16, § 2.º. Foi necessária Emenda Constitucional para que o Estado da Guanabara, constituindo-se sem município, absorvesse competência municipal (art. 5.º da Emenda n. 3, de junho de 1961). Emenda n. 18, de 1965, art. 6.º, I e II; Constituição de 1967, art. 19, § 5.º; Carta de 1969, art. 18, § 4.º; Constituição de 1988, art. 33, § 1.º.

312. *The Constitution of the United States of America* (Annotated. Senate. Doc. n. 232), 1938, p. 314; *The Constitution of the United States of America. Analysis and Interpretation* (Senate. Doc. n. 170), 1953, p. 339 e 340; Dillon, *A Treatise on the Law of Municipal Corporations*, 1911, v. I, §§ 31, 33, 106 etc., p. 58, 61, 62 e 179; Tiedmann, *A Treatise on State and Federal Control of Persons and Property of the United States*, 1900, v. II, § 233, p. 1093: "they are creatures of the State, and the superior control of the State is almost without limit"; Cooley, *Constitutional Limitations*, p. 265, 266, 270, 271, 333 e s., e *Constitutional Law*, p. 378; Willoughby, op. cit., v. I, § 98, p. 169 e 170; v. II, § 755, p. 1226; Young, op. cit., p. 850 a 856; *Rulling Case Law*, v. XIX, verbete. "Municipal Corporations", § 38, p. 732; § 17, p. 706 e 707; Ruy Barbosa, *Privilégios Exclusivos*, 1911, p. 18; Maximiliano, op. cit., n. 416, p. 713.

PAULO BROSSARD

84. Uma vez que os municípios são entidades políticas e condutores ou agentes políticos os chefes de seu governo, semelhantes que são aos Governadores e Secretários de Estado, ao Presidente da República e respectivos Ministros [313], era natural que os Prefeitos estivessem sujeitos a responsabilidade análoga à estabelecida quanto àquelas autoridades [314].

À responsabilidade política dos Prefeitos se relaciona, também, a noção de crime de responsabilidade, denominação que abrange tanto os crimes funcionais como as infrações políticas. Aqueles, é óbvio, somente por lei federal poderiam ser definidos; a enumeração destas, por motivos igualmente óbvios, não se inclui na competência legislativa da União.

Ao enumerar, porém, os crimes de responsabilidade dos Prefeitos, nos vinte e seis itens do seu art. 1.°, não fez a Lei n. 3.528 senão enunciar infrações políticas, com ou sem repercussão ou correspondência na esfera penal, dispondo, como dispôs no § 2.° do art. 2.°, que "os crimes definidos nesta lei, ainda quando simplesmente tentados, são passíveis da perda do cargo, com inabilitação, até cinco anos, para o exercício de qualquer função [314a]. A imposição da pena referida neste artigo não exclui o processo e julgamento do acusado por crime comum perante a justiça ordinária, nos termos das leis processuais".

Fiel à estrutura do instituto, fixada na Constituição, relativamente ao Presidente da República, a lei traçou nítida separação entre o juízo político e o criminal [315].

---

313. Ruy Cirne Lima, op. cit., 1939, p. 148, 149 e 156; 1954, p. 158 e 164; 1964, p. 156 e 163; Hely Lopes Meirelles, op. cit., v. II, p. 499, 558, 571 e 633.

314. Hely Lopes Meirelles, op. cit., v. II, p. 558 e 559: *"responsabilidade político-administrativa* é a que resulta da violação de deveres funcionais, por parte dos *agentes políticos* investidos nos altos postos do Governo federal, estadual ou municipal (Presidente da República, Ministros, Procuradores-Gerais, Governadores, Secretários de Estados e Prefeitos), infrações essas impropriamente denominadas *crimes de responsabilidade*, punidas com a perda do cargo e a inabilitação temporária para o desempenho de função pública, através de um processo especial de natureza *político-disciplinar*, universalmente conhecido por *impeachment*. Essa responsabilidade é distinta da civil e da penal, não obstante possa coexistir com ambas. ... A infração político-administrativa, impropriamente considerada *crime de responsabilidade*, não se confunde também com o *crime funcional*, embora possa derivar do mesmo fato delituoso".

314a. *Revista Trimestral de Jurisprudência*, v. 33, p. 223.

315. Constituição, art. 62, § 3.°; Lei n. 1.079, arts. 2.° e 3.°. Quanto aos governadores, Lei n. 1.079, art. 78. Acórdão do Tribunal de Justiça da Paraíba, relator Mário Moacyr Pôrto, *Revista de Direito Administrativo*, v. 61, p. 180.

O IMPEACHMENT 119

Destarte, também em relação aos Prefeitos não se confundem com os crimes funcionais, nem chegam a constituir infração penal, os crimes de responsabilidade a eles imputáveis. E quando coexistirem crime e infração política, tal como ocorre em relação a governadores e ao Presidente da República, à justiça competirá a aplicação da pena criminal, independentemente da sanção política[316].

Concebendo-os como infrações políticas, cuidou de defini-los a lei federal, o que não constituiu novidade, uma vez que, sob a invocação do art. 5.º, XV, *a*, da Constituição, lei federal regulou também a responsabilidade dos governadores, enunciando os seus crimes de responsabilidade. . .

85. Contudo, após definir os crimes, dispõe, reiterando a competência local, que "os Prefeitos municipais serão processados e julgados, nos crimes de responsabilidade, pelo modo previsto na Constituição e nas leis estaduais". É esse o teor do art. 3.º. E no artigo seguinte vê-se outra vez a União a legislar supletivamente em matéria de processo "penal": "nos Estados, onde as Constituições ou as leis orgânicas não determinarem o processo nos crimes de responsabilidade dos Prefeitos, observar-se-ão, para os respectivos atos, no que lhes for aplicável e enquanto perdurar a omissão do legislador competente[316a], as normas estabelecidas na Lei n. 1.079, de 10 de abril de 1950. Parágrafo único. Quando não dispuser de outra forma a legislação estadual, o julgamento incumbirá à Câmara dos Vereadores, que só poderá proferir sentença condenatória pelo voto de dois terços dos seus membros; e da sentença caberá recurso de ofício, com efeito suspensivo, para a Assembléia Legislativa".

86. "Enquanto perdurar a omissão do legislador competente" . . .
Talvez em nenhuma outra lei federal se encontre cláusula igual ou a esta semelhante. Aliás, competência federal supletiva somente por cláusula expressa se concebe[317], uma vez que enumerados são os poderes da União, e mesmo os implícitos e os resultantes decorrem

---

316. Hely Lopes Meirelles, op. cit., v. II, p. 559, 561 e 563.
316a. *Revista de Direito Administrativo*, v. 78, p. 218.
317. Constituição, art. 170, parágrafo único; Ato das Disposições Constitucionais Transitórias, art. 6.º, § 2.º; cf. Camillo Martins Costa, Competência Federal em Matéria de "Impeachment" nos Estados e Municípios, *Correio do Povo*, de 22 de julho de 1961, *in fine*.

daqueles[318]; aos Estados todos os demais pertencem, desde que não conferidos à União ou aos municípios, de modo explícito ou implícito. Os poderes residuais ou remanescentes pertencem aos Estados[319], que têm, ainda, eles sim, mercê de norma constitucional, competência supletiva e complementar em matéria legislativa. A União não a possui.

Mesmo sem falar na competência federal supletiva em matéria de "processo penal", o que constitui insigne anomalia no direito brasileiro, forçoso é reconhecer que, se à União competisse definir os "crimes de responsabilidade" dos Prefeitos, não poderia ela deixar de regular o respectivo processo. E, não lhe competindo legislar sobre o processo — já que a União reconhece, de modo solene, por lei, que a competência é estadual —, não lhe seria dado criar, como o fez, as figuras "delituosas" de que trata a Lei n. 3.528.

Seria mesmo inconcebível e imperdoável que a União legislasse supletivamente sobre matéria de processo penal. Neste assunto a competência federal é privativa. É exclusiva[320]. Ocorre, porém, que a matéria em tela não é de processo penal. Sobra razão a Sampaio Dória ao doutrinar que o processo referente à apuração de responsabilidade dos Governadores "não é, em tudo e por tudo, o Direito Processual a que se refere a letra *a*, item XV, artigo 5.°, da Constituição Federal, como da competência privativa da União, excluída pelo artigo 6.° a legislação estadual supletiva ou complementar. O Direito Processual, cuja legislação para todo o país é exclusiva da União, é o processo em Direito ... Penal ..."[321].

Embora o direito processual referente ao *impeachment* não seja em tudo e por tudo diferente do Direito Processual Penal — da mesma forma e pelo mesmo motivo por que este não é em tudo e por tudo diverso do direito processual civil, do administrativo, do tributário... —, com o direito processual penal não se identifica pela

---

318. Madison, *The Federalist*, n. 44; Marshall, *Complete Constitutional Decisions*, 1903, caso Marbury *v.* Madison; Tena Ramírez, *Derecho Constitucional Mexicano*, 1944, n. 26, p. 113 e s. Privativos, principais, supletivos, concorrentes ou locais, hão de ser enumerados os poderes da União.

319. Constituição, art. 18, § 1.°; Constituição do Rio Grande do Sul de 1891, art. 4.°; de 1935, art. 5.°, III; de 1947, art. 5.°, III; Camillo Martins Costa, *Anais*, cit., v. II, p. 283; cf. Josaphat Marinho, *Os Poderes Remanescentes na Federação Brasileira*, 1954, *passim*.

320. Constituição, art. 5.°, XV, *a*; Ruy Barbosa, *Comentários à Constituição*, v. II, p. 209 e 210; Marshall, op. cit., p. 233, caso Sturges *v.* Crowninwhield.

321. Sampaio Dória, op. cit., v. III, p. 400; Hely Lopes Meirelles, op. cit., v. II, p. 563.

O IMPEACHMENT

simples razão de que os crimes de responsabilidade, enquanto infrações políticas, não são ilícitos penais, não constituem objeto do direito penal. Não é outro o motivo por que à União não compete enunciar os crimes de responsabilidade dos Prefeitos, como não lhe compete definir as infrações políticas, de igual denominação, relativas aos Governadores.

87. Aliás, se estivesse a lei a definir ilícitos penais, poderia retirar do Judiciário competência para processar e julgar crimes, confiando essa tarefa à Câmara de Vereadores [322], com ou sem recurso para a Assembléia Legislativa? [323].

88. A Constituição do Rio Grande do Sul estabelece que, "nos crimes de responsabilidade, os Prefeitos e Vice-Prefeitos serão julgados pelo juiz de direito da comarca mais próxima, com recurso para o Tribunal de Justiça". É o art. 160, de atribulada existência.

A justiça local aplicou-o, repelindo argüição de inconstitucionalidade [324]. Fulminou-o o Supremo Tribunal Federal [325]. Após, o Tribunal de Justiça, por maioria, acolheu a argüição [326]. Desenvolvendo argumento oferecido por Celso Afonso Pereira, o relator do acórdão das Câmaras Criminais Reunidas, que provocava o julgamento do Tribunal Pleno, afastou a pecha de inconstitucionalidade. Ao votar, desta vez vencido, Eloy José da Rocha declarou, fazendo distinção

322. Os tribunais têm admitido a validade da lei federal, "de duvidosa constitucionalidade na sua atuação supletiva da legislação estadual" (Hely Lopes Meirelles, op. cit., v. II, p. 562 e 563; *Revista de Direito Administrativo*, v. 66, p. 181; v. 70, p. 307).

323. Tem sido considerada inconstitucional, por ofensa à autonomia dos municípios, a cláusula que assegura recurso para a Assembléia Legislativa da decisão condenatória da Câmara de Vereadores. Assim decidiu o Supremo Tribunal quanto a parágrafos do art. 91 da Constituição de Minas Gerais, ao julgar a Representação n. 350 (*Revista de Direito Administrativo*, v. 56, p. 257; v. 57, p. 505). Quanto ao parágrafo único, *in fine*, do art. 4.º da Lei n. 3.528, além da doutrina, Hely Lopes Meirelles, op. cit., v. II, p. 564; Alfredo Buzaid, Parecer (inédito) de 30 de agosto de 1961, *Revista de Direito Administrativo*, v. 66, p. 181; v. 70, p. 305; *Revista Forense*, v. 211, p. 215.

324. *Revista Jurídica*, v. 8, p. 400; v. 13, p. 275; *Diário da Justiça*, de 2 de outubro de 1952. Acórdãos da 1.ª e 2.ª Câmaras Criminais e das Câmaras Criminais Reunidas.

325. *Revista Jurídica*, v. 17, p. 112.

326. *Revista Jurídica*, v. 21, p. 259; v. 25, p. 286. Acórdãos das Câmaras Criminais Reunidas e do Tribunal Pleno.

122 PAULO BROSSARD

fundamental, que estava "convencido, agora, de que o artigo 160 da Constituição do Estado se refere, exclusivamente, aos crimes de responsabilidade de caráter político, cuja pena é a perda do cargo, e que são os previstos nas Constituições. Dada, porém, outra interpretação àquele artigo, é ele inconstitucional, em face da Constituição Federal".

A decisão do Supremo Tribunal Federal, comunicada ao Senado Federal, motivou a Resolução n. 48, pela qual, nos termos do art. 64 da Constituição, foi "suspensa a execução do artigo 160 da Constituição do Estado do Rio Grande do Sul" [327].

A decisão do Supremo Tribunal é de 1954. A Resolução do Senado é de 1961. Em 3 de janeiro de 1959, porém, o Congresso Nacional, com a sanção do Presidente da República, editou a Lei n. 3.528, que reconhece, reiteradamente, a competência estadual para regular o processo referente aos crimes de responsabilidade dos Prefeitos... [328].

---

327. A Resolução n. 48 é de 14 de setembro de 1961. Reza seu art. 1.º: "É suspensa a execução do art. 160, da Constituição do Estado do Rio Grande do Sul, por inconstitucionalidade, nos termos da decisão definitiva do Supremo Tribunal Federal, no recurso extraordinário criminal n. 22.241, em 9 de julho de 1954".

328. Com base em uma decisão do Supremo Tribunal, definitiva sem dúvida, mas única, o Senado suspendeu a execução do art. 160 da Constituição sul-rio-grandense. Suspender a execução de uma lei com fundamento em uma decisão, embora unânime e definitiva, importa em imobilizar a interpretação da lei e impedir a formação de jurisprudência, que se corrige e aperfeiçoa, mesmo depois de firmada. O processo de exegese não pára, como não parou com o aresto da mais alta Corte de Justiça do País, e começou mesmo a revelar aspectos despercebidos de início e capazes de autorizar interpretação compatível com a Lei Suprema.

O fato está a revelar que razão assistia a Pontes de Miranda ao asseverar, no Congresso de Direito Constitucional da Bahia, comemorativo do centenário de Ruy Barbosa, que, pelo art. 64 da Constituição, "o Senado não se transforma em cartório do Supremo Tribunal". Ou, como doutrinou Mário Guimarães (*O Juiz e a Função Jurisdicional*, 1958, p. 264 e 265): "não estará o Senado certamente obrigado a ordenar a medida reclamada, caso não concorde com o aresto do Supremo ou prefira aguardar manifestações mais reiteradas. Mas o Judiciário continuará, em cada caso, como anteriormente, a negar aplicação à lei. Discordamos, em parte, de Seabra Fagundes, ... quando conclui estar o Senado, em qualquer hipótese, obrigado a ordenar a suspensão. Seria conferir a essa alta Câmara função secundária. E seria dar ao Supremo Tribunal poder de revogar a lei. Parece-nos que têm ambos, Tribunal e Senado, atribuições distintas, que hão de ser exercidas com igual independência. O Tribunal, com absoluta soberania, fixa a inconstitucionalidade da lei, num caso dado. O Senado, com a mesma liberdade, estende ou não para o futuro os efeitos desse pronuncia-

O IMPEACHMENT

89. O *impeachment* no âmbito dos Estados e municípios há de ser regulado pelo Estado, nunca pela União [329].

Pode ocorrer, no entanto, que o Estado alargue a área de atribuições comunais, assegurada pela Constituição. No Rio Grande do Sul, por exemplo, tradicionalmente é outorgada aos municípios a prerrogativa de elaborar suas leis orgânicas [330].

---

mento". Em contrário, Lúcio Bittencourt, *O Controle Jurisdicional da Constitucionalidade das Leis*, 1949, p. 145.

É digno de nota o Acórdão da 3.ª Câmara Cível, de 11-10-1962, no qual o art. 160 da Constituição do Rio Grande do Sul, a despeito de suspensa sua execução, foi novamente julgado "válido, subsistente, se endereçado aos delitos de responsabilidade de cunho político". E somente porque "até o presente lei ordinária alguma estabeleceu as regras processuais", ainda que reconhecida explicitamente a competência estadual para legislar a respeito, foi aplicado o art. 4.º da Lei n. 3.528 (*Revista Jurídica*, v. 61, p. 101).

329. A jurisprudência mais recente tem dado ênfase à competência estadual, embora reconhecendo a validade da lei federal supletiva (v. g., *Revista de Direito Administrativo*, v. 66, p. 181; v. 70, p. 305. *Rev. Jurídica*, v. 61, p. 101). Confirmando sentença, o Tribunal de Justiça do Paraná decidiu, por maioria, que era constitucional a Lei Orgânica dos Municípios, Lei n. 64, de 21 de fevereiro de 1948, no que tange à destituição do Prefeito, porque "o 'impeachment' não é um instituto de Direito Penal, mas uma providência administrativa que equivale à demissão, cujo principal objeto é afastar dos altos cargos aqueles que se mostraram incapazes de exercê-los dignamente. Decorre daí que os Estados da Federação têm competência para legislar a respeito" (*Revista dos Tribunais*, v. 246, p. 517; cf. *Revista Forense*, v. 146, p. 306). Sob o regime de 1891, o Supremo Tribunal decidiu que era inconstitucional a Lei baiana n. 1.065, que dispunha sobre *impeachment* de prefeitos, porque ela violava a Constituição do Estado da Bahia (*Revista do Supremo Tribunal Federal*, v. 8, p. 7).

No mesmo sentido vem-se situando a doutrina. Hely Lopes Meirelles, op. cit., v. II, p. 561: "se, em certas legislações estrangeiras, lavra discórdia sobre a natureza do instituto, disputando-se preeminência política, criminal, ou civil, entre nós é acentuado o seu caráter eminentemente político. E exatamente de sua natureza política é que decorre a possibilidade de ser instituído e regulamentado pelos Estados-membros, para seus Governadores e Prefeitos, sem ofensa à restrição do art. 5.º, inciso XV, letra *a*, da Constituição Federal"; Hélio Morais de Siqueira, *Contribuição ao Estudo da Aplicação do "Impeachment" ao Prefeito*, 1963, p. 19, 26 e 31.

Outrossim, mais de um Estado estabeleceu em sua Constituição as infrações políticas dos Prefeitos, v. g.: Amazonas, art. 113; Bahia, art. 98; Goiás, art. 103; Minas Gerais, art. 91; Piauí, art. 124; Rio Grande do Norte, art. 95; Sergipe, arts. 109 e 110. Outras Constituições estabeleceram que "a Lei Orgânica dos Municípios definirá os crimes de responsabilidade dos Prefeitos e regulará o respectivo processo", v. g.: Alagoas, art. 104; Mato Grosso, art. 98; Rio de Janeiro, art. 100; cf. Ceará, art. 94; Acre, art. 40.

330. Constituição do Rio Grande do Sul, de 1891, art. 64; de 1935, arts. 95 e 96; de 1947, art. 154, II. Júlio de Castilhos, Exposição de Motivos da Lei

124 PAULO BROSSARD

Na medida em que o Estado deferir ao município poderes de auto-organização, ao município caberá regular a responsabilidade política de seu governante.

Por tudo quanto ficou exposto, ocioso seria acrescentar que a sanção política aplicável aos Prefeitos, por crime de responsabilidade, não os inabilita senão para o exercício de mandatos municipais, da mesma forma que não vai além das lindes estaduais a inabilitação que, pelo prazo máximo de cinco anos, mantenha excomungada das funções governativas a autoridade estadual destituída em processo de *impeachment*.

89a. O Decreto-Lei n. 201, de 27 de fevereiro de 1967, distinguiu os crimes funcionais das infrações político-administrativas. Aqueles, denominados crimes de responsabilidade, são "sujeitos ao julgamento do Poder Judiciário, independentemente do pronunciamento da Câmara dos Vereadores"; são crimes de ação pública, puníveis com a pena de reclusão de dois a doze anos e de detenção de três meses a três anos; admite a prisão preventiva e estabelece que o processo "é o comum do juízo singular, estabelecido no Código de Processo Penal", com as modificações que enuncia, arts. 1.º e 2.º. A matéria é regulada exaustivamente e com exclusividade pelo legislador federal. As infrações político-administrativas, porém, estão "sujeitas ao julgamento da Câmara dos Vereadores e sancionadas com a perda do mandato", só aplicável pelo voto de dois terços da Casa, arts. 4.º e 5.º. Dessa forma, o diploma primou por extremar dois tipos de ilícitos, dando-lhes tratamento diferenciado quanto ao processo, julgamento e sanções.

Ao definir os crimes funcionais, regula o respectivo processo criminal e comina as penas de igual natureza, reclusão e detenção, enquanto que ao dispor acerca das infrações político-administrativas estabelece sanção de natureza puramente política e disciplina o adequado processo político-disciplinar. Significativamente, porém, contém este enunciado: "o processo de cassação do mandato do Prefeito pela Câmara, por infrações definidas no artigo anterior, obedecerá

---

n. 19, apud Joaquim Luiz Osório, op. cit., p. 377; Fernando Antunes, *Do Município Brasileiro*, 1926, p. 93 e s.; Almachio Diniz, *Direito Público e Direito Constitucional Brasileiro*, 1917, p. 253, e *Autonomia dos Municípios*, p. 32; Maurício Cardoso, *Constituição Anotada*, p. 89; Francisco Machado Villa, *O Município no Regime Constitucional Vigente*, 1952, p. 78; Hely Lopes Meirelles, op. cit., v. I, p. 34; cf. *Revista Forense*, v. 146, p. 306.

ao seguinte rito, se outro não for estabelecido pela legislação do Estado respectivo".

É tão vigorosa a força que emana da natureza das coisas que o legislador federal, depois de arrolar as infrações político-administrativas, reconhece ser local a competência para disciplinar seu processo. Fez o que fizera na Lei n. 1.079, no tocante aos governadores, arts. 74, 78, § 3.º, e 79, e na Lei n. 3.528, arts. 3.º e 4.º. Fosse penal a matéria e só a União poderia regulá-la. No entanto, a própria lei federal se confessa supletiva.

XIII — PENA POLÍTICA
E PODER DISCIPLINAR CONSTITUCIONAL

90. É uma pena política a que se aplica no processo de responsabilidade. Sua existência, natureza e alcance decorrem da Constituição, que não se limitou, como a imperial, a estabelecer a responsabilidade dos Ministros e Conselheiros de Estado, confiando ao critério do legislador a escolha do tipo de responsabilidade. Ela própria o fez, e separou a jurisdição política da jurisdição criminal.

91. A Constituição não é museu de raridades históricas para a contemplação estática do passado, nem um feixe de normas com rigidez cadavérica, mas um tecido de relações dinâmicas [331], portador de um princípio de vida. Enraizada no passado nacional, mais do que as leis ordinárias, a lei suprema [332] contempla o futuro ao compendiar os ideais da nação, que, no curso do tempo e ao longo das gerações, vão traduzir-se em novas normas e concretizar-se em atos de governo, que uns e outros devem a ela ajustar-se. Pois, além das competências que partilha entre as entidades que concebe e os poderes que contempla, além dos direitos que assegura mediante as garantias que consagra, a Constituição valoriza princípios de toda a ordem, política, social, econômica, cultural, ética, internacional, que de modo explícito ou implícito na Constituição se fundem, para se afirmarem progressiva e indefinidamente [333].

Visando à sua custódia, a Constituição a cada Poder atribuiu parcela de competência, que interfere na dos outros Poderes.

Ao Executivo, por exemplo, deu poder de veto aos projetos de lei, a seu juízo inconstitucionais; ao Judiciário, o poder de negar apli-

---

331. Jennings, *The British Constitution*, 1950, p. 36.
332. Orlando Bittar, *A Lei e a Constituição*, 1951, *passim.*
333. Pinto Ferreira, *Da Constituição*, 1946, p. 19 a 31, e *Princípios*, § 3.º, p. 41 a 56.

O IMPEACHMENT   127

cação a leis, quando em conflito com a Constituição, embora resultem elas da convergência de vontades dos outros dois poderes; ao Congresso, v. g., o poder de destituir o Presidente da República por crime de responsabilidade, isto é, por atos que importem ofensa à Constituição, uma vez que todo ato do Presidente da República que atentar contra a Constituição é crime de responsabilidade.

92. É certo que aos Poderes, cada qual a seu modo e consoante a medida de competência que lhe foi outorgada, cabe realizar os grandes fins perseguidos pela Constituição, através dos meios por ela autorizados ou consagrados.

Pode suceder, todavia, que os agentes de cada um desses Poderes, como criaturas revoltadas contra o criador, venham a desviar-se de seus deveres e, apostatando das suas atribuições, cheguem a agredir a Constituição.

93. Quando do Presidente da República parte o agravo, a Constituição estabelece processo parlamentar de apuração dessa responsabilidade. Ao fazê-lo, mais do que à flagelação da pessoa é à integridade constitucional que ela visa com o afastamento da autoridade infiel[334]. Através do mecanismo que engendrou, a Lei Magna busca sua conservação, com a sobrevivência dos valores nela cristalizados. Se ela é a medida dos poderes outorgados a cada Poder do Estado, o trateá-la impunemente, por aqueles que ela investe de autoridade, importaria em substituir o governo das leis, que ela proclama, pelo governo dos homens, que ela proscreve[335].

O Presidente da República, que encarna um dos Poderes da República — e não só ele —, recebe da Constituição vasta soma de poderes, para, num esforço de criação que se renova continuamente, desentranhando as virtualidades entrevistas na Lei Básica, atingir gradualmente os objetivos nela enunciados.

Os atos do Presidente são — ou devem ser — como que irradiações da Constituição; a ela devem guardar fidelidade e adequação.

Quebrada esta identidade pelo Presidente da República, a Constituição estabelece mecanismo em virtude do qual, sobre o Presidente infiel, vão incidir sanções políticas. Cometeu ela ao Congresso a

---

334. *V.* nota 53.
335. Assis Brasil, op. cit., p. 154; Willoughby, op. cit., v. I, p. 1.

PAULO BROSSARD

tarefa de aplicá-las. A sanção recai sobre o agente do poder estatal, não sobre o súdito do poder. É a autoridade, como tal, a atingida. Se, por qualquer motivo, se demite esta do poder de que está investida, não há mais falar em processo e em sanção; terá desaparecido o suposto necessário para que ela tenha cabimento [336].

O *impeachment* constitui a técnica adotada pela Constituição para proteger-se de ofensas do chefe do Poder Executivo. A pena através dele aplicável nada tem de criminal; é apenas política, relacionada a um ilícito político, aplicada por entidades políticas a autoridades políticas.

94. Ao processo de preservação constitucional, referente a atos do Presidente da República, mediante destituição desta autoridade, alguns autores têm denominado disciplinar.

Galdino Siqueira, por exemplo: "adotando o instituto do 'impeachment' ou processo disciplinar do Presidente da República, como vem delineado no Direito Constitucional norte-americano, com algumas modificações, a nossa Constituição..." [337]. Ato disciplinar, infração disciplinar, pena disciplinar são expressões empregadas pelo criminalista, ao estudar o *impeachment* [338].

---

336. Lei n. 27, de 1892, art. 3.º; Lei n. 1.079, arts. 15 e 76, parágrafo único. Diferentemente dispôs a Lei sul-rio-grandense n. 13, de 1896, no art. 2.º. Júlio de Castilhos, como o Deputado Epitácio Pessoa, entendia que a Constituição estabelecera duas penas.

337. Galdino Siqueira, *Direito Penal Brasileiro*, Parte Geral, 1932, v. I, n. 72, p. 135.

338. Galdino Siqueira, O "Impeachment" no Direito Constitucional Brasileiro, *Revista*, cit., p. 228, 239, 245, 247. Epitácio Pessoa (op. cit., p. 76) ora fala em "providência de ordem administrativa", em "medida de governo", ora alude a "simples medida disciplinar", para extremar da pena criminal a sanção aplicável através do *impeachment*. Castilhos, ao justificar a Lei n. 13, de 1896, escreveu: "do luminoso debate sustentado no seio da Comissão mista e depois no Congresso Nacional, na sessão ordinária de 1891, apura-se ... que a pena criada para os crimes de responsabilidade do Presidente é uma pena simplesmente disciplinar ... Sem dúvida, a pena capital é a da perda do cargo, que de fato é uma pena de caráter disciplinar..." (in Joaquim Luiz Osório, op. cit., p. 249). Tobias Barreto (op. cit., v. II, p. 109 e s.), sustentando o caráter criminal da responsabilidade dos ministros, segundo a Lei de 1827, fundado em vários autores, especialmente Samueley, que citava, distinguia a responsabilidade jurídico-penal da responsabilidade jurídico-disciplinar a que estavam sujeitos os Ministros, conforme os sistemas adotados. Dupriez, op. cit., v. II, p. 99: "il n'exerce donc vis-à-vis d'eux qu'une sorte de pouvoir disciplinaire".

Antes dele, outro penalista, José Higino, em nota a Von Liszt, sinalava a diferença entre o *impeachment* à inglesa e à americana, dizendo que no primeiro se apura a responsabilidade criminal, enquanto no segundo é a responsabilidade disciplinar que se apura [339].

Não pensava de outro modo o antigo professor da Academia do Recife e depois Ministro do Supremo Tribunal, ao defender no Senado o projeto que viria a transformar-se na Lei n. 30: "conquanto em tais casos o Senado se converta em tribunal de justiça, não deixa de ser verdade que o processo é administrativo, e que a pena a impor é de caráter disciplinar e não de caráter criminal. ... Trata-se, pois, de processo administrativo ou político e de uma pena de natureza disciplinar" [340].

Será legítimo falar-se em processo e pena disciplinares em relação ao Presidente da República, titular de um dos Poderes do Estado federal e, por excelência, o condutor político do país? [341]

95. Se o poder disciplinar está presente no seio da família, no íntimo das associações, no círculo das sociedades, no recesso das corporações profissionais; se tanto existe no recato das congregações religiosas como no ruidoso convívio dos partidos políticos ou dos sindicatos, nas relações de trabalho, na órbita da Administração, nas Câmaras legislativas e nas Cortes judiciárias; se o poder disciplinar se reveste de todas essas modalidades, conforme a natureza das atividades a que está relacionado, por que não adquirir também modalidade política ou constitucional, e não ser política ou constitucionalmente qualificado, quando se trata de relações que se travam e se desenvolvem por força da Constituição, entre poderes políticos, em razão da harmonia que os poderes, conquanto independentes, devem manter?

Presente nos vários distritos do direito, o poder disciplinar acompanha toda a formação social, com variado colorido, peculiar à natureza das atividades a que se apõe, participando delas e sendo por elas qualificado.

"Toda instituição ou corporação autônoma — são palavras de Francisco Campos — gera, pelas próprias contingências e fatalida-

---

339. José Higino, nota *d* à p. 406 do *Tratado de Direito Penal* de Franz von Liszt, v. I, 1899.

340. José Higino, *Anais do Senado Federal*, sessão de 19 de outubro de 1891, 1892, v. V, p. 35.

341. Laski, *The American Presidency*, *passim.*

130 PAULO BROSSARD

des inerentes a todo processo de organização e de elaboração coletivas, o seu direito disciplinar, o seu plano de ordem, a sua autoridade e a sua hierarquia" [342].

Em verdade, o poder disciplinar não é peculiar ao Estado, mas inerente a todo grupo social. Não se circunscreve ao direito público nem ao direito privado [343], não se restringe a pessoas jurídicas, nem a pessoas físicas. Está presente em todas as formações sociais, das mais simples às mais complexas. "Ele é menos um instituto jurídico, adaptado às categorias do direito, do que uma concomitância necessária de toda formação social", leciona Ruy Cirne Lima [344].

Se razão assiste a Pontes de Miranda, segundo o qual, "quem diz sociedade diz dominação" [345], o poder disciplinar não é senão modalidade dessa dominação inerente a todo grupo de convívio humano. Igual observação fizera, aliás, Lacerda de Almeida, ao dizer, com Berthaud, que "sociedade, lei, poder, penalidade são idéias que se prendem, se supõem e correlacionam em uma recíproca dependência, de modo que se não pode conceber uma sem a outra e esta sem a seguinte" [346].

Depois, se o conceito é válido em relação a cada um dos Poderes do Estado, internamente, por que não será igualmente válido em relação ao Estado, como a soma dos três Poderes? Se dentro de cada um deles existe dose de poder disciplinar, por que no Estado, em seu todo, como vasto e complexo processo de organização social, não deverá haver também poder disciplinar específico, de modo a evitar sua anarquia e esfacelamento?

Os Poderes, que a Constituição diz independentes, também os proclama harmônicos [347]. Devendo ser harmônicos, não estão, nem podem estar, como que soltos no espaço, mas interligados, conexos,

---

342. Francisco Campos, *Direito Constitucional*, 1956, v. II, p. 112.

343. Légal et Brethe de la Gressaye, *Le Pouvoir Disciplinaire dans les Institutions Privées*, 1938, p. 108 e s.

344. Ruy Cirne Lima, op. cit., 1964, p. 215.

345. Pontes de Miranda, *Os Fundamentos Atuais do Direito Constitucional*, 1932, p. 14.

346. Lacerda de Almeida, Propedêutica Jurídica, *Revista da Faculdade Livre de Direito da Cidade do Rio de Janeiro*, v. VII, p. 51, 1911.

347. Raul Pilla, *Presidencialismo, Parlamentarismo e Democracia*, p. 6: "poderes independentes e harmônicos constituem uma contradição nos termos. Harmonia é uma relação definida entre as coisas. Se os poderes são entre si independentes, não serão harmônicos. E, se harmônicos são, serão fatalmente interdependentes".

O IMPEACHMENT

interdependentes. Não podem manter ritmo dissoluto, mas desenvolver atividade segundo os meios e adequada aos fins constitucionais. É inevitável, por isso, que reciprocamente se limitem, impondo-se mútua disciplina, de modo a conterem-se em suas respectivas posições constitucionais. Montesquieu não dissera que "pour qu'on ne puisse abuser du pouvoir, il faut que, par la disposition des choses, le pouvoir arrête le pouvoir"?[348]

96. Não se poderá falar num poder disciplinar de natureza constitucional, relacionado com a atividade política dos Poderes políticos, vinculado à preservação da integridade constitucional?

Dir-se-á que o poder disciplinar supõe, em quem o detém, posição de superioridade relativamente a quem o suporta, e que o Poder Legislativo não é hierarquicamente superior ao Poder Executivo. Não havendo relação de superioridade e conseqüente subordinação de um em face do outro, faltaria suporte capaz de fundamentar a aplicação, por aquele, a agentes deste, através do *impeachment*, de sanções políticas que resultassem de poder disciplinar. Os Poderes são iguais no sentido de que são porções de poder distribuídas horizontalmente, no mesmo plano hierárquico. Foi esta uma das críticas que Frisch formulou à teoria de Samueley[349].

Acontece, porém, que, embora independentes e iguais na hierarquia constitucional, e a despeito de não haver superioridade de um em relação a outro Poder, cada um deles exerce privativamente parcela ou dose de poder, que lhe dá, por isso, sob certos aspectos e para certos fins, relativa superioridade em relação aos demais.

Em verdade, no exercício de suas atribuições específicas, cada Poder é, de certo modo, soberano[350], incontrastável, e, portanto, superior aos demais. Parcialmente superior. Limitadamente superior. Escassamente superior. Mas superior naquilo que lhe é específico, exclusivo, peculiar.

Quando acusa e afasta, transitoriamente, o Presidente da República, titular do Poder Executivo, a Câmara, que é apenas um ramo

---

348. Montesquieu, *De l'Esprit des Lois*, Livro XI, cap. IV.

349. Apud Vittore Teixeira de Mattos, op. cit., p. 217 a 220. Frisch estabeleceu paralelo entre a responsabilidade ministerial e a que está sujeito o funcionário público.

350. Pontes de Miranda, *História e Prática do Habeas-Corpus*, 1916, n. 184, p. 248, e 1951, § 83, n. 5, p. 289.

do Poder Legislativo, exercita autoridade única, que nenhum outro Poder pode exercer por ela, substituindo-a ou dispensando-a. Só ela, unicamente ela, pode decretar o *impeachment* do Presidente da República. A Câmara, que é apenas parte do Poder Legislativo, imobiliza e domina, embora de modo provisório, a autoridade que encarna a totalidade do Poder Executivo.

O Senado, que é apenas um segmento do Poder Legislativo, quando julga o Presidente da República, é, para esse fim, o mais alto tribunal da nação, a mais alta corte do país, porque não reparte com nenhuma outra o seu poder, e pela Constituição é dotado de superioridade decisiva, definitiva e irrecorrível sobre o Poder Executivo.

É a Câmara, isto é, a nação, que num júri de proporções nacionais [351], acusa o Presidente perante o Senado, órgão em que se representam os Estados federados. E somente pela maioria altamente qualificada de dois terços da Câmara dos Estados é que a sanção política pode ser imposta.

Esta superioridade, real e palpável, é estabelecida pela Constituição ao criar os Poderes e fixar-lhes a respectiva competência.

97. Nem seria difícil justificar, sob o ponto de vista político, o preceito pelo qual, visando à preservação e integridade da Constituição, desta recebeu o Congresso poder bastante para destituir o chefe do Poder Executivo.

O Presidente da República é eleito pela maioria do eleitorado, maioria que entre nós pode ser relativa [351a]. Levando em conta que o regime é representativo, como se lê no pórtico da Constituição, se fosse lícito, através de uma análise anatômica [352], reduzir em termos quantitativos os Poderes políticos, dir-se-ia que a Câmara representa o todo, enquanto o Presidente representa [353] a parte — na melhor das hipóteses, a maior parte do eleitorado. Mas apenas uma parte.

---

351. Blackstone, op. cit., v. II, p. 259. Halsbury, Graham, Headlam e Webster, op. cit., n. 1.156, p. 650. "... is the most solemn form of trial known to English law". Bosanquet, Marchant, Attenborough e Emanuel, op. cit., n. 548, p. 265: "in impeachment the House of Commons, acting as the most solemn grand inquest of the Kingdom". Stubbs, *Histoire Constitutionnelle de l'Angleterre*, 1913, v. II, n. 286, p. 682.

351a. Constituição de 88, art. 77, § 3.º.

352. Cf. Redslob, op. cit., p. 1.

353. Cf. Assis Brasil, op. cit., p. 191; Raul Pilla, op. cit., p. 7; *Anais da Constituinte do Estado do Rio Grande do Sul, de 1935*, v. II, p. 17.

O IMPEACHMENT

Desta forma, não se pode dizer que, sob certos e limitados aspectos e para certos e determinados fins, não haja relação de superioridade ou subordinação entre os Poderes componentes do Estado, donde resultaria ou onde se inseriria o poder disciplinar constitucional, a qualificar a atividade política exercida através do *impeachment*, ou o sistema de responsabilidade funcional do Presidente da República no direito brasileiro.

A harmonia dos Poderes exige a sua interdependência. Poder-se-ia assim dizer que não deixa de haver, limitadamente, em certa medida e para certos fins, relação de subordinação ou vínculo de hierarquia política entre o Poder Legislativo, que acusa e julga, e o agente do Poder Executivo, que é julgado como e enquanto tal.

Assim se legitimaria, sob o ponto de vista político, o preceito constitucional que, munindo o Congresso do poder disciplinar constitucional, faz dele juiz do Presidente da República; tal poder, usado no *impeachment*, objetiva antes de tudo a integridade da ordem constitucional [354].

98. Entre os muitos poderes que o Congresso Nacional possui, alguns — políticos, sem dúvida — se relacionam com o poder disciplinar. A pena política que o Senado impõe, ao acolher acusação da Câmara, consistente na destituição do Presidente da República e sua desqualificação temporária para exercer função pública, decorre de poder disciplinar constitucional. Poder que, na justa medida, existe na União, Estados e Municípios, limitado, obviamente, às lindes de cada uma dessas entidades políticas, que compõem a organização federal brasileira.

---

354. Admitida a sanção política como variante ou modalidade do poder disciplinar, não estaria aí uma explicação a mais da não ingerência do Poder Judiciário em questões relativas ao *impeachment*? O Estado exerce poder disciplinar não por ser Estado, e como tal, uma vez que esse poder é inerente a todo grupo social; daí a razão pela qual, contra as penas disciplinares, não se admite *habeas corpus* nem mandado de segurança, salvo para apreciar-lhe a legalidade, sem entrar no mérito.

XIV — DECORRÊNCIAS DA NATUREZA POLÍTICA DO "IMPEACHMENT"

99. O sujeito passivo do *impeachment* é a pessoa investida de autoridade, como e enquanto tal. Só aquele que pode malfazer ao Estado, como agente seu, está em condições subjetivas de sofrer a acusação parlamentar, cujo escopo é afastar do governo a autoridade que o exerceu mal, de forma negligente, caprichosa, abusiva, ilegal ou facciosa, de modo incompatível com a honra, a dignidade e o decoro do cargo [355].

Tão marcante é a natureza política do instituto [356] que, se a autoridade corrupta, violenta ou inepta, em uma palavra, nociva, se desligar definitivamente do cargo, contra ela não será instaurado processo e, se iniciado, não prosseguirá.

O término do mandato, por exemplo, ou a renúncia ao cargo trancam o *impeachment* ou impedem sua instauração [357]. Não pode

---

355. Lei n. 1.079, art. 9, inciso 7; Lei n. 30, art. 48; Von Holst, op. cit., p. 162; Tucker, op. cit., § 200, p. 422; Gonzales, op. cit., n. 506, p. 504; Gonzalez Calderon, op. cit., v. III, p. 346, e *Curso*, p. 487; Ruy Barbosa, *Ruínas de um Governo*, p. 235; José Higino, *Anais*, cit., v. V, p. 103.

356. Story, op. cit., § 803, p. 586: "there is also much force in the remark that an impeachment is a proceeding purely of a political nature. It is not so much designed to punish an offender as to secure the state against gross official misdemeanors. It touches neither his person nor his property, but simply divests him of his political capacity".

357. Story, op. cit., §§ 801 a 803; Von Holst, op. cit., p. 160; Tucker, op. cit., v. I, §§ 199 e 200, p. 410 e 421; Watson, op. cit., v. I, p. 215 e 216; Willoughby, op. cit., v. III, § 930, p. 1449; Burdick, op. cit., § 40, p. 89; Mathews, op. cit., p. 115; Bielsa, op. cit., n. 199, p. 485; Martinez Ruiz, *La Constitución Argentina Anotada con la Jurisprudencia de la Corte Suprema de Justicia*, nota ao art. 45, p. 215 e 216; Milton, op. cit., p. 120; Barbalho, op. cit., p. 100; Gabriel Luiz Ferreira, op. cit., p. 243 e 244; Maximiliano, op. cit., n. 282, p. 396, e n. 360, p. 581; Ruy Barbosa, *Obras Completas*, v. XX, t. II, p. 72; João Mangabeira, *Diário do Congresso Nacional*, 22 de maio de 1948, p. 3584.

O IMPEACHMENT

sofrê-lo a pessoa que, despojada de sua condição oficial, perdeu a qualidade de agente político. Não teria objetivo, seria inútil o processo. O caso Belknap, é quase pacífico, não constitui precedente que infirme essa regra [358]. Claro está, porém, que ela é válida nos sistemas através dos quais não se busca senão apurar a responsabilidade política, mediante o afastamento da autoridade claudicante. Não no inglês; as acusações contra Hastings e Melville, para mencionar apenas as duas últimas ocorridas na Grã-Bretanha, verificaram-se quando um e outro se encontravam fora de seus antigos cargos [359].

100. Tal não ocorria ao tempo do Império, quando era criminal a pena a ser aplicada. Não se estancava o processo instaurado contra um Ministro, mesmo que ele se desligasse do cargo, nem seu afastamento do governo impedia fosse encetado o processo. "Quando o denunciado ou acusado já estiver fora do ministério ao tempo da denúncia ou acusação" — prescrevia a Lei de 15 de outubro de 1827, em seu artigo 60 —, "será igualmente ouvido pela maneira declarada nas duas sessões do cap. 3.º, marcando-se-lhe prazo razoável para resposta e cumprimento."

Contudo, "under the Constitution and statutes of Nebraska, an officer who is impeached while in office may be tried, though after the impeachment and before trial he resigns, or his term of office expires. State v. Hill, 37 Neb. 80" (Carrington, op. cit., p. 1066; Watson, op. cit., v. I, p. 215; e Finley and Sanderson, op. cit., p. 62). Já a Constituição de New Jersey dispõe, no artigo V, II: "the governor and all other civil officers under this State shall be liable to impeachment for misdemeanor in office during their continuance in office, and for two years thereafter". E a de Vermont, secção 54: "every officer of State, whether judicial or executive, shall be liable to be impeached by the House of Representatives, either when in office or after his resignation or removal for maladministration" (cf. Thomas, op. cit., p. 385).

358. Não só a doutrina é copiosa nesse sentido, v. g.: Foster, op. cit., v. I, § 90, p. 565 e 566; Tucker, op. cit., v. I, §§ 199 e 200, p. 410 e 421; Willoughby, op. cit., v. III, § 930, p. 1449, nota 5; Watson, op. cit., v. I, p. 215 e 216; Finley and Sanderson, op. cit., p. 62; Thomas, op. cit., p. 383, 388 e 389; Simpson, op. cit., p. 63; Woodburn, *The American Republica an its Government*, 1916, p. 230; Burdick, op. cit., p. 88; Ogg and Ray, *Introduction to American Government*, 1948, p. 522; Impeachment, in *Encyclopaedia Britannica*; Maximiliano, op. cit., n. 282, p. 397 e 398; João Mangabeira, Waldemar Pedrosa e Plínio Barreto, *Documentos Parlamentares*, v. XCIV, p. 318 a 320.

Também há precedentes que confortam a tese. Vejam-se os casos em que estiveram envolvidos Lawrence, em 1839, Delahay, em 1872, Durrell e Busteed, em 1874, English, em 1926, Johnson, em 1946, e ainda Montan.

359. Simpson, op. cit., p. 64.

PAULO BROSSARD

Visando a afastar do governo o mau gestor da coisa pública, de forma mui diferente preceitua a Lei n. 1.079, art. 15: "a denúncia só poderá ser recebida enquanto o denunciado não tiver, por qualquer motivo, deixado definitivamente o cargo" [360]. No mesmo sentido dispunha a Lei n. 27, de 1892, no seu art. 3.º.

101. A contrapartida é verdadeira. Restabelece-se a jurisdição política, se o antigo governante ao cargo retornar. O *impeachment* pode então ser iniciado ou prosseguido. "Tem-se entendido — escreve Pontes de Miranda — que, se a pessoa volta ao cargo, se restaura a jurisdição política [361]. "Se o mandatário é reconduzido ao posto que tinha desempenhado, restaura-se o Juízo Político" [361a].

Ainda mais. Embora não haja faltado quem alegasse que a eleição popular tem a virtude de apagar as faltas pretéritas [362], a verdade é que infrações cometidas antes da investidura no cargo[363], estranhas

---

360. Cf. João Mangabeira, Waldemar Pedrosa e Plínio Barreto, op. cit., p. 318 a 321.

A Lei n. 13, de 1896, reguladora do processo e julgamento do Presidente do Estado do Rio Grande do Sul nos crimes de responsabilidade, prescrevia no art. 2.º: "o processo de que trata esta lei poderá ser intentado não só durante o período presidencial, mas ainda depois que o Presidente, por qualquer motivo, houver deixado definitivamente o exercício do cargo. Neste caso, porém, o direito de acusação prescreverá, passados noventa dias". É que a Constituição sul-rio-grandense de 1891, em seu art. 22, § 1.º, estabelecia que "as penas consistirão em perda do cargo, declaração de incapacidade para o exercício de qualquer outro emprego ou função pública no Estado, além de uma multa pecuniária". E a **Lei n. 13**, em seu art. 2.º, discriminava as penas: "estes crimes serão punidos com a pena de perda do cargo somente, ou com esta pena e a declaração de incapacidade para o exercício de qualquer emprego ou função pública no Estado, e multa pecuniária".

A **Lei n. 36**, do Ceará, estabelecia em seu art. 27: "quando, por qualquer circunstância, a responsabilidade do Presidente do Estado for decretada depois do período presidencial, só terá aplicação a pena de inabilitação para o exercício de qualquer cargo ou emprego".

361. Pontes de Miranda, *Comentários à Constituição de 1934*, v. I, p. 602.

361a. *Revista de Direito Administrativo*, v. 90, p. 170, acórdão unânime do Tribunal de Justiça de São Paulo, rel. Lafayette Salles.

362. Cf. Estrich, The Law of Impeachment, in *Case and Comment*, 1913, v. 20, n. 7, p. 458.

363. Friedman, *The Impeachment of Governor William Sulzer*, 1939, p. 196; Holcombe, *State Government in the United States*, 1920, p. 343; Esmein-Nézard, op. cit., v. I, p. 164, nota 22; Estrich, op. cit., p. 458; Burdick, op. cit., § 40, p. 89; Simpson, op. cit., p. 60 e 61; Mayers, op. cit., v. VII, p. 601. Em sentido contrário, Pontes de Miranda, *Questões Forenses*, 1958, v. IV, p. 460.

O IMPEACHMENT

ao seu exercício [364] ou relacionadas com anterior desempenho [365], têm motivado o *impeachment,* desde que a autoridade seja reinvestida em função suscetível de acusação parlamentar.

Estas dimensões, atribuídas ao *impeachment* pela doutrina e experiência americanas, condizentes, aliás, com as características do instituto, não as ignora a literatura brasileira. Maximiliano, a propósito, doutrinou: "só se processa perante o Senado quem ainda é funcionário, embora as faltas tenham sido cometidas no exercício de mandato anterior" ... "os juízes Barnard, de Nova York, e Hubbell, de Wisconsin, e o Governador Butler, de Nebraska, reconduzidos aos seus cargos, sofreram 'impeachment' pelas faltas cometidas quando exerceram anteriormente as mesmas funções. Não encontraram eco os seus protestos contra a competência do tribunal político. A exegese é correta: o fim do processo de responsabilidade é afastar do Governo ou do Tribunal um elemento mau; não se instaura contra o renunciante, porém atinge o reconduzido" [366].

102. Enfim, se infrações recentes ou antigas podem motivar a apuração da responsabilidade, a pena [367] não vai além da destituição do cargo, com inabilitação para o exercício de outro, até cinco anos,

---

O Governador Sulzer, de Nova York, foi processado e condenado, em 1913, por faltas relacionadas a fatos anteriores a sua eleição: violação da lei sobre corrupção eleitoral e desvio de fundos partidários.

364. Story, op. cit., § 804; Taylor, op. cit., p. 511; Thomas, op. cit., p. 382 a 385; Estrich, op. cit., p. 458; Simpson, op. cit., p. 61; Rottschaefer, op. cit., n. 214, p. 412; Mathews, op. cit., p. 116; Pritchet, op. cit., p. 180. Em sentido contrário, Curtis, op. cit., v. II, p. 260. O juiz Archbald foi processado e condenado, em 1912, por atos estranhos ao exercício da judicatura. Sá F.º, op. cit., p. 164.

365. Carrington, op. cit., p. 1066; Thomas, op. cit., p. 390; Watson, op. cit., v. I, p. 216: "an officer may be impeached during his second term in officer for misdemeanors committed during his first term. Judge Barnard was impeached in the State of New York for misdemeanors committed during his previous term in office, and so was Judge Hubbell of Wisconsin, and so was Governor Butler of Nebraska. In each of these cases the respondent claimed that he was not subject to impeachment for offenses committed during his previous term in office, but in neither instance was the plea sustained" (31 Nebraska 89).

366. Maximiliano, op. cit., n. 282, p. 396, 397 e 398.

367. Constituição, art. 62, § 3.º: "não poderá o Senado Federal impor outra pena que não seja a da perda do cargo com inabilitação, até cinco anos, para o exercício de qualquer função pública". Lei n. 1.079, art. 2.º: "os crimes definidos nesta lei, ainda quando simplesmente tentados, são passíveis da pena

ainda que elas sejam múltiplas [368], objetivamente articuladas e solidamente provadas. Os conceitos de prescrição [369] ou de reincidência não são pertinentes ao processo político. Nele as infrações são apreciadas e julgadas em relação à conduta geral da autoridade.

E tais sejam as circunstâncias, quem sabe não ocorrerá aquilo que Ruy Barbosa admitiu: "muitas vezes, reconhecendo mesmo a existência de faltas, de erros e de violações das leis, o Congresso terá de recuar ante as conseqüências graves de fazer sentar o Chefe do Estado no banco dos réus" [370].

---

de perda do cargo com inabilitação, até cinco anos, para o exercício de qualquer função pública, imposta pelo Senado Federal nos processos contra o Presidente da República...". Art. 33: "no caso de condenação, o Senado por iniciativa do presidente fixará o prazo de inabilitação do condenado para o exercício de qualquer função pública". Art. 34: "proferida a sentença condenatória, o acusado estará, *ipso facto*, destituído do cargo".

Cf. Lei n. 30, de 1892, art. 2.º: "esses crimes serão punidos com a perda do cargo somente, ou com esta pena e a incapacidade para exercer qualquer outro, impostas por sentença do Senado". Lei n. 27, de 1892, art. 24: "vencendo-se a condenação nos termos do artigo precedente, perguntará o presidente se a pena de perda do cargo deve ser agravada com a incapacidade para exercer qualquer outro".

Barbalho, op. cit., p. 99; Ruy Barbosa, op. cit., p. 71; Maximiliano, op. cit., n. 282, p. 400; Aurelino Leal, op. cit., v. I, p. 478 e 493; Lacerda, op. cit., v. II, n. 627, p. 468; Anibal Freire, op. cit., p. 124 e 125.

368. Tucker, op. cit., § 200, p. 424 e 425.

369. Cf. Lei n. 14, do Amazonas, art. 14, parágrafo único; Lei n. 36, do Ceará, art. 26.

370. Ruy Barbosa, op. cit., v. XXV, t. VI, p. 109.

XV — PARA INFRAÇÕES POLÍTICAS UM TRIBUNAL POLÍTICO

103. Não causa estranheza, portanto, que Story tivesse proclamado a absoluta impropriedade das cortes de justiça para conhecerem de tais faltas e a conveniência de ser confiado o julgamento delas a um tribunal capaz de compreender, aferir e reformar a política do Estado [371].

104. Com tais características e peculiaridades, é natural que do julgamento político, prolatado por uma corporação política, em virtude de causas políticas, ao cabo de processo político, instaurado sob considerações de conveniência política [372], não haja recurso para o Poder Judiciário.

Nem seria lógico admiti-lo.

Se o constituinte conferiu ao Senado a incumbência de julgar certas autoridades investidas de eminentes funções, porque, entre outros motivos, os magistrados, alheios, em regra, ao manejo dos negócios governativos, carecem da adequada aptidão para apreciar

---

371. Story, op. cit., § 800: "one cannot but be struck, in this slight enumeration, with the utter unfitness of the common tribunals of justice to take cognizance of such offenses, and with the entire propriety of confiding the jurisdiction over them to a tribunal capable of understanding and reforming and scrutinizing the policy of the state".

372. Escrich, op. cit., p. 454: "the essential purpose of an impeachment proceeding is to determine whether a public officer has violated his trust and, if so, to remove him from office. Although criminal in character, its main purpose is not the punishment of the accused, but the protection of the public from a man who has shown himself disqualified to hold public office. ... Impeachment is peculiarly a political remedy; it has to do with political offenses, that is, offenses that affect society in its political character. ... It thus appears that impeachment is not regarded as a punishment for a violation of the criminal laws".

a boa ou má execução dos atos que terão de julgar [373], e ainda porque não é criminal, mas política, a pena aplicável, seria incongruência palpável que as decisões da Câmara e do Senado ficassem sujeitas ao crivo judicial. Sem falar no inconveniente de sujeitar a Poderes distintos julgamentos de funda repercussão nacional, sob o risco de provocar decisões contraditórias, fruto de diversos critérios de apreciação.

105. Além disso, embora o julgamento político não exclua o julgamento jurídico, antes o suponha, ele vai além dos limites deste; os critérios da Câmara, ao acusar, e do Senado, ao julgar, não são necessariamente os mesmos do Judiciário, e por vezes não podem sê-lo. Ainda quando o caso não seja tipicamente político, mas de aplicação legal mais direta, não lhe faltam ingredientes tais, e comumente se adicionam componentes de conveniência e utilidade na formulação do juízo da Câmara ao decretar a acusação e do Senado ao decidir sobre ela. Mas casos há em que as duas Casas do Congresso, cada uma a seu tempo, têm de usar de inevitável discrição, inspiradas em superiores razões de Estado, e tais considerações não entram, nem podem entrar, na composição das decisões judiciais, ainda quando o juiz seja o exemplar reclamado por Laski, que, para ser perfeito, não pode ser menos estadista que jurisconsulto [374]. Um poder examina o problema sob um prisma, ensina Maximiliano, o outro encara-o sob prisma diferente [375].

---

373. Galdino Siqueira, op. cit., p. 227; Viveiros de Castro, *Estudos*, p. 442, e *Revista do Supremo Tribunal Federal*, v. 19, p. 20, citando Ugo, sustenta que os magistrados não são bons juízes para o caso de *impeachment*. E alega, entre outras razões: "o hábito faz com que eles julguem segundo uma regra fixa, apegando-se à letra dos Códigos e das Leis que diariamente manejam; ora, isto é inconveniente, quando se trata de julgamento de altos funcionários, no qual é muitas vezes necessário maior elevação de vistas. Nesses julgamentos não basta o conhecimento das leis comuns; é indispensável também o da vida política. A própria violação das leis que os magistrados castigariam inexoravelmente, o homem de Estado pode até julgá-las dignas de prêmio". Camillo Martins Costa, *Anais*, cit., v. II, p. 84.

374. Laski, *Parliamentary Government in England. A Commentary*, 1950, p. 385.

375. Maximiliano, op. cit., n. 391, p. 643; Camillo Martins Costa, *Anais*, cit., v. II, p. 83: "não é o Código Penal que norteia o juízo do 'impeachment', e sim as supremas considerações do interesse coletivo, olhado de um ponto de vista a cuja elevada altitude o Poder Judiciário, por injunções decorrentes da sua natureza, não se pode e não se deve guindar". Viveiros de Castro, *Estudos*, p. 443, e *Revista do Supremo Tribunal Federal*, v. 19, p. 24: "fatos que de ordinário são apreciados no processo de 'impeachment', não podem ser julgados senão por

106. Na gama das atribuições presidenciais, há as que se poderiam chamar ordinárias ou rotineiras. O Presidente tem de praticar uma série de atos, minuciosamente regulados em lei; neles, em quase nada intervém a vontade do homem de governo ou suas concepções políticas. Outros, embora em lei regulados, deixam à autoridade soluções a eleger, e nessa escolha, em maior ou menor grau, a discrição do homem de governo encontra oportunidade para atuar e desenvolver-se. Também há aqueles assuntos entregues à autoridade presidencial que confinam com as mais altas regiões da política e dizem respeito a questões indefinidas e indefiníveis, novas, variadas, movediças, cambiantes. Não se enquadram em esquemas apriorísticos, não se deixam capturar em classificações legais, não se distribuem em tipos que possam ser descritos e catalogados. Descrevê-los seria vão, além de impossível, como fátuo seria enunciar critérios legais ou fixar regras a eles aplicáveis. Tais questões constituem um vasto e ilimitado altiplano, praticamente imune a regulamentação eficaz. Conduzir-se nele, de regra, é a suprema tarefa do Presidente. No desempenho dela, muitas vezes, o magistrado supremo tem de arrostar riscos imensos, assumindo responsabilidades que podem pesar, como maldição, sobre as gerações vindouras. Entre muitos rumos possíveis, o Presidente — e ele só — tem de escolher um. Em meio às nebulosas do presente, discernindo os caminhos que se entrecruzam, descortinando horizontes indevassados, cabe-lhe eleger e adotar soluções.

Percorrendo essas regiões incertas e tantas vezes perigosas, que tanto levam ao fastígio como à decadência dos Estados, e têm sido, no curso dos tempos, o patamar da glória ou o socavão da desfortuna para os maiores estadistas — a rocha Tarpéia era vizinha do Capitólio —, a autoridade tem de usar, em largas doses, um poder desenganadamente discricionário.

Buscando identificar-se com os interesses nacionais, valorizando-os numa perspectiva que relacione o pretérito ao porvir, condicionado pelas possibilidades do presente, comprimido quiçá pela conjuntura, depois que os conselheiros informam e os Ministros opinam, tendo de guardar o recato, a discrição, quem sabe o segredo, o condutor político, na solidão desses momentos decisivos, de responsabilidades intransferíveis, ao tomar a decisão, que é sua, não recorrerá

---

homens traquejados no governo do Estado, capazes de avaliarem devidamente os altos interesses da nação; os juízes ordinários não hesitariam em proferir sentença condenatória, aplicando friamente a letra da lei, sem se ocupar das conseqüências de sua decisão".

senão ao seu tino, ao seu saber, à sua intuição, à sua experiência, às inspirações do seu patriotismo. Em tais emergências, pairando no ermo dessas alturas, às vezes escampas, às vezes brumosas, o chefe do governo se assemelha à águia errante no esplendor dos céus desertos, a solidão a fazer-lhes as almas fraternais... como a lembrar os versos de Michel Charles Lernard aos aviadores mortos na guerra:

> sur le héros raidi dans ses linceuls ouverts
> un aigle protecteur étend ses fortes ailes.
> Quand ils erraient dans la splendeur des cieux déserts
> la solitude a fait leurs âmes fraternelles [376].

Não seria contra-senso enquadrar atos que se enlaçam com as cumeadas da política nos apertados limites dos autos forenses e sujeitá-los a princípios estabelecidos para o desate de questões predominantemente privadas?

107. Os atos do Presidente da República, quando ilegais, ainda que possam constituir causa de *impeachment*, são suscetíveis de correção no Poder Judiciário, caso a caso, mercê de iniciativa dos prejudicados.

Ao conhecimento do Judiciário, porém, chegam somente aqueles atos que envolvem lesão a direitos individuais. Há, portanto, uma infinidade de situações irredutíveis à postulação judicial, pois, sem ofensa a direitos subjetivos desta ou daquela pessoa, atos governamentais podem causar grave dano à ordem política, econômica e social.

De outra parte, ainda sem ofensa à lei, antes no exercício de poder legalmente conferido, pode a autoridade agir com descritério e desatino, como pode agir com irreprochável inteireza, e num e noutro caso, sem que pessoa alguma seja diretamente ofendida, a sociedade é agravada [377], e tem o direito de desfazer-se do governante que lhe malfez.

---

376. Inscritos no bronze com que a França homenageou os aviadores mortos na guerra. Está na Igreja de São Luís, nos Inválidos. Junto a um corpo jovem de inanimados braços abertos, uma águia de remígios poderosos abre suas asas em posição de vôo. Cf. Laski, *The American Presidency*, p. 42.

377. Pomeroy, op. cit., § 719, p. 484; Ruy Barbosa, *Obras Completas*, v. XX, t. II, p. 171; Bielsa, *Derecho Administrativo*, v. I, n. 119, p. 365.

108. Nem por outro motivo se tem dito que, se o *impeachment* devesse ficar preso a hipóteses casuisticamente enumeradas, correria o risco de converter-se em frívolo instrumento de contenção das autoridades que hajam violado seus deveres oficiais [378].

Depois de, por tais e tantos motivos, haver sido retirado da alçada do Judiciário o conhecimento da responsabilidade oficial do Presidente da República, seria difícil justificar que os atos da Câmara e do Senado, praticados no exercício desses poderes privativos, ficassem sujeitos à apreciação de outro Poder.

A apreciação de tais assuntos, em cujo trato os mais hábeis podem falhar, claudicar os mais sábios e os mais virtuosos lesar sumos interesses do país, é atribuída a uma corte política.

109. Afeitos à aplicação da lei, consoante métodos estritamente jurídicos, é duvidoso que, de ordinário, os juízes tenham condições para decidir acerca de fatos que, por vezes, transcendem a esfera da pura legalidade, inserem-se em realidades políticas, vinculam-se a problemas de governo, insinuam-se em planos nos quais a autoridade é levada a agir segundo juízos de conveniência, oportunidade e utilidade, sob o império de circunstâncias imprevistas e extraordinárias. Conforme a lição de Story, os deveres cuja violação enseja o *impeachment* "são facilmente compreendidos por estadistas e raramente conhecidos dos juízes" [379]. O tribunal que fosse chamado a intervir nessas questões, ou correria o risco de decidir de maneira inadequada, se preso a critérios de exclusiva legalidade, ou, para decidir bem, talvez tivesse de recorrer a critérios metajurídicos e extrajudiciais [380]; e não teria nenhum sentido o recurso ao Judiciário.

Tantas são as cambiantes que despontam entre a instância judicial e a instância política, que aos magistrados afadigados no trato dos autos, decidindo querelas de predominante sabor individual, se chamados fossem a questões de *impeachment*, bem se lhes poderiam aplicar, sem menosprezo à toga, as palavras que Hamlet dirigiu a Horácio na esplanada do Castelo de Elsinore:

---

378. Story, op. cit., § 797; Pomeroy, op. cit., § 726.

379. Story, op. cit., § 764.

380. Barbalho, op. cit., p. 98, examinando os órgãos que poderiam julgar o Presidente da República, mostra simpatia por um que fosse composto pelos Juízes do Supremo Tribunal e por igual número de Senadores. A Corte teria homens alheios ao manejo de negócios políticos, mas habituados a julgar, e homens experimentados em assuntos políticos, embora sem traquejo de julgar. Mas diz que foi ponderada a inconveniência de distrair os Juízes de suas funções

"There are more things in heaven and earth...
Than are dreamt of in your philosophy" [381].

110. Se a Constituição quis que certos casos, pelas suas características e conseqüências, fossem ajuizados pela Câmara e decididos pelo Senado, admitir que o Judiciário pudesse interferir em decisão daquela ou revisar o julgamento deste, importaria em desfazer a cláusula constitucional que reservou ao Senado e só a ele, com exclusividade, o quinhão de pronunciar-se, em caráter definitivo, sobre a acusação votada pela Câmara, e unicamente por ela, pois estaria conferindo a outro Poder a prerrogativa de proferir a palavra derradeira [382]. Mesmo sob o Império, quando o *impeachment* era processo de índole criminal e criminais as penas aplicáveis, inclusive a maior delas, a morte natural, não cabia recurso das decisões do Senado [383].

Neste particular, autores e arestos são quase unânimes em reconhecer que não cabe recurso das decisões congressuais em matéria de *impeachment*, quer as da Câmara, quer as do Senado [384].

111. Outorgando poderes à Câmara para acusar e ao Senado para julgar, a Constituição conferiu ao Congresso, com exclusividade, a plenitude dos poderes para, conclusivamente, resolver acerca de *impeachment*, iniciando-o, conduzindo-o e encerrando-o. E no exercício deles não interferem, direta ou indiretamente, nem o Executivo nem o Judiciário.

"e teve-se em vista que, — tratando-se de julgamento de natureza especial, essencialmente diverso do juízo criminal comum, e instituído antes com o propósito de arredar (havendo justo motivo) do exercício da magistratura suprema o presidente acusado, que de castigá-lo e infligir-lhe penas, — muito impróprios seriam os funcionários da ordem judiciária para essa comissão".

A Constituição de 1934 preferiu tribunal misto (art. 58), que se comporia de três Juízes da Corte Suprema, três Deputados e três Senadores.

381. Shakespeare, *Hamlet*, ato I, cena V.

382. Castro Nunes, *Teoria e Prática do Poder Judiciário*, 1943, p. 207 e 208.

383. Pimenta Bueno, op. cit., n. 489, p. 355: "não tem lugar esta revista crime: 2.º. Dos julgamentos do Senado, pois que obsta não só a divisão dos poderes, como a consideração de que o Senado, embora convertido em tribunal de justiça, não é todavia um simples tribunal ordinário, e sim simultaneamente político, decreto de 20 de dezembro de 1830, art. 5.º".

384. Maximiliano, op. cit., n. 282, p. 400, n. 5.

XVI — O SENADO COMO TRIBUNAL POLÍTICO

112. Dissertando a respeito do Senado como corte destinada a julgar as grandes infrações políticas, já houve quem entendesse que lhe faltam todos os requisitos de um tribunal: não é responsável, não é imparcial e é por demais numeroso [385].

Coube a Hamilton, em *O Federalista,* fazer convincente defesa do sistema instituído nos Estados Unidos [386], e Story, dizendo que poucos assuntos como este ensejaram ataques tão vigorosos e mereceram defesa tão hábil, dá seu voto em favor do Senado, afirmando que ele é o mais idôneo depositário desta alta função [387], pelo fato de reunir os desejados e necessários requisitos que tribunal de tão elevada hierarquia deve possuir — imparcialidade, integridade, inteligência e independência [388]. E ainda porque muitas das infrações suscetíveis de serem julgadas pelo Senado, mercê de *impeachment* da Câmara, não estão sujeitas à competência dos tribunais [389].

113. Era semelhante a linguagem que empregava Joaquim Rodrigues de Souza ao analisar a Constituição do Império na parte que outorgava ao Senado o poder de julgar as acusações da Câmara contra Ministros e Conselheiros de Estado: "só um Tribunal eminentemente qualificado e independente, como o Senado, pode em causas de tais réus oferecer garantias à Justiça pública, e à particular das partes. Tribunais ordinários são suscetíveis de extremos opostos — sucumbirem à influência dos acusados ou à dos acusadores asso-

---

385. Vedia, *La Constitución Argentina,* p. 187, apud Araya, op. cit., v. II, p. 71.

386. Hamilton, *The Federalist,* n. 65 e 66.

387. Story, op. cit., §§ 747, 775 e 780.

388. Story, op. cit., §§ 744 e 745; Maximiliano, op. cit., n. 280, p. 393.

389. Story, op. cit., § 749.

ciados, e sustentados por partidos — faltarem, em sentido contrário, à justiça por amor e desejo de mostrarem-se fortes e independentes" [390].

114. Será o Senado o melhor tribunal para julgar as acusações políticas da Câmara? É esta uma indagação que se resolve em termos políticos e várias têm sido as soluções adotadas [391].

O problema foi apreciado em termos tão objetivos quão razoáveis por Tucker ao escrever: "examinando a história do país, talvez devamos concluir, com o Juiz Story e outros, que se o Senado não é o melhor tribunal para o julgamento de 'impeachment', a História não nos fornece prova de que outro tribunal tenha sido melhor, ou sequer tão bom" [392].

115. O fato de ser o *impeachment* processo político não significa que ele deva ou possa marchar à margem da lei.

Como muitos autores têm doutrinado, Ruy Barbosa entre eles, Câmara e Senado, o Senado mais que a Câmara, devem proceder à semelhança de um tribunal [393]. A Constituição de 1891, aliás, se referia ao Senado, quando deliberasse, "como tribunal de justiça" (art. 33, § 1.º). A propósito, Chase, que na qualidade de *Chief Justice* teve o privilégio de presidir o Senado no julgamento de Johnson, externou

---

390. Joaquim Rodrigues de Souza, *Análise e Comentários da Constituição Política do Império do Brasil, ou Teoria e Prática do Governo Constitucional Brasileiro*, 1867, v. II, p. 231.
Era vitalício o Senado do Império, tão lisonjeiramente qualificado pelo Desembargador Rodrigues de Souza. Sobre os elementos temporário, vitalício e hereditário na Constituição do Império, é digna de leitura e apreciação que deles fez o Senador Gaspar Silveira Martins, na sessão de 20 de maio de 1887. *Anais do Senado do Império do Brasil*, 2.ª Sessão da 20.ª Legislatura, 1887, v. I, p. 138.
391. Saint Girons, *Manuel de Droit Constitutionnel*, 1885, p. 506; Lair, op. cit., p. 305 a 396; Carrasco, op. cit., v. II, p. 289. Dentre as Constituições modernas, por exemplo a da Áustria, art. 142; da Alemanha de Weimar, art. 59; de Bonn, art. 61; da Itália, art. 134; da França, de 1946, art. 57.
392. Tucker, op. cit., § 198, p. 408 e 409: "in reviewing, therefore, the history of the country, we may perhaps conclude, with Judge Story and others, that if the Senate be not the best tribunal for the trial of impeachment, history has not furnished proof that any other tribunal would have been better, or even as good".
393. Ruy Barbosa, *Comentários*, v. III, p. 437, e *Obras Completas*, v. XX, t. II, p. 50; Barbalho, op. cit., p. 213 e 214.

O IMPEACHMENT

sua opinião em carta que dirigiu à Câmara dos Estados: "that when the Senate sits for the trial of an impeachment, it sits as a court, seems unquestionable" [394].

116. Nesta matéria, sobre todas delicada, o difícil está em guardar a justa medida, e conciliar, o que a alguns parece impossível [395], o espírito de justiça com o espírito partidário que existe, e não pode deixar de existir e, ainda mais, de excitar-se num julgamento político.

Como é possível, senão provável, que a Câmara e o Senado, parcelas de tremendo júri político, não venham a guardar medida conveniente, a Constituição, com a preocupação de evitar abusos e violências, dispôs que a acusação pela Câmara só prevaleça se obtiver o voto de sua maioria absoluta, assim como a resolução condenatória do Senado só há de prevalecer se ele, por dois terços de seus membros, acolher a acusação decretada pela representação popular.

117. Se nos Estados Unidos, como na Argentina, o Presidente da Suprema Corte assume a chefia do Senado unicamente quando é o Presidente da República o acusado, entre nós, "funcionará como presidente do Senado o do Supremo Tribunal Federal" [396], toda vez que o Senado tiver de julgar ou processar e julgar.

Os autores nacionais, em sua generalidade, repetindo os americanos e argentinos, ou por estes influenciados [397], sustentam que o Presidente do Supremo Tribunal Federal é chamado a presidir o Senado, em processos de *impeachment,* para evitar que o faça seu presidente, o qual, como Vice-Presidente da República, teria interesse na

---

394. Chase, Letter of the Chief Justice to the Senate of the United States, *American Law Review,* v. 2, 1867-1868, p. 556.

395. Lair, op. cit., p. 430: "Justice et politique n'ont rien de commun, et même nous ne savons pas de plus mortelles ennemies".

396. Constituição, art. 62, I e II, e § 1.º; Constituição dos Estados Unidos, art. I, secção 3, parte 6. Constituição da Argentina, art. 51.

397. Story, op. cit., §§ 761 e 777, é citado por Barbalho, op. cit., p. 98; Anibal Freire, op. cit., p. 121 e 122; e Aurelino Leal, op. cit., v. I, p. 473 e 474; Tucker, op. cit., p. 409, é invocado por Maximiliano, op. cit., n. 281, p. 394. No mesmo sentido se pronunciaram Milton, op. cit., p. 119; Viveiros de Castro, *Estudos,* p. 448 e 449; Lacerda, op. cit., v. II, n. 627, p. 467; Almachio Diniz, *Direito Publico e Constitucional,* § 61, n. 193, p. 215; Araújo Castro, *Estabilidade,* p. 104.

condenação do Chefe do Estado, caso em que, sucedendo-o, assumiria ele o governo do país.

A explicação, porém, só teria cabimento se, afastado o Presidente da República, mercê de acusação parlamentar, o seu substituto se recusasse a assumir a presidência e dessa forma continuasse a presidir o Senado. Poderia fazê-lo?

É que, ao contrário do que ocorre nos Estados Unidos e na Argentina, onde a acusação da Câmara não afasta a autoridade do exercício de seu cargo [398], no Brasil, decretada a acusação, o Presidente é suspenso das suas funções, passando a exercê-las o Vice-Presidente, até que o Senado se pronuncie sobre a acusação.

Além disso, a suspeição que erroneamente se diz inabilitaria o Vice-Presidente da República para presidir o Senado, quando estivesse em julgamento o Chefe do Estado, não seria razão bastante para justificar a norma constitucional, posto que, entre nós, toda vez que o Senado tiver de julgar o Presidente da República ou com este algum Ministro de Estado, da mesma forma que processar e julgar Ministro do Supremo Tribunal ou o Procurador-Geral da República, sempre [399] funcionará como seu presidente o do Supremo Tribunal Federal.

Aurelino Leal, embora claudicante no que se refere ao julgamento do Presidente da República, observou que nos demais não teria cabimento a alegada suspeição, que ele inadvertidamente aceita quanto à hipótese em exame. A seu ver, "a razão geral, dominadora de todos os casos, está na especialidade da função que o Senado é chamado a desempenhar, e para a qual seria inapto todo aquele que não tivesse tirocínio judicial". Para solucionar situações e incidentes possíveis no curso do processo, mal se haveriam Senadores que não fossem juristas. De resto, o magistrado que preside a mais alta Corte judiciária do País, de notório saber jurídico e reputação ilibada, deve inspirar confiança a acusadores e acusado. Se é certo que a sua só presença não seria milagrosa, "não é pouco manter fórmulas, procurar, com a experiência, estabelecer os pontos da discussão, esclarecer as questões e habilitar o tribunal a bem decidir" [400].

---

398. Gonzalez Calderon, op. cit., v. III, p. 350; Gallo, op. cit., p. 306; Linares Quintana, op. cit., v. VIII, n. 5450, p. 483; Pomeroy, op. cit., § 728, p. 612; Kimball, *The United States Government*, 1924, p. 112. Constituição, arts. 88, parágrafo único, e 79; Lei n. 1.079, art. 23, § 5.º.

399. Constituição, art. 62, § 1.º; cf. Pedro Calmon, *Curso de Direito Constitucional*, 1947, p. 256, nota 6.

400. Aurelino Leal, op. cit., v. I, p. 474.

118. Em verdade, se o Presidente do Supremo Tribunal Federal for magistrado que esteja à altura do alto cargo que a nação lhe confiou, com o saber que tenha, a autoridade moral que possua, o prestígio da toga que enverga, a majestade da função que exerce, poderá amainar as paixões mais exacerbadas ou moderar os excessos; interpretando as leis com sabedoria e aplicando-as com imparcialidade, poderá ele proporcionar condições melhores de julgamento [401], o julgamento inspirar mais confiança e maior acatamento popular a decisão do Senado, que é definitiva e irreversível.

---

401. Cf. Carrasco, op. cit.; v. II, p. 289 e 341; Thomas, op. cit., p. 394 e 395.

XVII — IRRECORRIBILIDADE E IRREVISIBILIDADE DAS DECISÕES CONGRESSUAIS

119. Porque a legislatura tem jurisdição exclusiva sobre matéria relativas a *impeachment,* diz um aresto da Corte Suprema do Estado de Oklahoma que "as ações do Senado e da Câmara, no exercíci desta jurisdição, não estão sujeitas a revisão ou ingerência dos tr bunais". E continua: "a Constituição confere à legislatura jurisdição exclusiva e define as atribuições de cada Casa nos casos de 'impeach ment'. Na ausência de provisão contrária, isto implica, logicamente que os tribunais não têm jurisdição sobre casos de 'impeachment nem possuem poder para interferir neles". Assim remata o julgado que não é único na jurisprudência norte-americana: "é claro que a cortes não têm autoridade para interferir" nesses casos [402].

120. Mas não apenas ao Judiciário falece competência para reve decisões do Senado por via de recurso [403] ou para desconstituí-la através de revisão [404]. Igualmente o chefe do Poder Executivo não ten competência para conceder indulto nem para comutar a pena políti ca [405]. Mesmo em relação à anistia falta precedente que autorize su: concessão; o Legislativo se desveste de todo poder para alterar su:

---

402. *American Law Reports,* v. 30, p. 1144, 1146 e 1147.

403. Maximiliano, op. cit., n. 282, p. 398, nota 4; n. 391, p. 643; n. 455 p. 796; Lacerda, op. cit., v. II, n. 419, p. 207.

404. Barbalho, op. cit., p. 240; Maximiliano, op. cit., n. 282, p. 400, nota 5; n. 391, p. 644; Pedro Lessa, op. cit., § 25, p. 91 a 93; Araújo Castro, *Estabili dade de Funcionário Público,* 1917, p. 125; Laudelino Freire, *Um Caso de "Impeachment",* 1918, p. 54 a 63; Lacerda, op. cit., v. II, n. 631, p. 471.

405. Filinto Bastos, *Manual de Direito Público e de Direito Constitucio nal,* 1914, p. 232; Lacerda, op. cit., v. II, n. 422, p. 222; n. 608, p. 433 e 434; n. 631, p. 471; Castro Nunes, *Poder Judiciário,* p. 208; Laudelino Freire, op cit., p. 31 a 41.

O IMPEACHMENT 151

solene decisão, que, uma vez proferida, é irretratável, na lição de Barbalho [406].

A própria exegese e construção das cláusulas constitucionais referentes ao *impeachment* são feitas pela Câmara e pelo Senado, porque as questões a ele referentes não chegam aos tribunais [407].

121. As decisões do Senado são incontrastáveis, irrecorríveis, irrevisíveis, irrevogáveis, definitivas. Esta a lição, numerosa, de autores nacionais e estrangeiros [408].

122. Usando a Câmara de suas atribuições privativas, e decretando a acusação, abre-se a competência do Senado — competência originária, exclusiva e final, para repetir Finley and Sanderson [409].

Dos seus julgamentos não cabe recurso algum. Uma vez prolatados, são absolutos e definitivos, "once pronounced, they become absolute and irreversible", na sentença de Story [410].

Na obra de Willoughby, aparecida quase uma centúria depois dos Comentários de Story, a lição é a mesma. É quase desnecessário

---

406. Barbalho, op. cit., p. 100; Lacerda, op. cit., v. II, n. 631, p. 470.

407. Von Holst, op. cit., p. 158 e 159; Black Jr., *Impeachment*, 1974, p. 53 e s.

408. Story, op. cit., § 811; Tiffany, *A Treatise on Government, and Constitutional Law*, 1867, §§ 310 e 533, p. 152 e 355; Dwight, op. cit., p. 258; Cushing, *Law and Practice of Legislative Assemblies in the United States of America*, 1874, n. 2570, p. 989; Von Holst, op. cit., p. 158 e 159; Burgess, *Ciencia Política y Derecho Constitucional Comparado*, v. II, p. 375; Tucker, op. cit., § 201, p. 425; Carrington, op. cit., p. 1064; Thomas, op. cit., p. 393; Finley and Sanderson, op. cit., p. 61; MacClaim, *Constitutional Law in the United States*, 1907, § 25, p. 58; Willoughby, op. cit., v. III, § 932, p. 1451, e *Principles of the Constitutional Law of the United States*, 2.ª ed., 1938, p. 611; Mathews, op. cit., p. 113 e 116; Corwin, op. cit., p. 11, trad. bras., p. 23; MacDonald, op. cit., p. 231; American Law Reports, v. 30, p. 1144; Corpus Juris Secundum, v. 16, Constitutional Law, § 151, p. 446, n. 36; Barthélemy et Duez, op. cit., p. 882; Prelot, *Droit Constitutionnel*, 1949, p. 573; Dalloz, *Encyclopédie Juridique, Répertoire de Droit Public et Administratif*, 1959, v. II, p. 249; Arangio Ruiz, *Istituzioni*, n. 739, p. 669; Carrasco, op. cit., v. II, p. 294; Bielsa, op. cit., n. 200, p. 486; n. 202, p. 489; Barbalho, op. cit., p. 100 e 240; Ruy Barbosa, *Comentários*, v. III, p. 176; Maximiliano, op. cit., n. 391, p. 643; n. 282, p. 398 e 399; n. 455, p. 796; Lacerda, op. cit., v. II, n. 631, p. 470; n. 618, p. 455, e *Revista de Direito*, v. 42, p. 64, 66, 68, 457 a 460, 464 e 465; Laudelino Freire, op. cit., p. 29 a 80; Hely Meirelles, op. cit., v. II, p. 566 e 567.

409. Finley and Sanderson, op. cit., p. 61.

410. Story, op. cit., § 811.

PAULO BROSSARD

dizer, escreve este autor, que a decisão do Senado, ao julgar um *impeachment*, não está sujeita à revisão de nenhum tribunal[411].

Enunciando a regra segundo a qual é defeso aos tribunais interferir no exercício dos poderes assinados à legislatura, e menos ainda usurpá-los, o mais copioso e moderno repositório do direito americano, o *Corpus Juris Secundum*, sinala que o Judiciário não supervisa a legislação nem a discrição do Poder Legislativo em matérias que lhe são próprias, e, com amparo na jurisprudência, menciona o *impeachment* como um dos assuntos que naturalmente escapam à revisão e ao contraste judiciais[412 e 412a].

123. Se autores e arestos, em impressionante unanimidade, ensinam e proclamam que da decisão do Senado não cabe recurso algum (o mesmo vale quanto à resolução da Câmara, que tem, contudo, o caráter de medida provisória), também a lei não concebe recurso a ser interposto do decreto senatorial[413].

---

411. Willoughby, op. cit., v. III, § 932, p. 1451; *Principles*, 1938, § 632, p. 611; Black, op. cit., p. 122.

412. *Corpus Juris Secundum*, v. 16, § 151, p. 723, nota 36, n. 1, "Impeachment:

1) Courts are without authority to review proceedings of the senate of the United States for the impeachment of government officials. Ritter v. U.S. 84 Ct. Cl. 293, certiorari denied 57 S. Ct. 513, 300 U.S. 668, 81 L. Ed. 875.

2) Actions of state senate and house of representatives, in the exercise of their jurisdiction over matter of impeachment, are not subject to review or interference by the courts. State v. Chambers, 220 P. 890, 96 Okl. 78.

3) The courts have no jurisdiction in impeachment proceedings and no control over their conduct as long as actions taken are within constitutional lines. P. In reinvestigation by Dauphin County Grand Jury, September, 1938, 2 A. 2d 802, 332 Pa. 342". Black Jr., op. cit., p. 63.

412a. Black Jr., op. cit., cap. 4.º, p. 53 a 63; *The Law of Presidential Impeachment*, p. 167 e s.; Tribe, op. cit., p. 290. Cf. Berger, op. cit., p. 103 e s.

Por maioria de votos, o STF conheceu do MS 20.941, impetrado contra ato do Presidente da Câmara dos Deputados, que determinara o arquivamento de acusação contra o Presidente da República, sem que houvesse recurso para o plenário, mas o indeferiu, também por maioria, relator para o acórdão, de 9-2-1990, Sepúlveda Pertence, *Diário da Justiça*, 31-8-1992, p. 13582.

Por maioria de votos, vencido Paulo Brossard, em sessão de 10-9-1992, o STF conheceu do MS 21.564-0, relacionado com o processo de *impeachment* requerido contra o Presidente da República e concedeu, em parte, liminar para dilatar o prazo de defesa.

413. Constituição, art. 101; Lei n. 1.079, art. 34: "proferida a sentença

124. Outrossim, se recurso não cabe, pelas mesmas razões, *mutatis mutandis*, não cabe revisão do processo que se instaura na Câmara popular e na Câmara alta se encerra. Admiti-la, aliás, seria absurdo não menor do que o recurso ao Judiciário, pois que, mediante ação rescisória penal, se obteria a desconstituição de sentença política [414]. Esta a lição de arestos e doutores [415].

125. A Constituição, implícita e explicitamente, repele a possibilidade da interferência do Poder Judiciário em assuntos de *impeachment*, seja por via de recurso, seja através de revisão [416].

126. Ainda mais. Pelas mesmas razões por que os tribunais não têm competência para rever decisões da Câmara ou do Senado em matéria de *impeachment*, é vedada sua ingerência no sentido de impedir a instauração do processo político ou de obstar-lhe o prosseguimento.

Ademais, para que isso pudesse ocorrer, seria imprescindível que o Judiciário entrasse a conhecer de matéria que é por inteiro estranha à sua competência, entregue que foi, de modo expresso e exclusivo, à competência de outro Poder.

---

condenatória, o acusado estará, *ipso facto*, destituído do cargo". A Lei de 15 de outubro de 1827 admitia recurso de embargos para o próprio Senado, arts. 45 a 51; cf. Lei de 11 de setembro de 1826. Semelhantemente dispuseram a Lei n. 16, do Piauí, arts. 36 a 44; a Lei n. 25, do Paraná, arts. 43 a 47; a Lei n. 9, de Minas Gerais, art. 50 (revisão para o próprio Senado estadual). A Lei n. 14, do Amazonas, em seu art. 34, admitia revisão para o Superior Tribunal Federal...

414. Pontes de Miranda, *Comentários à Constituição de 1946*, v. III, p. 105; José Frederico Marques, op. cit., § 6.º, n. 10, p. 52.

415. *Infra*, n. 128 e 129. Em contrário é a opinião, imotivada, de Demétrio Cyriaco Ferreira Tourinho, O "Impeachment" e o Direito Judiciário Penal, in *Revista da Faculdade de Direito da Bahia*, 1933, v. VIII, p. 37: "da sentença política que não se limitar ao afastamento do funcionário e aplicar a pena de incapacidade, cabe recurso de revisão para o Supremo Tribunal Federal, máxime se não tiver havido procedimento da justiça ordinária".

416. Constituição, art. 101, I, II, III e IV.

Embora esta dissertação diga respeito ao *impeachment* do Presidente da República e, em certa medida, de governadores e prefeitos, parece oportuno registrar que a tese advogada por Pedro Lessa (op. cit., § 25, p. 91 a 99), segundo a qual, com base no art. 81 da Constituição de 1891, cabia revisão para o Supremo Tribunal da decisão em que, no processo por crime de responsabilidade, o Senado condenasse juiz do Supremo Tribunal Federal (tese, aliás,

A doutrina, neste particular, é abundante. Consagrou-a o Supremo Tribunal Federal em mais de um passo [417]. Também desertou dela em mais de uma oportunidade [418].

---

vantajosamente impugnada por Araújo Castro, *Estabilidade*, p. 120 a 127, e Castro Nunes, *Do Poder Judiciário*, p. 207 e 208, 271 e 272), tem hoje contra si texto constitucional expresso no art. 101 da Constituição, *verbis*: "ao Supremo Tribunal Federal compete: IV — rever, em benefício dos condenados, as suas decisões criminais em processos findos"; Constituição de 1988, art. 102, I, *j*.

417. *V. infra* n. 130 e notas 435 e 438.
418. *V. infra* ns. 131, 136 e 137.

XVIII — A EXPERIÊNCIA BRASILEIRA. JURISPRUDÊNCIA E DOUTRINA

127. O Supremo Tribunal Federal, repetidamente, se negou a intervir em processos de responsabilidade. Mais tarde admitiu fazê-lo e, efetivamente, interferiu em alguns casos. Sempre se recusou, porém, a revisar decisões congressuais.

128. Com efeito, sob a invocação do art. 81 da Constituição de 24 de fevereiro, mais de uma vez foi tentada a revisão criminal de decisões políticas. Mas a tese não prosperou.

129. Assim, já em 1895, o Supremo Tribunal Federal decidia que "não cabe o recurso de revisão das decisões condenatórias proferidas pelas Assembléias Legislativas dos Estados", uma vez que "menos cabe a revisão de qualquer deliberação legislativa que, justa ou injustamente, com regularidade ou sem ela, dada a vigência de uma disposição constitucional, semelhante à do art. 33, § 3.º, do Pacto Federativo, declarar que o governador ou vice-governador... perdeu o cargo ...; ... donde se vê que deliberações de tal espécie pertencem exclusivamente ao domínio político do Poder Legislativo, dentro do qual é vedado ao Poder Judiciário intervir para o fim de diretamente as atenuar e revogar ou anular, mandando na última hipótese que a Assembléia Legislativa reconsidere e renove sua decisão..."[419].

Passados quatro anos, o Supremo Tribunal voltava a decidir: "como preliminar... não toma o Tribunal conhecimento do pedido

---

419. Acórdão do Supremo Tribunal Federal, n. 104, de 11 de outubro de 1895, *Jurisprudência*, 1897, p. 239 e 240: O aresto é mencionado e a tese endossada por Milton, op. cit., p. 291 e 292; Barbalho, op. cit., p. 240; Maximiliano, op. cit., n. 391, p. 644; Epitácio Pessoa, op. cit., p. 76; Pedro Lessa, op. cit., § 25, p. 92.

de revisão... porquanto, de tal decisão, em processo de natureza puramente política, não é dado o recurso interposto, reservado por lei para sentenças condenatórias proferidas definitivamente por tribunais judiciários"[420].

Pouco depois, em 1901, proclamava o Pretório Excelso: "o Supremo Tribunal Federal mais de uma vez tem decidido não tomar conhecimento do pedido de revisão das sentenças condenatórias proferidas pelas Assembléias dos Estados nos julgamentos políticos"[421].

130. O Supremo Tribunal, que se recusara a revisar decisões em processos de *impeachment,* a mesma orientação adotou ao se tentar obstar, por via judicial, a instauração ou o prosseguimento do *impeachment.* Requerido habeas-corpus — n. 3.018, de 1911 — em favor do vice-governador do Amazonas, concedeu-o quanto aos crimes comuns e não tomou conhecimento do pedido quanto aos de responsabilidade, porque, acentuou o relator André Cavalcanti, "só o Senado (amazonense) seria competente para julgar o paciente"[422], submetido a processo "de exclusiva competência do Congresso em face da lei constitucional"[423].

---

420. Acórdão do Supremo Tribunal Federal n. 343, de 22 de julho de 1899, *Jurisprudência,* 1901, p. 343. O julgado é referido e a tese acolhida por Barbalho, op. cit., p. 240, que também subscreve o acórdão; Maximiliano, op cit., n. 282, p. 400, nota 5; Epitácio Pessoa, op. cit., p. 76; Pedro Lessa, op. cit. § 25, p. 92 e 93; Araújo Castro, *Estabilidade,* p. 126 e 127.

421. Acórdão do Supremo Tribunal Federal n. 1.476, de 13 de abril de 1901, *Jurisprudência,* 1905, p. 8 e 9, mencionado e aplaudido por Epitácio Pessoa, loc. cit., p. 76. Barbalho subscreve o aresto, que é unânime.

422. *Jornal do Comércio* e *Correio do Povo,* de Porto Alegre, edição de 30 de abril de 1911.

423. Apud Epitácio Pessoa, op. cit., p. 76, que informa não ter sido publicado o acórdão.

O julgamento foi na sessão de 29 de abril de 1911, *Diário Oficial,* de 3(de abril de 1911, p. 3223, presidida por Hermínio do Espírito Santo, sendo Procurador-Geral Cardoso de Castro; a ela compareceram Ribeiro de Almeida Manoel Murtinho, André Cavalcanti, Epitácio Pessoa, Oliveira Ribeiro, Guimarães Natal, Amaro Cavalcanti, Manoel Espínola, Pedro Lessa, Canuto Saraiva Godofredo Cunha, Leoni Ramos e Muniz Barreto. Impetrante foi o Dr. Manoe Pedro Villaboim, paciente o Dr. Antônio Gonçalves Pereira de Sá Peixoto, Vice Governador do Amazonas.

"Foi concedido o habeas-corpus impetrado em relação somente ao crime comum, com exclusão do de responsabilidade, do qual não se conheceu, contra os votos dos Srs. Ministros Muniz Barreto, Godofredo Cunha e Oliveira Ribeiro, que negavam a ordem. Impedidos os Srs. Ministros Amaro Cavalcant e Leoni Ramos." *Diário Oficial,* 30 de abril de 1911, p. 3223.

131. Contudo, a regra segundo a qual ao Judiciário não compete interferir em processo de *impeachment*, de exclusiva competência do Legislativo, foi quebrada pelo Supremo Tribunal, em 1916, no caso do Mato Grosso.

Ao julgar o Habeas-Corpus n. 4.091, ainda que o denegasse, o Supremo rejeitou, por maioria, a preliminar de não conhecer do pedido [424], e pelo Acórdão n. 4.116, embora por maioria ocasional e a despeito de variada e contraditória fundamentação, não só tomou conhecimento do habeas-corpus, como o concedeu, para anular o processo de *impeachment* movido contra o Presidente do Estado do Mato Grosso [425].

132. Afinal não vingaram os julgados, pois foram vários os habeas-corpus requeridos, ora pelo Presidente do Estado, ora pelo seu substituto legal. Até a Assembléia Legislativa impetrou habeas-corpus ao

---

A tese foi reafirmada em 1937, ao ser julgado o Habeas-Corpus n. 26.544, *Arquivo Judiciário*, v. 45, p. 213.

424. *Revista do Supremo Tribunal Federal*, v. 45, p. 13, Habeas-Corpus n. 4.091, de 23 de setembro de 1916. Entendia o relator Oliveira Ribeiro: "que o Supremo Tribunal não deveria conhecer do pedido, porque o 'impeachment' — ou processo do Governador do Estado — estabelecido na respectiva Constituição Estadual, não é um processo crime, conforme o nosso Direito Processual, é sim uma providência política, tomada por uma Assembléia política, contra uma autoridade, por motivos de ordem política — por isso mesmo escapa em absoluto ao conhecimento do Poder Judiciário. Porque assim já resolveu este Supremo Tribunal em face do próprio art. 27 da Constituição de Mato Grosso, que agora está em causa, do Acórdão unânime de 13 de abril de 1901, de que fora relator o honrado ministro Piza e Almeida, o que, aliás, já tinha dito no acórdão de 22 de julho de 1899 o mesmo Juiz Piza. E não descubro razão jurídica, ou motivo de ordem constitucional, que leve o Supremo Tribunal a alterar a sua jurisprudência". O relator não foi voz isolada, mas a tese não prosperou.

425. *Revista do Supremo Tribunal Federal*, v. 19, p. 7, Habeas-Corpus n. 4.116, de 8 de novembro de 1916, cf. Lacerda, op. cit., v. II, n. 637, p. 476. É de notar-se, a propósito, que André Cavalcanti, relator do Habeas-Corpus n. 4.116, foi também o relator do Habeas-Corpus n. 3.018, de 1911, e com o relator estiveram Canuto Saraiva e Guimarães Natal (*Diário Oficial da União*, de 30 de abril de 1911, p. 3223), e, nesse julgado, o Supremo Tribunal, por unanimidade, não conheceu do pedido na parte referente a crimes de responsabilidade, porque o processo de *impeachment* era de exclusiva competência do Senado estadual.

André Cavalcanti, outrossim, subscreveu também os Acórdãos n. 343, de 1899, e n. 1.476, de 1901.

158　　　　　　　　　　　　　　PAULO BROSSARD

Supremo Tribunal [426]. O litígio só terminou com a intervenção [427], decretada por Wenceslau Braz e tornada efetiva pelo seu Ministro da Justiça, Carlos Maximiliano [428].

Por sua vez, o Presidente Hermínio do Espírito Santo subscreveu o Acórdão n. 104, de 1895, o Acórdão n. 343, de 1899 (neste foi o único voto vencido, sem revelar, porém, o motivo da divergência), o Acórdão n. 1.476, de 1901, e ainda, como Presidente, o Acórdão n. 3.018, de 1911.

426. Habeas-Corpus n. 4.026, em Viveiros de Castro, *Acórdãos e Votos*, p. 73.

427. Contra o Interventor também houve tentativa de *impeachment*, como se pudesse caber processo político estadual contra autoridade federal. Por outros fundamentos o Supremo Tribunal julgou-o inaplicável ao Interventor ao julgar o Habeas-Corpus n. 4.314, em 7 de julho de 1917, *Revista do Supremo Tribunal Federal*, v. 16, p. 20; cf. Ernesto Leme, op. cit., n. 249, p. 209; Pontes de Miranda, *Comentários*, v. I, p. 393.

428. Maximiliano, op. cit., n. 282, p. 398 e 399, nota 5: "do *veredictum* não há recurso para o Judiciário, nem sequer sob a forma de habeas-corpus: irregularidades de processo não deslocam a competência de um poder constitucional para outro; nem tão pouco a suspeição dos julgadores é apreciada por um tribunal estranho, não superior ao exceto, como inutilmente se tentou obter do STF, em setembro de 1916, ao iniciar a Assembléia de Mato Grosso o 'impeachment' contra o Presidente do Estado, General Caetano de Albuquerque. É certo que na sessão de 8 de novembro maioria ocasional (seis contra cinco) deu um habeas-corpus aberrante dos bons princípios: por haver o General Albuquerque sido pronunciado pelos seus inimigos. Seria difícil, quase inconcebível, entre latinos, arrancar de amigos políticos uma condenação política.. Os próprios norte-americanos acham que o interesse na causa não inibe os congressistas de julgar o Presidente. Cumpre notar que o julgado de 8 de novembro não prevaleceu. O Reg. Interno do ST prescrevia que, no caso de empate, a decisão se considerasse favorável ao réu ou impetrante. Estando a Corte Suprema dividida ao meio (faltando um membro, que adoecera, a princípio, morrera depois e não tivera logo substituto empossado no cargo), o Vice-Presidente Manoel Escolástico Virgínio requereu e obteve habeas-corpus, a fim de tomar posse do governo do Estado. Voltou ao pretório o General Albuquerque e foi atendido, vencendo na semana imediata o seu competidor. Tornou-se ridícula a contenda, porque de oito em oito dias triunfava ante o Poder Judiciário um dos rivais. Terminou afinal por um acordo, renunciando o mandato o Presidente, os substitutos legais e todos os deputados, decretada a intervenção federal a 10 de janeiro de 1917, a fim de evitar a acefalia política e administrativa". Cf. n. 141, p. 172, nota 4; e n. 453, p. 780: "a imprestabilidade do processo ficou patente em 1916, ... O Supremo Tribunal Federal ... dividiu-se ao meio; de sorte que, obrigado o Presidente ao desempate em favor do impetrante (Regimento Interno, artigo 54), ora o habeas-corpus aproveitava ao réu do 'impeachment', para que se conservasse no poder, ora ao seu substituto legal, para que assumisse o governo. De oito em oito dias alterava-se a decisão".

133. Os acórdãos discrepantes, de 1916, foram objeto da crítica de Maximiliano: "do veredictum não há recurso para o Judiciário, nem sequer sob a forma de habeas-corpus: irreguralidades de processo não deslocam a competência de um poder constitucional para outro; nem tão pouco a suspeição dos julgadores é apreciada por um tribunal estranho, não superior ao exceto, como inutilmente se tentou obter do Supremo Tribunal Federal, em setembro de 1916, ao iniciar a Assembléia de Mato Grosso o 'impeachment' contra o Presidente do Estado..." [429].

E noutro passo de sua obra, o exegeta da Constituição que mais demoradamente analisou estes problemas, voltou a doutrinar: "não se admite recurso para o Supremo Tribunal, do veredictum do Senado Federal ou de legislatura estadual, quando decreta o 'impeachment'. Obrar em contrário seria falsear, em sua essência, aquele instituto de Direito Público. O 'impeachment' não é processo criminal. Se o fosse, não se toleraria outro, pelo mesmo fato e contra o mesmo réu, em foro diferente; dar-se-ia o conflito de jurisdição, quando interviesse, contra o condenado, a justiça ordinária. Trata-se de um processo instituído para se apreciarem certas faltas sob o aspecto *político*, apenas, sem prejuízo da ação do Judiciário, e arredar de altos cargos cidadãos prejudiciais ao país. Nos Estados Unidos já se não exigem delitos para motivar o 'impeachment'; todo ato que revela incapacidade para a função pública determina o afastamento do indivíduo pelo Senado. Dar à magistratura a última palavra seria desvirtuar o instituto, torná-lo falho, absolutamente inútil. Um poder encara o assunto por um prisma, outro examina-o sob aspecto muito diferente" [430].

134. Outra não era a conclusão de Ruy Barbosa: "pelo art. 47 da nossa Constituição é o Congresso Nacional quem verifica a eleição do Presidente da República, e reconhece o cidadão eleito. Suponhamos que essa Assembléia depura o candidato elegível, e reconhece o inelegível. Suponhamos que esbulha da Presidência o candidato mais votado, para a conferir ao menos aquinhoado em votos. Suponhamos que, havendo um cidadão indubitavelmente favorecido com a maioria dos sufrágios populares, lhe cerceie o Congresso, para se utilizar da atribuição do art. 47, § 2.º, elegendo, por escrutínio parlamentar, o se-

---

429. Maximiliano, op. cit., n. 282, p. 398 e 399, nota 5.
430. Maximiliano, op. cit., n. 391, p. 643.

gundo votado. Em todas essas três eventualidades temos um cidadão brasileiro espoliado da Presidência da República por uma extorsão do Congresso Nacional.

Admitir-se-ia a esse cidadão o recurso de habeas-corpus, a fim de entrar no exercício das funções que a Nação lhe confiou, e o Congresso cometeu a outrem?

Demos agora a hipótese de um Presidente da República, já no exercício do seu cargo. Nos crimes de responsabilidade o seu tribunal é o Congresso, que, revestido desta judicatura, nos termos da Constituição, arts. 53.° e 54.°, o pode suspender e destituir. Imagine-se, porém, que, a título dessa autoridade, o destitui sem o processo ou lhe atropela, conculcando as formas necessárias, ou lhe instaura, sem verificar nenhum dos casos legais de responsabilidade, e, de qualquer desses modos, consuma o atentado faccioso, declarando vago o lugar de Chefe do Estado. Concebe-se que a um conflito desta natureza pudesse caber, como solução jurídica, a impetração de um habeas-corpus, pela vítima do esbulho, ao Supremo Tribunal Federal? Ninguém o diria" [431].

135. Nos quarenta anos em que vigorou a Constituição de 24 de fevereiro, a doutrina, enlaçando-se à jurisprudência, orientou-se no sentido de afastar do Judiciário questões referentes ao processo de responsabilidade [432]. Em obra aparecida às vésperas da queda da Primeira República, escreveu Paulo de Lacerda: "o juízo do Senado é privativo, irrecorrível e irrevogável. Os tribunais ordinários não têm poder algum para rever-lhe o processo e o julgamento, ou deles questionar, e mesmo o próprio Senado carece de texto constitucional onde se apóie para fazê-lo" [433].

136. A Corte de Apelação do Maranhão, em 14 de maio de 1936, acoimando-o de inconstitucional, anulou processo de responsabilidade encetado contra o Governador, e a este concedeu mandado de

---

431. Ruy Barbosa, Parecer de 23 de outubro de 1910, *Diário do Congresso Nacional*, de 27 de outubro de 1910, p. 1814 e 1815, e de 7 de setembro de 1913, p. 1083; também nos *Comentários à Constituição*, v. III, p. 176.

432. Milton, op. cit., p. 291 e 292, 482; Barbalho, op. cit., p. 240; Epitácio Pessoa, op. cit., p. 76; Pedro Lessa, op. cit., § 25, p. 92 e 93; Maximiliano, op. cit., n. 282, p. 398 e 399; n. 391, p. 643; n. 452, p. 779; n. 453, p. 780 e 781; n. 455, p. 796; Araújo Castro, op. cit., p. 126 e 127.

433. Lacerda, op. cit., v. II, n. 631, p. 470.

O IMPEACHMENT

segurança para exercer o governo até o final do mandato [434]. Pouco durou, porém, a solução judicial [435].

Ainda sob a Constituição de 1934, a Corte de Apelação do Mato Grosso conheceu, para deferir, mandado de segurança requerido pelo Governador, a fim de anular processo de responsabilidade em curso na Assembléia [436]. O aresto judicial, novamente, não chegou a constituir solução para o problema político. Sobreveio a intervenção federal, decretada a 6 de março de 1937 [437].

Alegando a nulidade do *impeachment* em curso, o Governador do Mato Grosso, temporariamente afastado do governo pela intervenção, impetrou à Corte Suprema ordem de habeas-corpus para fulminar o processo. Mas o tribunal dele não conheceu, voltando assim à antiga orientação, embora sem mencioná-la. O acórdão, unânime, é de 30 de agosto de 1937 [438].

---

434. *Revista de Direito*, v. 120, p. 239 a 249.

435. Depois de o Governador haver obtido do Tribunal mandado de segurança para conservar-se no governo, as Câmaras Criminais concederam habeas-corpus ao Presidente da Assembléia para que assumisse o governo. O litígio abriu caminho à intervenção federal, ordenada pelo Decreto n. 881, de 5 de abril de 1936. Argüindo a inconstitucionalidade da intervenção, o Governador maranhense impetrou habeas-corpus à Corte Suprema, que dele não tomou conhecimento. Maximiliano era juiz. No seu voto feriu a questão em exame: "o impetrante levanta mais dois argumentos: um é que o Governador Lisboa foi processado e condenado por atos que não constituem crime. Ora, tomarmos conhecimento deste ponto já seria entrarmos no mérito da questão, para o que não temos competência", Supremo Tribunal Federal, *Jurisprudência*, v. 27, p. 239. Mais tarde, pela transigência, que chegou à renúncia, novo Governador foi eleito.

436. Do mandado de segurança obtido pelo Governador na justiça local dá notícia Laudo de Camargo ao relatar o Habeas-Corpus n. 26.544, *Arquivo Judiciário*, v. 45, p. 213.

437. A intervenção, solicitada pela Assembléia, foi deferida pelo Decreto n. 1.468.

438. *Arquivo Judiciário*, v. 45, p. 213 a 215, Habeas-Corpus n. 26.544. O relator Laudo de Camargo observou: "o Tribunal Especial é um Tribunal de natureza política, sem ligação ou dependência com o Judiciário". Carvalho Mourão, que pôs ênfase no caráter político do *impeachment*, acentuou: "mas a Junta ('um dos órgãos desse processo eminente e exclusivamente político') não está sujeita à jurisdição imediata ou mediata da Corte, porque da decisão, que, porventura, profira não há recurso algum para os tribunais ordinários. A Constituição não assegura qualquer recurso contra a sentença do Tribunal Especial, privando do cargo o Governador e declarando-o inabilitado. O processo é, exclusivamente, político e termina com a sentença do tribunal, justa ou injusta. Não temos, por conseguinte, jurisdição alguma, nem mediata nem imediata, sobre o Tribunal que é dado como coator, nem sobre a Junta,

162 PAULO BROSSARD

Destarte, se a justiça local conheceu de questões referentes a processos de responsabilidade, e neles se imiscuiu, chegando até a trancar a sua marcha, outra foi a orientação da justiça federal, nos dois casos que chegaram à Corte Suprema.

137. Já no regime de 1946, e sob a invocação da Lei n. 1.079, o Tribunal de Justiça do Rio Grande do Norte conheceu do mandado de segurança que lhe impetrara o Governador do Estado, afastado do cargo mediante *impeachment,* e o denegou [439].

No mesmo sentido foi a decisão do Tribunal de Justiça das Alagoas, em 23 de julho de 1957: conheceu do mandado de segurança impetrado pelo Governador, que alegava a inconstitucionalidade do processo, ao tempo em que a Assembléia considerava objeto de deliberação denúncia apresentada contra o chefe do governo [440]. Interposto recurso da decisão denegatória da Corte local, em 20 de novembro de 1957, o Supremo Tribunal Federal conheceu, por maioria de votos, do Recurso n. 4.928. Dele conheceu e em parte lhe deu provimento. Fê-lo por maioria, declarando inconstitucional o § 3.º do art. 78 da Lei n. 1.079, na parte em que estabelece sejam escolhidos por eleição da Assembléia os cinco deputados que, com outros tantos desembargadores sorteados pelo Tribunal de Justiça, devem integrar o Tribunal misto competente para julgar o *impeachment* votado pela Assembléia [441].

---

cuja legalidade se discute. ... Trata-se de autoridades que escapam inteiramente à jurisdição da Corte Suprema".

439. Em 23 de janeiro de 1951 a Assembléia, por maioria absoluta de votos, decretou o *impeachment* do Governador do Rio Grande do Norte, afastando-o do governo cinco dias antes de findar o mandato. A 27, alegando que formalidades legais não haviam sido observadas, o Governador impetrou mandado de segurança — n. 83 — e pediu a suspensão do ato da Assembléia. Sobre a petição, nua, desacompanhada de qualquer documento comprobatório das alegações, o Presidente do Tribunal de Justiça concedeu a liminar, suspendendo o decreto de *impeachment*. Mas a Corte, a 26 de fevereiro, por maioria, julgou "o impetrante carecedor do direito à proteção judiciária invocada no presente mandado de segurança para manter em toda a sua plenitude o ato impugnado com suas conseqüências legais, a partir de sua vigência a 26 de janeiro deste ano, cassado o despacho liminar proferido no mandado e mantida de fato e de direito a suspensão decretada".

440. *Três Casos Constitucionais,* p. 31. À vista do indeferimento, um segundo mandado foi requerido; *v.* Antônio Guedes de Miranda, *Novo Mandado de Segurança Impetrado pelo Governador Muniz Falcão,* 1957, *passim.*

441. *Três Casos Constitucionais,* p. 9 a 62. Cf. Muniz Falcão, *Defesa do Mandato,* p. 139 a 175; Paulo de Albuquerque, *O "Impeachment" na Órbita*

O IMPEACHMENT   163

Além de declarar inconstitucional a nomeação dos deputados por eleição da Assembléia, o Supremo Tribunal, dizendo que dava interpretação analógica, determinou que os cinco parlamentares fossem também sorteados, como os desembargadores...

Note-se, a propósito, que a lei, fulminada pelo Supremo Tribunal em 1957, consagra solução igual à adotada pela Constituição mato-grossense de 1935, e cuja validade foi reconhecida, indiretamente, pela Corte Suprema, em 1937 [442].

138. Bem apreciada a natureza do *impeachment*, apurado que ele é medida política aplicada a um problema político — embora através de aparatoso cerimonial semelhante ao processo criminal, forçoso é reconhecer que, admitir-se recurso ou revisão judiciais das decisões do Senado ou da Câmara, ou a ingerência dos tribunais em tais processos, equivaleria a tratear nuclearmente o sistema em razão do qual foram distribuídos os poderes, pela Constituição [443], reservada que fosse ao Judiciário, desse modo, a palavra derradeira acerca de matéria que a Constituição outorga privativamente à Câmara e ao Senado, a exclusividade congressual estaria fendida. E a jurisdição do Senado, que, além de original, é definitiva e derradeira, absoluta e irreversível, teria perdido estas características.

Estadual, 1957, *passim*; Gláucio Veiga, *O "Impeachment" contra o Governador das Alagoas*, 1957, *passim*; Pontes de Miranda, *Questões Forenses*, v. V, p. 52 a 62. Eduardo Espínola e Prado Kelly também emitiram parecer.

442. Basta confrontar os dois textos. A Lei n. 1.079, art. 78, § 3.º, *in fine*, dispõe: 'a escolha desse Tribunal será feita — a dos membros do Legislativo, mediante eleição pela Assembléia; a dos desembargadores, mediante sorteio". O art. 33, *caput*, da Constituição do Estado de Mato Grosso, de 25 de dezembro de 1935, dispunha: "o Governador será processado e julgado, nos crimes comuns, pela Corte de Apelação e, nos crimes de responsabilidade, por um Tribunal Especial, que terá como Presidente o da referida Corte e se comporá de seis juízes, sendo três desembargadores, escolhidos mediante sorteio, três membros da Assembléia, indicados por eleição".

443. Seabra Fagundes, *O Controle dos Atos Administrativos pelo Poder Judiciário*, 1957, ns. 66 e 67, p. 156 e 157; Pontes de Miranda, *História e Prática do Habeas-Corpus*, n. 185; Linares Quintana, op. cit., v. II, n. 1.133, p. 335.

XIX — INDULTO, COMUTAÇÃO E ANISTIA

139. Mas se o Judiciário não conhece, em princípio, de questões referentes a *impeachment*, se não tem ingerência em casos desta natureza, se neles não interfere seu poder, pode o Executivo insinuar-se, através do indulto, no território que a Constituição confiou ao Congresso?

O chefe do Estado não tem poder para indultar o responsabilizado nem para comutar pena imposta pelo Senado. A Constituição lhe não confere autoridade para perdoar pena política [444]. Aliás, as Cartas de governo que se inspiraram no modelo norte-americano, de modo geral, repetiram a restrição neste consignada à competência presidencial [445]; noutros países, para situações semelhantes, a prerrogativa é atribuída ao chefe do Estado, mas seu uso depende de prévio voto parlamentar [446].

O problema tinha importância quando podia ser vitalícia a desqualificação oficial [447]. Quando, porém — e isto desde a Constituição de 1934 —, a inabilitação não vai além de cinco anos, a questão perde o relevo que outrora possuía [448].

------

444. Cf. Pontes de Miranda, *Comentários à Constituição de 1934*, v. I, p. 573; *Comentários à Constituição de 1946*, v. II, p. 136.

445. Constituição dos Estados Unidos da América, art. II, secção 2, cláusula 1; v. g., Constituição da Argentina, art. 86, n. 6.

446. Constituição da Bélgica, art. 91; da Áustria, art. 142, n. 5; da Dinamarca, art. 26; da Grécia, art. 81. Cf. Brunialti, *Diritto di Grazzia*, n. 68, in *Enciclopedia Giuridica Italiana*, v. VII, parte II, p. 550, e *Il Diritto Costituzionale e la Politica nella Scienza e nelle Istituzioni*, 1900, v. II, p. 245 e 246; Aquino, *La Responsabilidad ante el Parlamento*, 1901, p. 556 e s.

447. Barbalho (op. cit., p. 100) e Maximiliano (op. cit., n. 282, p. 400) opinavam pela perpetuidade da inabilitação. Em sentido contrário era o voto de Aurelino Leal, op. cit., p. 479 a 481.

448. A Constituição (art. 62, § 3.º), como a de 1937 (art. 86, § 1.º), manteve a solução adotada pela de 1934 (art. 58, § 4.º). Cf. com a Constituição de 1891, art. 33, § 3.º.

140. A Constituição de 1946, como a de 1934, eliminou as restrições consignadas na de 1891 ao poder presidencial em matéria de indulto e comutação de penas, embora haja condicionado seu exercício à audiência dos órgãos instituídos em lei [449].

Ainda que silente a Constituição, parece não haver dúvida de que a pena política aplicada pelo Senado não pode ser levantada ou reduzida pelo Presidente da República.

141. Basta notar que o indulto e a graça atingem os efeitos executório-penais da condenação criminal [450]. Se o *impeachment* atinge a autoridade e não castiga o homem, segundo a lição consagrada, se o *impeachment* é processo político, pois objetiva uma medida de governo, se no *impeachment* inexiste condenação criminal, na decisão do Senado não há efeitos penais que possam ser atingidos pelo perdão presidencial [451].

---

449. A Constituição de 24 de fevereiro outorgava ao Presidente da República competência para indultar e comutar penas nos crimes sujeitos à jurisdição federal (art. 48, n. 6), salvo nos de responsabilidade praticados por funcionários federais (art. 34, n. 27), e nos crimes praticados por Ministros de Estado, fossem comuns ou de responsabilidade (art. 48, n. 6, c/c o art. 52, § 2.º).

Milton (op. cit., p. 237) entendia que o Congresso, nos termos do art. 34, n. 28, podia comutar ou perdoar penas impostas a Ministros de Estado. Para Barbalho (op. cit., p. 134 e 189), o poder do Congresso dizia respeito apenas aos funcionários federais; em relação aos Ministros de Estado, a nenhum Poder a Constituição conferira autoridade para comutar ou perdoar penas, quer se tratasse de crime comum, quer de crime de responsabilidade, à vista da exceção consagrada no art. 48, n. 6. Lacerda (op. cit., v. II, n. 608, p. 435) opinava que ao Congresso cabia o poder de comutar penas impostas ao Presidente da República, no que se referia à desqualificação. Maximiliano (op. cit., n. 314, p. 480) não é claro quanto a Ministros de Estado, mas é explícito no que respeita à incapacidade adicionada à perda do cargo de Presidente: "uma vez decretada, não a levantam nunca mais; porque não conferiu a lei básica a poder algum competência para fazê-lo" (op. cit., n. 282, p. 400).

450. Maximiliano, op. cit., n. 347, p. 555; José Frederico Marques, *Curso de Direito Penal*, v. III, p. 435; Salgado Martins, *Sistema de Direito Penal Brasileiro*, 1957, § 287, p. 481 e 482.

451. Ao Presidente da República compete, privativamente, "conceder indulto e comutar penas, com audiência dos órgãos instituídos em lei" (art. 87, XIX). Estes são os Conselhos Penitenciários (José Frederico Marques, op. cit., v. III, p. 434). É intuitiva a inadequação destes órgãos para opinar acerca da decisão do Senado, que envolve pena política, única possível no *impeachment*.

142. O Imperador podia perdoar ou comutar as penas, que eram criminais, impostas pelo Senado [452].

Quando dúvida houvesse em relação ao alcance da prerrogativa imperial, alegavam os publicistas do tempo, estaria ela dissipada pela lei de 14 de junho de 1831, a qual, definindo as atribuições da Regência Permanente, dispôs que a esta não competiria a de perdoar aos Ministros e Conselheiros de Estado, salvo a pena de morte, que seria comutada na imediata, nos crimes de responsabilidade (art. 19, § 2.°).

"Se tal limitação devesse ser feita quanto ao Poder Moderador", argumentava Souza Bandeira Filho, "não haveria necessidade de restringir neste ponto os poderes da Regência, porque estaria naturalmente feita a restrição, desde que lhe dessem o exercício da atribuição constitucional" [453]. E perguntava Braz Florentino: "se a Regência ... pode perdoar aos mesmos personagens a pena de morte, comutando-a na imediata, nos crimes de responsabilidade, como não poderia o Imperador perdoar-lhe toda e qualquer pena em que hajam de incorrer e ser condenados?" [454].

Não havendo cláusula limitativa da competência imperial, no que se refere ao poder moderador, que se exercia "perdoando e moderando as penas impostas aos réus condenados por sentença" — nunca é demais salientar que a lei de 15 de outubro regulara o *impeachment* em moldes criminais —, era lógica a conclusão a que chegavam os juristas do antigo regime, confortada, aliás, pela exegese legislativa.

Depois que o processo de responsabilidade deixou de ser criminal e foi reduzido a mero processo político, segundo o modelo americano [455], depois que tão substantiva metamorfose se operou, em virtude da qual é unicamente política a pena aplicável pelo Senado, forçoso é concluir que a competência para indultar em caso de *impeachment* não haveria de ser inerente ao poder conferido pela Constituição ao Presidente da República, de "conceder indulto e comutar penas, com audiência dos órgãos instituídos em lei".

---

452. Constituição de 1824, art. 101, VIII; Braz Florentino Henriques de Souza, *Do Poder Moderador*, 1864, p. 250, 254 a 258; Zacarias de Goes e Vasconcellos, *Da Natureza e Limites do Poder Moderador*, 1862, § 6.°; A. H. de Souza Bandeira F.°, *O Recurso de Graça*, 1878, p. 57 e 58.

453. Souza Bandeira F.°, op. cit., p. 57.

454. Braz Florentino, op. cit., p. 257.

455. João Mendes de Almeida Jr., op. cit., v. II, n. 384, p. 472 a 474.

143. Como a análise de um pormenor, em obra de arte, permite valorizar linhas aparentemente desvaliosas, senão irreveladas à primeira vista, a natureza de um instituto jurídico pode vir a ser apurada com exatidão pelo seu relacionamento com outro instituto. É o que ocorre, por exemplo, com o *impeachment* visto através do indulto, o que permite verificar como são distintos os planos por onde se desenvolvem os processos político e criminal. São tantas as aparências comuns, e as similitudes que convidam ao erro, que entre os dois processos parece haver inteira justaposição e plena coincidência. Esta, todavia, é aparente. Como no eclipse, ao observador parece que os corpos se tocam e confundem, quando a superposição é apenas óptica; as órbitas são diferentes e larga distância medeia entre eles.

Com o *impeachment* ocorre algo semelhante. Suponha-se que o mesmo fato esteja capitulado como crime comum e como crime de responsabilidade e que, em virtude disso, um ex-Presidente, destituído pelo Senado, venha a ser também condenado pela justiça criminal. Desse modo, um mesmo fato teria originado dois processos em relação à mesma pessoa e ensejado a aplicação de duas penas, uma política, outra criminal; esta podendo ser atingida pela clemência do chefe do Estado, aquela não [456]. Permaneceria intocada a pena política imposta pelo Senado, ao passo que o crime poderia ser delido pela anistia e os efeitos penais da condenação atenuados pela comutação ou cancelados pelo indulto.

144. Se o Presidente da República não pode conceder indulto nem comutar a pena em caso de *impeachment,* pode o Senado fazê-lo? Trata-se de "decisão irrevogável", escreveu Barbalho [457], e o próprio Senado não tem poder expresso para revisá-la, salientou Paulo de Lacerda [458].

145. Em aula que proferiu na "Columbia College Law School", ao tempo em que o sucessor de Lincoln estava em luta com o Congresso, observou Theo. W. Dwight que os graves assuntos decididos no *impeachment* um só tribunal os resolve, de modo absoluto e para todo o sempre. E acrescentava: é duvidoso que exista algum

---

456. Mathews, op. cit., p. 113 e 114; Kimball, op. cit., p. 198.
457. Barbalho, op. cit., p. 100.
458. Lacerda, op. cit., v. II, n. 631, p. 470.

poder capaz de reformar um julgamento por *impeachment*, mesmo que a própria Corte venha a converter-se de haver cometido um erro [459].

Por sua vez, Walter Carrington, dissertando sobre o *impeachment* na *The American and English Encyclopaedia of Law*, resume a doutrina corrente, dizendo que nesse assunto a jurisdição do Senado é originária, exclusiva e final, e seu julgamento não pode ser reformado por nenhum outro tribunal, "its judgment cannot be reversed by any other tribunal". E acrescenta: "and it seems doubtful whether the Senate itself can reverse its judgment once pronounced" [460].

Linguagem semelhante à de Dwight e Carrington é a empregada por Harrison [461] e Foster [462].

Se o lente da famosa escola jurídica de Nova York, na sua lição, tantas vezes mencionada por autoridades de prol, assim se pronunciava há quase um século, e a mesma linguagem usavam Harrison e Foster, que escreveram quase três décadas depois; se o escritor, a cuja competência foi confiado dissertar acerca do *impeachment* na *Enciclopédia Jurídica Inglesa e Americana*, no fim da centúria passada enunciava a regra da imodificabilidade da decisão senatorial, dizendo que "parece duvidoso que o próprio Senado possa reformar seu julgado uma vez proferido", é de hoje o *Corpus Juris Secundum* [463]. Este repositório enciclopédico do direito norte-americano expõe, mui

---

459. Dwight (op. cit., p. 258): "but in the grave questions decided on an impeachment, a single tribunal disposes of the question absolutely and for all time. It is doubtful whether there is any power to reverse a judgment once pronounced, though the court itself is convinced of its mistake".

460. Carrington (op. cit., v. XV, p. 1064): "the Senate, when organized for the trial of an impeachment, is a court of exclusive, original and final jurisdiction".

461. Harrison (*Vida Constitucional de los Estados Unidos*, 1919, p. 114): "si puede el senado, por sus propios motivos e a petición de la cámara de representantes, abrir un nuevo juicio, revisar una sentencia condenatoria y revocarla, es una questión interessante, pero no resuelta".

462. Foster (op. cit., § 110, p. 629): "in England a judgement of conviction upon an impeachment can be reversed by an act of Parliament. Whether such a power exists in Congress remains undecided".

463. A aula de Dwight foi publicada na *American Law Register* de março de 1867; o livro de Harrison apareceu em 1889; é de 1896 a obra de Foster, e de 1900 a segunda edição do v. XV, da *A & E Enc. of Law*. O v. 67 do CJS apareceu em 1950.

O IMPEACHMENT 169

incisivamente, que nem mesmo a legislatura pode perdoar em caso de *impeachment* e neste sentido menciona aresto da Corte do Texas [464].

O caso aludido no *Corpus Juris Secundum* é ilustrativo. Condenado em processo de *impeachment*, o Governador James E. Ferguson foi perdoado pela legislatura estadual. Assim levantada a interdição política, pretendeu ele concorrer novamente ao governo do Texas, embora a Constituição daquele Estado disponha que a autoridade condenada em julgamento de *impeachment* pode ser desqualificada para exercer qualquer cargo estadual "of honour, trust or profit under this State" [465]. A Suprema Corte do Estado, porém, prontamente declarou inconstitucional a anistia votada pela legislatura [466]. E não se menciona decisão em contrário.

146. A contrariar a tese segundo a qual, em matéria de *impeachment*, a competência do Senado se esgota ao proferir a decisão condenatória, que é irreversível, inclusive para o próprio Senado e para o Poder Legislativo, parece não existir precedente idôneo; a menos que se tenha como tal o indulto concedido por lei da Assembléia de Sergipe [467] a ex-governador condenado pelo tribunal misto competente [468].

A comutação da pena foi concedida, depois que o condenado tentara a "revisão criminal" do processo político e o Pretório Excelso dela não tomara conhecimento, porque, "nesta disposição (artigo 81 da Constituição de 1891), não se podem compreender processos,

---

464. *Corpus Juris Secundum*, v. 67, verb. Pardons, p. 569, nota 89 ao § 4.º: "impeachment is wholly exempted from pardon, even by legislature" — Ferguson v. Wilcox, 28 s. w. 2nd 526, 119 Tex. 280.

465. Constituição do Texas, art. XV, secção 4: "judgement in cases of impeachment shall extend only to removal from office, and disqualification from holding any office of honor, trust, or profit under this State".

466. MacDonald (op. cit., p. 231): "the Texas Supreme Court promptly declared the legislature's amnesty act unconstitutional. Ferguson v. Wilcox et al., 28 S.W. (2nd) 526 (1930)".

467. Lei de 24 de outubro de 1900: "Artigo único. Fica o ex-vice-presidente do Estado, Capitão José Joaquim Pereira Lôbo, indultado da pena de inabilitação para exercer emprego no Estado que lhe foi imposta pelo Tribunal Misto e julgou em crime funcional em mil oitocentos e noventa e oito".

Inexistia então a Justiça Eleitoral, de modo que o ex-Governador voltou a exercer o governo, sem que pudesse ser apreciada a validade da comutação concedida. Laudelino Freire que, como deputado, participara da votação do *impeachment*, fez percuciente análise dessa anomalia jurídica (op. cit., *passim*).

468. Constituição de Sergipe, de 1891, art. 34; Lei n. 11, de 1892, art. 42.

PAULO BROSSARD

como este, de natureza puramente política, em que só se pode impor a pena da perda do cargo com inabilitação para exercer qualquer outro. O julgamento político não tem outro objeto senão averiguar e resolver se o empregado possui ou não as condições requeridas para continuar no desempenho de suas funções; não pode estar sujeito às conseqüências da revisão criminal, reservada pela Constituição para sentenças condenatórias proferidas definitivamente por Tribunais Judiciários. Não cabendo, portanto, do julgamento político o recurso de revisão para este Tribunal... não tomam conhecimento da revisão" [469].

147. O Senado não tem competência para perdoar a autoridade que ele tenha condenado. Não só porque os poderes privativos de cada Câmara são os consignados na Constituição, mas também porque importaria isto em revisão de sentença que o Senado somente prolata mediante a postulação, formulada de modo solene, pelo órgão da representação popular.

148. Se o Senado não tem competência para conceder indulto ou comutar a pena política, por ele aplicada, não a tem a Câmara dos Deputados. Entre as atribuições peculiares desta Casa do Congresso se não inclui aquela, e ilícito seria atribuir-lhe, por inferência, poder para apagar o julgado que unicamente o Senado pode emitir.

149. Se, assim o Judiciário, como o Executivo, não interferem em processos de *impeachment*, pode o Congresso [470] apagar a condenação através da anistia?

Afirmativamente responde Raul Chaves, que, no entanto, exclui a possibilidade de indulto e graça em relação aos crimes de responsabilidade [471].

---

469. Supremo Tribunal Federal. *Jurisprudência*, 1901, p. 342. O Acórdão n. 343, que é de 22 de julho de 1899, foi subscrito por Aquino e Castro, presidente, Piza e Almeida, relator, G. de Carvalho, Pindahiba de Matos, Macedo Soares, João Pedro, Lúcio de Mendonça, André Cavalcanti, Manoel Murtinho, Américo Lôbo, H. do Espírito Santo, vencido, Pereira Franco, João Barbalho. Foi presente Ribeiro de Almeida.

470. Cf. Constituição de Tennessee (art. V, secção 4, *in fine*): "the legislature now has, and shall continue to have, power to relieve from the penalties imposed any person disqualified from holding office by the judgment of a court of impeachment".

471. Raul Chaves, op. cit., n. 43, p. 95 e 96. Para esse autor a matéria é criminal e deve ser até incluída "nos programas de Direito Penal", n. 46, p. 99.

150. Ocorre que a anistia importa em renúncia, pelo Estado, do direito de punir. Por motivos de alta política, o Estado suspende a incidência da lei penal, no tempo e no lugar, em benefício de certas pessoas. Se os crimes de responsabilidade são infrações políticas, se político, não criminal, é o processo respectivo, no poder de anistiar se não contém o que apague a penalidade política, cominada em processo político, por fatos de natureza política.

151. Admitindo-se, porém, que os crimes de responsabilidade não constituam ilícitos penais, objetar-se-á: que impede o Congresso de anistiar pessoas que, em conseqüência de infrações políticas, definidas em lei federal, foram penificadas no juízo congressual?

Desde logo surge uma dificuldade de ordem teórica. A anistia é outorgada por lei, e a lei é geral. No caso, o decreto legislativo equivale à lei, e a norma teria alcance individual. A objeção, contudo, não é decisiva. Há leis formais que não atendem à regra da generalidade, e esta pode ser meramente virtual [472].

Dir-se-ia, ainda, que a anistia é meio pelo qual o Poder Legislativo interfere, sob inspirações de alta e soberana política, na seara confiada ao Poder Judiciário e, quiçá, ao Executivo, e aplicada a processos de responsabilidade, que nascem e se encerram no Parlamento, não seria mais que modalidade de revisão do processo ou reforma da decisão, por via legislativa.

152. Quando não houvesse dificuldades dessa ordem, não haveria embaraços de ordem prática para a votação da anistia. Na ausência de cláusula a autorizar a medida suprema, o intérprete que se aventurasse a admiti-la em juízos de responsabilidade não poderia fazê-lo a não ser exigindo, à margem da Constituição, quórum equivalente ao necessário à acusação, na Câmara, e à condenação, no Senado.

Ora, a anistia é concedida por decreto legislativo, o qual, como a lei, é aprovado pela maioria de cada uma das Casas do Congresso, presente a maioria da Câmara deliberante. Destarte, um quarto da Câmara dos Deputados e um quarto do Senado Federal poderiam fazer perpétuo esquecimento sobre o crime de responsabilidade, o processo e a condenação imposta pelo Senado.

---

472. San Thiago Dantas, Igualdade perante a lei e "due processo of law", *Revista Forense*, v. 116, p. 365 e 366.

172 PAULO BROSSARD

Seria isto incongruência, a macular e comprometer o sistema, uma vez que o decreto acusatório supõe o voto da maioria absoluta da Câmara — atualmente 205 em 409 Deputados —, e a condenação exige o voto de dois terços do Senado — 44 em 66 Senadores. Assim, sem as formalidades de um processo, por simples votação de um projeto, 17 Senadores tornariam sem efeito a condenação imposta por 44, e 103 Deputados anulariam o que fora feito por 205 [472a].

153. E se ambas as Casas do Congresso, cada qual a seu tempo, decidissem revisar o processo de responsabilidade? Poderia o Senado rescindir a decisão prolatada, desde que houvesse provocação da Câmara?

Reconhece Burgess [473] que a Constituição não autoriza expressamente o Senado a revogar sua sentença na hipótese em que a Câmara pedisse novo julgamento, nem o Congresso a levantar a inabilitação por meio de anistia; mas entende que, por analogia com o que podem os tribunais, e por motivos de ordem política, deve-se responder afirmativamente às duas questões. Como a dos Estados Unidos, a Constituição não dá solução a estes problemas, e a resposta negativa parece que se impõe.

Contudo, a vida tem riqueza tão surpreendente que poderia oferecer situação em que o pundonor nacional, tanto quanto a justiça, exigisse solução não prevista no Código Supremo, que não tem, nem pode ter, disposições casuísticas.

Suponha-se que um Presidente da República tenha sido condenado pelo crime mais nefando: a traição. Apresentada a denúncia, instaurado o processo, decretada a acusação, proferida a sentença, tudo calado suportasse, ou se defendesse de maneira não convincente, porque a sua defesa ampla e cabal importaria em gerar riscos e prejuízos insuportáveis para o país. Decorrido o tempo, viessem a ser desvendados fatos e provas que eliminassem de modo absoluto e irretorquível a culpabilidade do ex-Presidente, antes tida como certa e aceita pela nação; e assim se verificasse que fora o patriotismo, na sua expressão mais acrisolada e quase sobre-humana, que amordaçara o homem de Estado, a ponto de fazê-lo suportar, emudecido, a de-

---

472a. 127 Deputados e 21 Senadores, a maioria da maioria absoluta de cada uma das Casas do Congresso, poderiam desfazer o que fora feito por 336 Deputados, dois terços de 503, e 54 Senadores, dois terços de 81.

473. Burgess, op. cit., v. II, p. 378.

O IMPEACHMENT

gradação ominosa e terrível. Quem seria capaz de negar a revisão congressual, ou que outro nome se lhe dê, do juízo político?

A admitir-se tal solução, porém, que de forma explícita não é autorizada pela Constituição [474], haveria mister de fazer observar o quórum estabelecido tanto para o decreto de acusação como para a condenação, a fim de que a construção, forjada pela necessidade, guardasse harmonia com as linhas estruturais do instituto.

---

474. Barbalho (op. cit., p. 100), que fere a questão incidentemente, escreve: "o que, quando muito, poder-se-ia nisto admitir seria facultar ao Congresso levantar ulteriormente a incapacidade (mas somente quanto a cargos sem caráter político), mas por votação de dois terços de cada casa legislativa. Mas tal faculdade só por disposição constitucional lhe poderá ser conferida".

XX — ABUSOS

154. Tendo-se em conta que incontrastáveis, absolutas e definitivas são as decisões do Senado, dir-se-á que pode sobrevir a prática de muitos e irreparáveis abusos, assim pela Câmara, que acusa, como, e notadamente, pelo Senado, que julga de modo irrecorrível e irrevisível. Tal risco existe, sem dúvida, e risco tanto maior quando os membros da corte política são de diferente formação profissional e cultural, a maioria, talvez, desafeita à disciplina que o trato do direito instila no espírito dos que o cultivam, sem a serenidade, a moderação, o comedimento que formam a segunda natureza dos magistrados; risco tanto mais possível quando seus integrantes são ligados por vínculos de solidariedade ou animosidade partidárias, aos acusadores ou ao acusado, vínculos suscetíveis de conspirar contra a formulação de um juízo imparcial. Este conjunto de circunstâncias mais ou menos desfavoráveis ao reto julgamento pode sobrepor-se ao patriotismo, à imparcialidade, ao espírito de justiça, aos conselhos da eqüidade, ao senso das realidades nacionais, à compreensão das suas necessidades, apreciadas à luz dos ínteresses permanentes do país.

155. Tais riscos existem, sem dúvida, como existiriam, em maior ou menor grau, fosse qual fosse a corporação investida do tremendo poder de julgar processos que envolvem a apuração de responsabilidade política do Presidente da República.

Pontes de Miranda pode escrever que entre nós existe "o princípio da responsabilidade política fundada. Não há julgamento político, ao arbítrio dos julgadores; há aplicação de regras de direito material, por corpo político, homogêneo ou misto"[475], o que é ver-

---

475. Pontes de Miranda, *Questões Forenses*, v. V, p. 57 e 59: "Não se pode julgar politicamente, porque no sistema jurídico brasileiro só se admite condenação por crime que a lei federal aponte: o 'impeachment', propriamente dito, não se introduziu no direito constitucional brasileiro, que *neste ponto* segue a

O IMPEACHMENT 175

dade incontroversa; mas não é verdade menos verdadeira que a dose política nesses julgamentos chega, às vezes, a ser predominante. Como, por exemplo, aferir se determinado ajuste, tratado ou convenção compromete a dignidade da nação, senão conferindo o ato do Presidente da República com critérios puramente políticos? Outrossim, é natural que tais processos, por envolverem personagens eminentes, ao redor das quais gravitam sempre partidários numerosos e devotados, assim como adversários intransigentes, dividam fundamente a opinião em campos extremados e hostis [476].

156. Todavia, é preciso que se confie esse poder a alguém, indivíduo ou entidade coletiva, e — a reflexão é de Story — todo poder que a alguém se outorga traz em si a possibilidade de ser exercido com abuso [477].

Que a possibilidade de abuso existe ninguém contesta. Nem foi por outro motivo que a Constituição norte-americana levantou uma barreira aos possíveis desmandos, ao estabelecer que nenhuma condenação se fizesse, em processos de *impeachment*, sem o voto de dois terços dos Senadores [478], quando na Inglaterra a decisão dos Lordes é tomada por maioria simples [479].

A Constituição de 1824 não exigia quórum especial nessa matéria, mas a de 1891, seguindo de perto a americana, reproduziu seus dispositivos: a acusação da Câmara se verificava segundo as regras comuns da maioria [480], ao passo que a condenação somente se operava mediante o voto de dois terços dos Senadores presentes [481]. Foi além a Constituição de 1946, como o fizera a de 1934. Exige ela o voto da maioria absoluta da Câmara, não apenas dos presentes, para que a acusação seja decretada; e o que é mais, reclama o voto de dois

---

tradição do Império, impermeável a influxo estrangeiro, razão por que a consulta a livros americanos, franceses, alemães e italianos, ou de outros países, é impertinente"; "O Brasil não o tem (julgamento político); somente tem o julgamento *fundado*, isto é, por crimes de responsabilidade. A enxertia americana seria contra a tradição, mais que secular, do direito escrito".

476. Estrich, op. cit., p. 454.
477. Story, op. cit., § 754.
478. Constituição dos Estados Unidos da América, art. I, Secção 3, cláusula 6.
479. Lawrence, op. cit., p. 643; Carrington, op. cit., p. 1071.
480. Barbalho, op. cit., p. 215.
481. Constituição de 1891, arts. 53 e 33, § 2.º; Constituição da Argentina, arts. 45 e 51.

terços, não dos Senadores presentes, mas do Senado, para que se verifique a condenação da autoridade acusada [481a].

É verdade, como lembra Hare, que uma corporação da eminência e dignidade do Senado dificilmente acolheria acusação frívola ou facciosa por maioria tão qualificada; mas se tal possibilidade existe, é risco, este, inerente à natureza das coisas e impossível de ser evitado de modo absoluto. A questão se resume, para Hare, em escolher entre a inteira irresponsabilidade do Executivo e sujeitar sua conduta a uma corte que pode não ser imparcial. Obviamente, conclui, é preferível correr o risco de parcialidade no julgamento a consagrar a plena irresponsabilidade [482].

Aliás, Pomeroy já observara que o possível abuso de poder não é objeção válida à existência do poder [483].

Destarte, embora os abusos sejam possíveis, eles são mais aparentes que reais, e não é provável que a autoridade processada mercê do voto da maioria absoluta da Câmara e condenada pelo voto de dois terços do Senado, ao cabo de processo no qual vigoram, em princípio, regras de direito processual comum [484], seja livre de faltas e isenta de culpas. Quando, porém, tal situação ocorresse, haveria ela de ser tomada como tributo pago à natureza do homem e à precariedade e imperfeição de suas instituições.

157. Descabendo apelo ao Judiciário, dir-se-á que, a despeito do zelo com que a Constituição procura evitar o transbordamento das paixões e assegurar uma decisão fundada, a Câmara, sem fundamento razoável, ou mesmo arbitrariamente, pode decretar o afastamento provisório do Presidente, e que abuso maior e violência mais graúda o Senado pode praticar, alijando-o definitivamente da presidência, sem motivo bastante.

158. Mas se é certo que tanto a Câmara como o Senado podem cometer abusos, ao acusar e condenar, mesmo cumprindo a rigor as

---

481a. Constituição de 1988, arts. 51, I, 52, parágrafo único, e 86. Deixam de ser indicadas, caso a caso, as alterações introduzidas pela Constituição, no que concerne às atribuições da Câmara e do Senado, dado que em nada prejudicam a tese exposta.

482. Hare, *American Constitutional Law*, 1889, v. I, p. 210 e 211.

483. Pomeroy (op. cit., § 720): "the possible abuse of power is no valid objection to the existence of the power".

484. Nota n. 65 e Lei n. 1.079, parte segunda.

O IMPEACHMENT 177

legais formalidades, não é apenas na acusação ou no julgamento condenatório que um e outro podem claudicar. Igualmente facciosa pode ser a Câmara abstendo-se de decretar a acusação, e arbitrário o Senado no absolver, quando devera condenar.

159. Podem os fatos, certos, documentados, notórios, cercados de circunstâncias acabrunhadoras, autorizar, reclamar a acusação de um Presidente que, de mil formas, avilta a nação, intranqüiliza a sociedade, semeia a insegurança, promove a desordem, desorganiza o trabalho, desestimula a produção, subverte as instituições, causa o pânico... O Presidente pode cercar-se de elementos corruptos e incapazes, entregando os mais altos cargos da República, cujo provimento a lei defere à sua sabedoria, a pessoas sem idoneidade moral ou profissional. O paço do governo pode converter-se numa praça de negócios. O opróbio pode atingir o ponto de a suprema autoridade executiva exigir pecúnia de potências estrangeiras ou receber propinas em retribuição a atos que pratique. O Presidente pode violar imunidades parlamentares, usurpar funções legislativas, descumprir decisões judiciais; sob inspirações facciosas, entrar em conflito com outros Poderes ou com os Poderes constituídos dos Estados; exercer de modo caprichoso e abusivo suas prerrogativas, negligenciar o cumprimento dos deveres oficiais. Pode arruinar o crédito nacional e comprometer o bom nome do País pelo acintoso descaso com que desrespeita obrigações internacionais. Pode alienar bens nacionais, contrair empréstimo e emitir moeda, sem autorização legal.

Pode o Presidente retardar dolosamente a publicação das leis, decretar o estado de sítio, estando reunido o Congresso, e, sem licença deste, ausentar-se do País. Pode vender cargos públicos ou distribuí-los entre os seus íntimos, para que sejam mercadejados. Pode exercer pressão eleitoral, impedindo a livre execução dos prélios; exceder as verbas do orçamento, realizar estorno, não prestar contas.

Pode, enfim, provocar animosidade entre as Forças Armadas, com o premiar a indisciplina, galardoar a incompetência, fomentar o nepotismo; pode cometer ato de hostilidade contra nação estrangeira, expondo a República ao perigo de guerra, celebrar tratados e convenções humilhantes para a nação...

O Supremo Magistrado pode proceder de modo incompatível com a honra, a dignidade ou o decoro do cargo. Em suma, infringir a Constituição e as leis.

160. Este painel terrível pode ser o retrato do País e obra de um governante. Está na Câmara decretar sua acusação, para que o Senado, dando pontual cumprimento aos seus deveres constitucionais, afaste do convívio político a autoridade nociva.

O comportamento do Presidente da República pode ilustrar cada um dos incisos dos oito artigos em que se enumeram os crimes de responsabilidade... e a Câmara não vota o *impeachment*.

Qual a solução jurídica para o caso esdrúxulo, uma vez que a competência do Senado, para exercer-se, supõe decreto acusatório da Câmara?

Nenhuma solução legal existe.

Admita-se que o Senado, à unanimidade, esteja pela condenação do Presidente. Todavia, em face da inação da Câmara, nada pode aquele fazer, senão assistir à dissolução do País, contemplar a anarquia, presenciar a comoção civil, testemunhar, quiçá, a guerra intestina, até que a Câmara acorde e cumpra seus altos deveres. Falhando o órgão incumbido pela Constituição de praticar o ato inicial do processo, providência legal ou solução jurídica não existe para a catástrofe.

161. Assim, se grave é o abuso da Câmara ao acusar injustamente, não menos grave será o abuso da Câmara deixando de fazê-lo, quando a acusação se impuser como dever seu.

Para um e outro caso recurso ou solução legal não existe, porque a Constituição conferiu à Câmara, e só à Câmara, competência para encetar o processo político e afastar, pelo menos provisoriamente, o Presidente da República que entrou em conflito com a Constituição.

162. Formule-se hipótese contrária. É a Câmara, numa arrasadora maioria ou em impressionante unanimidade, que, apresentada denúncia contra o Presidente da República, a recebe como objeto de deliberação, cumpridas pontualmente as formalidades legais, decreta a acusação, afasta provisoriamente a autoridade e faz chegar ao Senado a denúncia da nação, que ela representa. Para a comissão acusadora, elege as primeiras figuras da Assembléia, nimbadas de autoridade moral e política. Em nome da Câmara, a comissão comparece ao Senado e, com o libelo, apresenta provas irretorquíveis.

O IMPEACHMENT 179

Mas o Senado, por erro ou prevaricação, repele a acusação parlamentar. Ela não obtém os dois terços necessários para que a condenação se opere, e se transforme em definitivo o afastamento provisório da autoridade deletéria. Quarenta e três Senadores (dois terços menos um) votam pela condenação do Presidente; os restantes vinte e três ou votam pela absolvição, ou votam em branco ou simplesmente não votam, porque ao Senado não comparecem. Pode ocorrer que quarenta e três Senadores estejam presentes ao julgamento e quarenta e três votos condenatórios sejam contados. Faltou um voto para a condenação política. A Câmara, o Senado, a nação hão de contemplar a funesta ocorrência, como quem assiste, a algumas braças da praia, ao naufrágio das instituições... pois remédio jurídico para a errônea ou criminosa decisão senatorial não existe. A acusação seria arquivada e a autoridade, afastada da magistratura suprema desde o decreto acusatório, ao cargo retornaria para prosseguir na sinistra tarefa de destruir o País.

163. Alegue-se que a imaginação carregou nas cores do quadro. Talvez. Mas ele serve para mostrar que, se grave é o abuso do Senado ao condenar injustamente, não menos grave é o Senado absolver a autoridade que devia ser despejada do governo, como imperativo de salvação nacional.

Da mesma forma, se por erro, prepotência, espírito de vingança ou mesquinho facciosismo, a Câmara decreta a acusação do Presidente, e o Senado a julga procedente, a autoridade injustamente acusada e destituída injustamente não tem recurso algum, nem Corte de justiça, ante a qual possa pleitear e haver reforma ou revisão da iniquidade de que tenha sido vítima. Recurso ou ação judicial não existe, como tribunal competente não há, através do qual a autoridade condenada em processo de responsabilidade possa pleitear a reforma ou revisão. A lei não estabelece o recurso nem institui o tribunal.

Não existe remédio legal para a decisão do Senado, seja ela contrária à autoridade, seja contrária à nação.

164. É natural que seja assim. Por mais que o legislador se esmere em prever hipóteses e prescrever soluções, por mais prudente e avisado que seja em conceber cautelas e instituir garantias [485], nas instituições sempre resta um vazio, a ser preenchido pelo homem.

---

485. *V.*, a propósito, as finas observações que Joseph-Barthélemy fez em relação à Constituição de Weimar, ao prefaciar a monografia de Ezekiel

165. Enfim, como disse Ruy, "em todas as organizações políticas ou judiciais há sempre uma autoridade extrema para errar em último lugar. A alguém, nas coisas deste mundo, se há de admitir o direito de errar por último" [486].

Em verdade, a advertência ainda é de Ruy Barbosa, "cada um dos poderes do Estado tem, invariavelmente, a sua região de irresponsabilidade. É a região em que esse poder é discricionário. Limitando a cada poder as suas funções discricionárias, a lei, dentro nas divisas em que as confina, o deixa entregue a si mesmo, sem outros freios, além do da idoneidade, que lhe supõe, e do da opinião pública, a que está sujeito. Em falecendo eles, não há, nem pode haver, praticamente, responsabilidade nenhuma, neste particular, contra os culpados. Dentro no seu círculo de ação legal, onde não tem ingresso nem o corpo legislativo nem a justiça, o Governo pode administrar desastrosamente, e causar ao patrimônio público danos irreparáveis. Em casos tais, que autoridade o poderá conter, neste regime? Por sua parte, o Congresso Nacional, sem ultrapassar a órbita da sua autoridade privativa e discricionária, pode legislar desacertos, loucuras e ruínas. Onde a responsabilidade legal, a responsabilidade executável contra esses excessos? E, se os dois poderes políticos se derem as mãos um ao outro, não intervindo, moral ou materialmente, a soberania da opinião pública, naufragará o Estado, e a Nação poderá, talvez, soçobrar. Nem por isso, contudo, já cogitou alguém de chamar, nessas conjunturas, contra os dois poderes políticos, o poder judicial. É que, contra os desacertos deste gênero, não se concebe outra responsabilidade, senão a da conta que todos os órgãos da soberania nacional a ele devem.

Noutra situação não se acham os tribunais e, com particularidade, o Supremo Tribunal Federal, quando averba de inconstitucionalidade os atos do Governo ou os atos do Congresso" [487].

166. Tenha-se, portanto, como pacificamente estabelecido que abusos, excessos, erros ou violências, Câmara e Senado podem praticá-los. Em matéria de *impeachment* e em outras matérias. Mas não só a Câmara e o Senado.

Gordon, *La Responsabilité du Chef de l'État dans la Pratique Constitutionnelle Récente*, p. VI.

486. Ruy Barbosa, *A Gênese da Candidatura do Sr. Wenceslau Braz*, 1915, p. 38.

487. Ruy Barbosa, *Comentários à Constituição*, v. IV, p. 21 e 22, *Novos Discursos e Conferências*, p. 355 e 356, e *Coletânea Jurídica*, p. 172.

XXI — DISCRIÇÃO E ARBÍTRIO

167. É insuficiente, para explicar a não-ingerência dos tribunais em questões referentes a processos de responsabilidade, a alegação, prestigiada, ao demais, pela Corte Suprema [488], segundo a qual o *impeachment* é questão de natureza "exclusivamente política". Isto porque, a despeito de ser intenso o teor político do processo, e apesar de ter ele lances de inegável discricionariedade, não constitui o *impeachment* questão "exclusivamente política", na acepção jurídica do termo [489], pois não é processo que se desencadeie à inteira discrição do Congresso, em área deixada em "branco" pela lei. Ao contrário, os poderes exercitados pela Câmara e pelo Senado entestam, a cada passo, com direitos da autoridade processada [490].

168. No processo de *impeachment* não é fácil estabelecer limites entre o discricionário e o não-discricionário, tão entremeadas são as questões com uma e outra características, alternadamente postas em relevo por quem entre a analisar o instituto.

Dir-se-á que, em face da denúncia, a legislatura tem de agir "de acordo com a lei, não com as conveniências; porque no exercício desta prerrogativa o Congresso é um tribunal, não uma entidade política" [491].

---

488. *Arquivo Judiciário*, v. 45, p. 213.

489. Constituição de 1934, art. 68; Constituição, art. 141, § 4.º; Seabra Fagundes, op. cit., n. 74, p. 182.

490. Ruy Barbosa foi quem mais desenvolvidamente estudou as "questões meramente, unicamente, exclusivamente políticas". Da obra em que mais extensa e eruditamente versou o problema, "*O Direito do Amazonas ao Acre Setentrional*", v. I, veja-se o Capítulo II, especialmente os n. 65, 66, 68 e 76; Pedro Lessa, op. cit., § 16, p. 54 e s.; Epitácio Pessoa, *Obras Completas*, v. VII, p. 17 a 19; Castro Nunes, *Poder Judiciário*, p. 604 a 610; Pontes de Miranda, *Comentários à Constituição de 1946*, v. II, p. 469 e s.

491. Ruy Barbosa, *Obras Completas*, v. XX, t. II, p. 50; *Comentários à Constituição*, v. III, p. 437.

PAULO BROSSARD

Focado o problema em termos abstratos, dever-se-ia concluir que a Câmara tem o dever indeclinável de decretar a acusação do Presidente. Contudo, forçoso será reconhecer que ela, senão teoricamente, pelo menos em termos práticos, possui larga discrição para iniciar o *impeachment* ou deixar de fazê-lo; mesmo que todos os requisitos legais estejam materialmente satisfeitos, se a Câmara não quiser instaurar o processo, por boas ou péssimas razões, ele não será instaurado. Pode entender a Câmara que mal mais maligno que o causado pelo Presidente malfeitor seria abalar a nação com um processo escandaloso, quando, por exemplo, o próximo termo do mandato presidencial libertaria o País da autoridade claudicante. A Constituição não faz disquisições como essa, mas não andaria bem seu intérprete se as desconhecesse.

O Senado, por sua vez, "reconhecendo mesmo a existência de faltas, de erros e de violações das leis, ... terá de recuar ante as conseqüências" de uma condenação do chefe do Estado [492]; ou inversamente pode entender que os fatos articulados na acusação não se encontram suficientemente provados [493], mas que a conduta geral da autoridade é de tal forma nociva que seu afastamento do poder se impõe, pelos malefícios que tenha causado e esteja a causar à sociedade.

Resumir o *impeachment* a juízo meramente jurídico, a uma fria relação entre os fatos e a lei, é não ver as coisas como elas são, é interpretar a Constituição como se ela funcionasse no vácuo, quando sua construção realista vai surpreender no *impeachment* elementos jurídicos e políticos, que convivem, podendo estes, conforme o caso, chegar a ser preponderantes.

169. Na sua instauração, na sua condução e na sua conclusão, o *impeachment* terá inspiração política, motivação política, estímulos políticos. Políticos serão os resultados perseguidos. É natural que seja assim; dificilmente assim não será.

Contudo, isto não quer dizer que o *impeachment* seja inteiramente discricionário e que o seu desenvolvimento se processe ao inteiro sabor de uma e outra casa do Congresso, tanto é certo que, uma vez instaurado, deve desdobrar-se segundo a lei, que minuciosamente o disciplina. Em glosa ao Regimento do Senado norte-americano, Thomas Jefferson, que o presidiu, escreveu que, em matéria de *impeachment*, a decisão senatória "must be secundum, non ultra

---

492. Ruy Barbosa, *Obras Completas*, v. XXV, t. VI, p. 109.
493. Pedro Calmon, op. cit., p. 109.

legem" [494]. E não só a sentença, mas o processo todo, no que diz respeito a suas fases e formalidades.

170. A autoridade do Congresso em matéria de *impeachment* é terminante, não porque o processo seja "questão exclusivamente política", no sentido jurídico, mas porque a Constituição reservou ao Congresso a competência originária e final para conhecer e julgar, de modo incontrastável e derradeiro, tudo quanto diga à responsabilidade política do Presidente da República [495].

171. Cada Poder, em verdade, tem um setor que é seu e que, por isso, é indevassável. Não há exceção no que respeita ao Legislativo.

Na inteligência e aplicação do seu regimento interno, cada Câmara tem autoridade exclusiva e incontrastável [496].

Negando licença para que um dos seus integrantes seja criminalmente processado, ou concedendo o seu praz-me para que o processo tenha curso, o Legislativo pode cometer erro, injustiça ou abuso. Mas o seu voto é irrecorrível, definitivo e insubstituível.

Quando a Câmara ou o Senado, pelo voto de dois terços de seus membros, cassa o mandato de um dos seus componentes e o expulsa do corpo legislativo, por considerar seu procedimento incompatível com o decoro parlamentar, pode agir com facciosismo ou espírito de vingança, pode proceder com arbítrio, abuso ou violência, pode praticar uma iniqüidade, causar lesão no patrimônio moral e econômico do Deputado ou Senador, privando-o injustamente do mandato que lhe foi legitimamente outorgado e que ele legitimou pelo exercício regular e decente; mas a decisão parlamentar será incensurável e final [497]. O Judiciário não poderá revisá-la e o Executivo nela não poderá interferir.

---

494. Jefferson, op. cit., secção 53.

495. Cf. Pontes de Miranda, *Comentários à Constituição de 1946*, v. II, p. 471.

496. Ruy Barbosa, *O Direito*, v. 88, p. 364 e 365; Pedro Lessa, op. cit., § 27, p. 105 e 106; Francisco Campos, op. cit., v. II, p. 120 a 130; *Cyclopedia of Law and Procedure*, v. 29, verb. "Parliamentary Law", por Chilton, p. 1692; *Corpus Juris*, v. 46, verb. "Parliamentary Law", por Miranda, p. 1383; *Corpus Juris Secundum*, v. 67, verb. "Parliamentary Law", p. 876.

497. Maximiliano, op. cit., n. 386, p. 636; Francisco Campos, op. cit., v. II, p. 116 e s.; *Cyclopedia of Law and Procedure*, v. VIII, verb. "Constitutional Law", por Tucker, p. 847; *Corpus Juris*, v. 12, verb. "Constitutional

184 PAULO BROSSARD

Ocorria o mesmo quando, antes de instituída a Justiça Eleitoral, cabia às Câmaras verificar os poderes de seus membros, e ao Congresso reconhecer e proclamar o Presidente e o Vice-Presidente eleitos. A História registrou muitos e grandes abusos [498]. Quantos eleitos não foram "degolados", como então se dizia, quantos derrotados não foram reconhecidos... E era incabível o apelo ao Judiciário [499]. Nenhum Poder, então, disputava esse território ao Legislativo.

172. Assim travejada a tese de que os tribunais não têm competência para rever decisões congressuais em matéria de *impeachment*, de que de todo lhes é vedada a ingerência em tais assuntos, dado que a própria exegese e construção das provisões constitucionais a tal respeito pertence à Câmara e ao Senado, e ainda de que questões preliminares ou incidentes não podem ser levadas ao exame de outro Poder —, dir-se-á que nunca jamais ao seio dos tribunais será possível chegar controvérsia direta ou indiretamente relacionada com o *impeachment*.

Não obstante, e destoando da doutrina assente, os tribunais já conheceram de questões referentes a *impeachment*, como de outras igualmente estranhas à sua competência [500].

No caso de Mato Grosso, v. g., Pedro Lessa votou pela concessão de *habeas corpus* ao Governador processado porque a Assembléia era composta de "inimigos" seus, e, por conseguinte, "manifestamente sus-

---

Law", por Throckmorton, § 388, p. 885; *Corpus Juris Secundum,* v. 16, verb. "Constitutional Law", § 152, p. 772. *V.* STF, MS 21.443, especialmente o voto de Paulo Brossard.

498. Cf. Ruy Barbosa, Memória Apresentada ao Congresso Nacional, *Anais do Congresso Nacional,* Apuração da Eleição de Presidente e Vice-Presidente da República, v. II, e *A Gênese da Candidatura do Sr. Wenceslau Braz,* p. 11; João Mangabeira, *Rui, O Estadista da República,* 1943, p. 145; Afonso Arinos de Melo Franco, *Um Estadista da República,* 1955, v. II, p. 613.

499. Ruy Barbosa, *Comentários à Constituição,* v. IV, p. 21 e 22; Francisco Campos, op. cit., v. II, p. 121; Pontes de Miranda, *Comentários à Constituição de 1946,* v. II, p. 471; *Corpus Juris,* v. 12, verb. "Constitutional Law", § 388, p. 885; *Corpus Juris Secundum,* v. 16, verb. "Constitutional Law", § 152, p. 772.

500. João Mangabeira (*Documentos Parlamentares,* v. XCIV, p. 182 e 183) lembra o *habeas corpus* requerido por J. J. Seabra para ser empossado na Vice-Presidência da República por morte do Vice-Presidente Urbano dos Santos, e menciona o pensamento de Ruy Barbosa e Epitácio Pessoa.

O IMPEACHMENT

185

peita para processar e julgar o Presidente do Estado" [501], quando, observou Maximiliano, a suspeição dos julgadores não pode deslocar a competência para "um tribunal estranho, não superior ao exceto" [502]. No mesmo caso, Guimarães Natal concedia *habeas corpus*, porque "os fatos articulados na denúncia... não constituem crime..." [503], o que importava em o Judiciário substituir-se à Assembléia e decidir, em seu lugar, se tal fato é, ou não, crime de responsabilidade, quando esta decisão é da Câmara e exclusivamente dela. Sendo juiz da Corte Suprema, Carlos Maximiliano honrou a lição exarada em seus *Comentários* ao salientar que o dizer que tal ato constitui ou deixa de constituir crime de responsabilidade seria entrar no mérito da questão, e ao Judiciário falece competência para tanto [504].

173. Iniciar ou não iniciar o processo, entender que tal fato constitui crime de responsabilidade, decretar a acusação, apreciar provas, condenar a autoridade, inabilitá-la por um ou cinco anos [504a] são questões confiadas ao inteiro, exclusivo e derradeiro juízo do Congresso, são questões que escapam a toda e qualquer fiscalização judicial. No trato desses problemas as casas do Congresso, cada uma a seu tempo, podem errar ou injustiçar, sem apelo a outro Poder. É o que se verifica, aliás, em todo julgamento que corre em uma só instância [504b].

174. Não se entenda daí que o poder do Congresso seja arbitrário [505], pois, a despeito do princípio segundo o qual são irreprocháveis as suas

---

501. *Revista do Supremo Tribunal Federal*, v. 45, p. 14; v. 19, p. 10; cf. Viveiros de Castro, *Revista do Supremo Tribunal Federal*, v. 19, p. 8, 18 e 19.

502. Maximiliano, op. cit., n. 282, nota 5, p. 399.

503. *Revista do Supremo Tribunal Federal*, v. 45, p. 22; semelhantemente, Pedro Lessa, *Revista,* cit., v. 19, p. 11.

504. Supremo Tribunal Federal, *Jurisprudência,* v. 27, p. 239.

504a. Constituição de 1988, arts. 51, I, 52, II e parágrafo único, e 86, § 1.º.

504b. Ordonnance n. 59-1, de 1959, portant loi organique sur la Haute Cour de Justice, art. 35: "les arrêts de la Haute Cour ne sont susceptibles ni d'appel, ni de pourvoi en cassation".

505. *Cyclopedia of Law and Procedure*, v. XXIX, 1908, verb. "Officers", por Frank J. Goodnow, p. 1414; *Corpus Juris*, v. 46, 1928, verb. "Officers", § 196, p. 1003; *Corpus Juris Secundum*, v. 67, 1950, verb. "Officers", § 69, p. 297: "The legislative power of impeachment is not an arbitrary power, but the authority ordinarily is final, and the judgment of the senate sitting as a

decisões em matéria de *impeachment*, situações excepcionais podem ocorrer de molde a constituir caso judicial, quando, por exemplo, o Congresso chegasse à infração patente de uma cláusula constitucional.

Assim, o Senado não pode destituir o Presidente da República sem que a sua jurisdição seja provocada pela acusação da Câmara. A Câmara não pode substituir-se ao Senado no julgamento e na demissão do Presidente da República. Nem o Senado pode fazê-lo senão pelo voto de dois terços de seus integrantes. Verdade é que, quando as fráguas da luta empurram o processo de responsabilidade para esses desvios, é difícil que tais questões possam ser resolvidas em termos forenses; mas negar ao Judiciário o conhecimento de mandado de segurança em tais casos seria levar longe demais as conseqüências do princípio, certo, de que não só o Judiciário, mas os outros Poderes não interferem em questões relativas a *impeachment* [505a].

Quando o Senado, além da pena política, cominada na Constituição para os crimes de responsabilidade, aditasse a pena de prisão, o Judiciário não recusaria, à pessoa recolhida ao cárcere ou na iminência de o ser, a custódia do *habeas corpus*.

Da mesma forma, passados cinco anos da condenação, a Justiça Eleitoral não teria como recusar registro à candidatura de ex-Presidente da República destituído pelo Senado e por este para sempre inabilitado ao exercício de função pública, uma vez que a Constituição fixa em cinco anos o prazo máximo de inabilitação.

Instaurado que fosse processo contra pessoas que não estejam sujeitas à jurisdição do Senado, como se lhes recusar o amparo judicial, na medida em que pudesse interessá-las a proteção da justiça?

175. Nesta matéria, sobremodo difícil será traçar extremos entre as atribuições de dois Poderes, cujas lindes chegam a confundir-se numa indecisa faixa de penumbra, no seio da qual porfiam princípios antagônicos; os tribunais devem proceder com particular recato, e

---

court of impeachment cannot be called in question in any tribunal whatsoever except for lack of jurisdiction or excess of constitutional power. The courts, however, will interfere in a proper proceeding as by habeas corpus to relieve from imprisonment decreed because of the failure of a witness to testify where the legislature has clearly exceeded its jurisdiction".

505a. Linares Quintana, op. cit., v. II, n. 1.133, p. 335 ("el poder judicial no controla el ejercicio de facultades privativas de los otros poderes"), n. 1137, p. 340; cf. STF, MS 21.360 e 21.443, de 12-3-1992 e 22-4-1992.

somente contravenção a preceito *constitucional* pode autorizar, em apertados limites, a interferência judicial, sem jamais penetrar no mérito do processo ou torná-lo ineficaz; é semelhante o que ocorre em matéria de elaboração legislativa, em que só a ofensa a norma constitucional enseja ao Poder Judiciário apreciar o que se passa no recesso do Poder Legislativo, em assunto de competência deste, enquanto as demais claudicações possíveis constituem matéria considerada *interna corporis*, insuscetível de apreciação judicial [506].

---

506. Ruy Barbosa, *O Direito*, v. 88, p. 364 e 365; Pedro Lessa, op. cit., § 27, p. 105 e 106; Francisco Campos, op. cit., v. II, p. 120 a 130; Stimson, op. cit., p. 250, nota 6; Arangio-Ruiz, *Istituzioni di Diritto Costituzionale Italiano*, 1913, § 481, p. 458, § 697, p. 629; Ferrara, *Trattato di Diritto Civile*, 1921, v. I, p. 203; Abbamonte, *Il Processo Costituzionale Italiano*, 1962, v. II, § 29, p. 232; Esposito, *La Costituzione Italiana*, 1954, p. 273, e *La Validità delle Leggi*, 1934, p. 347 e s.; Esmein-Nézard, op. cit., v. I, p. 643, nota 128. Cf. Maximiliano, *Hermenêutica e Aplicação do Direito*, 1941, n. 47 e 369, p. 63 e 365; Pontes de Miranda, *Comentários à Constituição de 1946*, v. III, p. 85.

XXII — QUE VALE O "IMPEACHMENT"?

176. Agora, a indagação derradeira. Analisados alguns aspectos jurídicos e políticos do *impeachment*, dentre os de maior relevância, é tempo de perquirir qual o papel que o instituto tem desempenhado no Brasil e o que se pode dele esperar.

177. Se é certo que as instituições são seres vivos que não confiam facilmente seus segredos, não tanto porque sejam misteriosas em si mesmas, como porque variam com as mutações produzidas no meio em que atuam, e ainda porque diferem, de um a outro momento, em função dos homens que as manejam, como observa Laski, ao abrir seu livro sobre *A Presidência Americana* [507], que se há de dizer sobre o *impeachment* no direito brasileiro e as mudanças que nele se tenham operado?

Em verdade, o processo de responsabilidade do Presidente da República não chegou a confiar os seus segredos, porque não chegou a funcionar [508]. Não é bom o instituto que não funciona quando devera fazê-lo; não é apto nem útil aquele que deixa de resolver problemas para cuja solução foi instituído. E o *impeachment* não funciona porque é lerdo em demasia, ao passo que as crises evoluem rapidamente e reclamam rápidas soluções. E a demora no resolvê-las importa quase sempre no seu agravamento.

178. Se a excelência das instituições se mede pelos seus resultados, estes são bons na medida em que elas se revelam adequadas às suas

---

507. Laski, *The American Presidency*, p. 13.

508. Faz mais de um século que o Senado julgou uma acusação parlamentar. Foi ao tempo da Regência, em 1832, quando absolveu, por unanimidade, a José Clemente Pereira (Agenor de Roure, op. cit., v. I, p. 825 e 826). Antes ou depois disso, a Câmara não decretou jamais a acusação contra qualquer autoridade.

O IMPEACHMENT

finalidades; ainda que cinzeladas com arte e teoricamente perfeitas, pouco valem as instituições se não responderem às necessidades que devem prover.

179. O *impeachment* é um processo de feições judiciais, que ao se emancipar do processo criminal dele conservou, contudo, as formalidades e os estilos.

A natureza das infrações que o motivam, o relevo das personagens envolvidas na querela e o vulto dos interesses atingidos fazem ver, a toda evidência, que o *impeachment*, desde que proposto, traz um formidável traumatismo que não seria de tão nocivas proporções se lograsse ser vencido em breves dias; mas, estendendo-se por meses [509],

---

509. Estabelece a Lei n. 1.079, em seu art. 82: "não poderá exceder de cento e vinte dias, contados da data da declaração da procedência da acusação, o prazo para o processo e julgamento dos crimes definidos nesta lei". Pelas formalidades na lei estabelecidas, rápido andará o processo na Câmara se outros tantos dias nela demorar-se.

Aliás, ao ser elaborada a lei de responsabilidade, pela Emenda n. 21, de Alencar Araripe, se o julgamento não se realizasse "por motivos independentes da vontade do acusado, dentro do prazo de noventa dias, a contar da data de sua notificação para ao mesmo ser submetido, ficará sustado o efeito de decreto da acusação quanto ao afastamento do acusado do exercício das funções" (*Documentos Parlamentares*, v. XCIV, p. 296). Defendida por Ferreira de Souza, foi impugnada por Freitas e Castro, João Mangabeira e Waldemar Pedrosa. Mangabeira mostrou que ela era inconciliável com a Constituição, pois o acusado "não poderá voltar ao cargo enquanto não for absolvido. ... Só pode voltar depois que o Senado o absolva. ... A lei não pode decretar perempto o crime nem prescrevê-lo. A Constituição diz: ficará suspenso — não apenas será suspenso. A lei não poderia decretar perempto o processo". A Comissão Mista de Leis Complementares rejeitou a emenda em sessão de 5 de maio de 1948 (volume cit., p. 305).

Na sessão de 7 de maio, Waldemar Pedrosa consultou a Presidência se podia apresentar emenda assim redigida: "não poderá exceder de 120 dias o prazo para o processo e julgamento dos crimes de responsabilidade". Mangabeira, de início, aceitou a emenda, como "um conselho, uma observação que o legislador faz. ... Aceito a emenda, porque, embora não haja sanção, em todo o caso é uma recomendação que a Câmara e o Senado fazem". Respondendo a Plínio Barreto, Waldemar Pedrosa declarou que nenhuma sanção estabelecia sua emenda. Gustavo Capanema impugnou a emenda, argumentando: "uma de duas: ou o preceito tem sanção, sanção que importe o retorno da autoridade afastada do cargo, ou não tem sanção alguma. Se a sanção se estabelecer, a emenda envolverá uma inconstitucionalidade, como já mostrou o nobre deputado João Mangabeira. Se, porém, sanção não houver, neste caso estaremos diante de um preceito sem significação jurídica, que poderá vir a

PAULO BROSSARD

observados que sejam os trâmites legais, fácil é compreender que não há estrutura social capaz de suportar o cataclisma político que significa um processo dessa natureza contra a autoridade que concentra em suas mãos a maior soma de poderes na República; de tais proporções será o abalo e tais suas repercussões que chega ser temerário o simples apelo à solução que a lei estabelece.

No século XVII, e antes, o *impeachment* foi solução para os males do Estado. Significou progresso em relação ao *bill of attainder*

---

ser fonte de sofismas e confusões. ... A lei não aconselha nem recomenda; a lei prescreve e pune no caso de ser violada a prescrição. ... O preceito, assim sem sanção, não é de natureza jurídica. E se sanção viesse a ter, incorreria em inconstitucionalidade" (volume cit., p. 323 a 325). Atílio Vivacqua sustentou que "se o processo não se ultima dentro desse lapso de tempo, o acusado poderá requerer habeas-corpus, porque o processo ficou praticamente perempto" (volume cit., p. 324). Mangabeira, que vira com simpatia a emenda, contra ela se colocou porque "a emenda vai ser fonte permanente de confusão e balbúrdia. O preceito, como está expresso, não é de direito mas de moral, pois que aconselha os senadores e deputados fazerem o julgamento dentro de um prazo. Dir-se-á: e se não fizerem? Se não fizerem, nada acontecerá, porque a emenda nada diz a respeito. Mas o Senador Atílio Vivacqua, presidente da Comissão de Constituição e Justiça do Senado, disse que se pode requerer habeas-corpus. Ora, se serenamente, num debate jurídico, s. exa. acha que neste caso se pode requerer habeas-corpus para o governador, desde que não tenha sido condenado dentro de 120 dias, a emenda já é inconstitucional. Segundo minha opinião, desde que a Câmara aceitou a denúncia e julgou-a procedente, é um fato que, a partir desse dia, o Presidente da República fica suspenso de suas funções. Até que seja absolvido, porque não pode voltar ao cargo sob imputação de denúncia feita pelos representantes do povo, porque os deputados são, demograficamente, os representantes do povo. ... desde que queiram aceitar a denúncia contra o Presidente da República, este fica, pela Constituição, suspenso por ato da Câmara e só pode volver ao cargo depois que o Senado o absolver. ... Em virtude da confusão que se estabeleceu e que ainda pode surgir sem que o preceito imponha qualquer sanção, pois não o pode determinar que o atingido volverá ao cargo, de vez que a Constituição o impede, a denúncia da Câmara é definitiva e só pode ser modificada pelo voto absolutório do Senado. ... O ato com que a Câmara suspende o Presidente é definitivo e só pode ser desfeito pela absolvição proferida pelo Senado. Fora disso é a negação da Constituição. Volver ao Poder por um habeas corpus, será criar o absolutismo do Supremo Tribunal. ... A acusação aceita pela Câmara é definitiva, até que o Senado a rejeite. Enquanto não a rejeita não será possível que o homem inquinado pública e especificamente como criminoso volte ao cargo sem uma decisão qualquer. ... Não cabe recurso algum" (volume cit., p. 325, 326 e 332).

Foi aprovada a emenda, de Waldemar Pedrosa, com uma sub-emenda de Prado Kelly, pela qual o prazo de cento e vinte dias era fixado "a contar da declaração da acusação" (volume cit., p. 344).

O IMPEACHMENT   191

que havia prosperado... Pelo *impeachment,* o parlamento inglês ganhou batalhas sobre o poder real. É a fase "la plus florissante de l'institution", e os processos registrados no século XIV não passam de tímidos ensaios dos que então se verificam [510]. Ainda presta serviços no século XVIII, mas a esse tempo já entra a ceder lugar a outro tipo de apuração de responsabilidade. A última tentativa de *impeachment* puramente político foi dirigida contra Walpole, em 1742; e se a multidão ainda reclamava sangue, Pultney, o adversário do "grão-vizir", se inclinava à clemência e se contentava com seu afastamento do poder. Os votos de censura desbancaram os arestos de morte, "la disgrâce temporaire du Parlament le billot et la hache" [511].

180. Cumpre relembrar [512] que, na hipótese, tão pouco provável, de ser condenatória a decisão do *impeachment*, e este regularmente processado, o resultado prático seria mais ou menos igual ao que se alcança, de modo expedito, e sem maior comoção, através do voto de desconfiança, no regime parlamentar.

181. A publicidade hoje organizada em moldes de apurada eficiência, capaz de, em instantes, criar impactos profundos na opinião pública da nação inteira, mediante poderosas máquinas de difusão do pensamento, com possibilidades de mudar, em segundos, a feição dos fatos, e, distorcendo-os, viciar o julgamento popular; a utilização deformada e deformadora de grupos sociais poderosos, outrora inexistentes ou inatuantes [513], para agitar, convulsionar, paralisar a nação; apenas estes dois fatores atuando, durante meses, evidenciam que o velho instituto, instrumento de violências e instrumento de progresso, noutro tempo eficiente e saneador, não tem mais condições para acompanhar o ritmo dos tempos modernos.

---

510. Vilbois, op. cit., p. 12.

As Cartas de 1967, art. 85, § 2.º, e de 1969, art. 83, § 2.º, estabeleceram que o processo seria arquivado se o julgamento não estivesse concluído em sessenta dias; a Constituição de 1988 eliminou esse dispositivo, que importava em consagrar, de fato, a irresponsabilidade do chefe do Poder Executivo, ao dispor, no § 2.º do art. 86: "se, decorrido o prazo de cento e oitenta dias, o julgamento não estiver concluído, cessará o afastamento do Presidente, sem prejuízo do regular prosseguimento do processo".

511. Fischell, op. cit., v. II, p. 407; Vilbois, op. cit., p. 15 e 16.

512. Cf. ns. 23 e 24.

513. Agamenon Magalhães, *O Estado e a Realidade Contemporânea,* 1933, p. 51 e s.

Quando o Estado era um esboço do que é hoje, e o processo de *impeachment* se desdobrava entre as quatro paredes de uma sala, dele tomando conhecimento alguns poucos; quando as comunicações se realizavam por mensageiros que se deslocavam em diligências ou barcos a vela; ao tempo em que a imprensa não existia ou em que os jornais, que começavam a surgir, eram lidos por diminuto número de pessoas, o País podia suportar, sem maior prejuízo, um processo de *impeachment*, a arrastar-se por meses ou anos a fio.

182. Se Bryce tinha razão em dizer que o *impeachment* se assemelha a um canhão de cem toneladas, pesado, moroso, complicado, que necessita de muita pólvora e grande alvo, apropriado para castigar as grandes infrações, mas desproporcionado para reprimir faltas menores [514], se razão assistia ao diplomata, historiador e jurista para expressar-se assim, quando o Estado era neutro, absenteísta, não intervencionista, que dizer do instituto hoje, quando o Estado tomou proporções assustadoras e os poderes dos governantes modernos deixariam perplexo o próprio Luís XIV?

Suponha-se um Presidente desabusado, violento, agressivo, inescrupuloso, corruptor, que recorra aos imensos poderes e recursos sobre os quais o governo tem mão, e com eles desencadeie luta contra o Congresso — numeroso, contraditório, dividido, demorado em seus movimentos e decisões — e ter-se-á idéia do que pode ser um processo de responsabilidade: um conflito tanto mais áspero quanto mais perniciosa seja a autoridade processada, pois é manifesto que ela não assistiria impassível e resignada ao desenrolar de sua condenação... Antes que o processo chegasse em meio, teria ela levado o país à desordem, à violência, à convulsão, ao caos, ao pânico. Teria incendiado o país, ou estaria deposta. E malogrado o processo.

---

514. Bryce, *The American Commonwealth* (1920, v. I, p. 212): "Impeachment ... is the heaviest artillery in the congressional arsenal, but because it is so heavy it is unfit for ordinary use. It is like a hundred-ton gun which needs complex machinery to bring it into position, an enormous charge of powder to fire it, and a large mark to aim at. Or to vary the simile, impeachment is what the physicians call a heroic medicine, an extreme remedy, proper to be applied against an official guilty of political crimes, but ill adapted for the punishment of small transgressions". É de 1888 a primeira edição do livro de Bryce; na edição francesa, antes mencionada, v. I, p. 305.

O IMPEACHMENT

193

183. O descompasso entre o instituto e as necessidades sociais, que se traduz pela sua ineficácia, tem sido apontado por juristas e homens de Estado. "Ameaça desprezada e praticamente inverificável", foi como lhe chamou Ruy Barbosa, falando como candidato à presidência da República[515], uma vez que "aqui para logo degenerou em letra morta"[516].

Para Esmein o *impeachment* é uma "precaução inútil"[517]. "Ameaça pouco mais do que vã", foi como o conceituou Wilson[518]. Não é de palavras mui diversas que Joseph-Barthélemy se utiliza para dizer que é "puramente fictícia"[519] a responsabilidade que o *impeachment* se propõe apurar. Os autores mais recentes não usam de linguagem distinta. Binkley e Moos, por exemplo, dizem que o *impeachment* é "an awkward, time consuming and inadequate device"[520], e a *Encyclopaedia Britannica* informa que a principal crítica que se faz ao instituto é que ele é "cumbersome and anachronistic"[521]. "Instituição inútil", segundo Araya[522], ou "ilusória", conforme Barraquero[523], "é letra morta nas Constituições que o consagram", conclui Llama Barrios, uma vez que "quase todos os autores coincidem na opinião de que o juízo político tem uma eficiência quase nula"[524]; de "tão difícil se faz impraticável", na opinião de Carrasco[525]. No mesmo sentido é o magistério de Linares Quintana: "el juicio político ha resultado un mecanismo demasiado pesado y dificil de poner en marcha, y desde todo punto de vista ha sido inadecuado para hacer efectiva la responsalibidad de los funcionarios que se hallan sujetos al mismo"[525a].

---

515. Ruy Barbosa, *Excursão Eleitoral aos Estados da Bahia e Minas Gerais*, 1910, p. 62.

516. Ruy Barbosa, *O Direito do Amazonas*, v. II, n. 517, p. 583. Várias foram as manifestações de Ruy a respeito do *impeachment*. V. Paulo Brossard, *Presidencialismo e Parlamentarismo na Ideologia de Rui Barbosa*, 1950, p. 16 a 18.

517. Esmein, op. cit., v. II, p. 228.

518. Wilson, op. cit., p. 296.

519. Barthélemy, *Le Rôle du Pouvoir Exécutif*, p. 118.

520. Binkley e Moos, *A Grammar of American Politics*. The National Government, 1950, p. 477.

521. *Encyclopaedia Britannica*, 1959, verb. "impeachment".

522. Araya, op. cit., v. II, p. 58.

523. Barraquero, op. cit., p. 285.

524. Llama Barrios, op. cit., p. 45 e 144.

525. Carrasco, op. cit., v. II, p. 281 e 282.

525a. Linares Quintana, op. cit., v. VIII, n. 5456, p. 489.

Em uma palavra, e a sentença é de Aliomar Baleeiro, "o *impeachment* é a arma das democracias em sua infância"[526].

184. Nos quadros do Estado moderno o *impeachment* é um instituto que perdeu sua eficiência e utilidade. Não sendo de monta as infrações, a ele não se recorre; não haveria proporção entre a falta e a maquinaria a ser movimentada. "Si la faute est légère, on ne mettra pas en mouvement la lourde machine de l'impeachment: on ne se sert pas d'un marteau pilon pour écraser une noix"... mas se não se quebra uma noz com o malho gigante, o "remédio heróico" também não revela eficácia no caso de infrações maiúsculas, que permaneceriam impunes e agravando-se durante meses e meses, até que chegasse ao termo a guerra guerreada do processo de responsabilidade. Ou que "une revolution brutale" rompesse enquanto se processasse "la justice trop lente et trop formaliste des Chambres"...[527].

Felix Moreau resumiu, numa frase lapidar, toda a anomalia do processo de *impeachment* no século XX: "le jugement d'un ministre serait un scandale; le jugement du chef de l'Etat serait une révolution"[528].

185. Incapaz de solucionar as crises constitucionais, o *impeachment*, paradoxalmente, contribui para o agravamento delas. O instituto que, pela sua rigidez, não funciona a tempo e a hora, chega a .pôr em risco as instituições, e não poucas vezes elas se estilhaçam. Represadas as forças em conflito, a dinâmica dos fatos termina por fender as linhas do instituto envelhecido, e, transbordando do leito constitucional, a revolução passa a ser o rude sucedâneo do remédio tão minuciosa e cautelosamente disciplinado na lei. Desta realidade são testemunho as incursões armadas que pontilham, aqui e ali, os pleitos institucionais.

186. Outrossim, como é *a posteriori* que se apura a responsabilidade presidencial, as infrações têm de ser cometidas e os males consu-

---

526. Aliomar Baleeiro, *Denúncia contra o Sr. Ministro da Fazenda*, 1952, p. 86.

527. Barthélemy, op. cit., p. 18; Kimball, op. cit., p. 245; Bryce, op. cit., v. I, p. 212; trad. fr., v. I, p. 305.

528. Moreau, *Précis Élémentaire de Droit Constitutionnel*, 1911, n. 333, p. 349; 1921, n. 366, p. 367.

O IMPEACHMENT

mados para que depois, repressivamente, se pense em iniciar o processo, que afinal não inflige senão penalidade política, na prática quase a mesma que se aplica, preventivamente, no sistema parlamentar.

Destarte, de modo especial na fase derradeira do seu período, o Presidente da República pode malfazer à vontade; são conhecidos, por exemplo, os abusos praticados nos fins de governo, mormente quando as urnas ao governo são desfavoráveis, abusos que o espírito popular denominou "testamentos".

187. Não deixa de ser melancólico reconhecê-lo, mas não têm vida os artigos que a Constituição consagra à disciplina da responsabilidade presidencial, assim como nenhuma utilidade teve, até agora, a lei que os complementa. Revogada esta e suprimidos aqueles, talvez ninguém deles desse falta [529].

É teórica, não efetiva, a responsabilidade do Presidente da República, formalmente estabelecida na Constituição e minuciosamente regrada em lei. Neste sentido foi o depoimento, tão insuspeito quanto autorizado, de Borges de Medeiros [530], que o tempo não tem feito senão confirmar.

188. O apelo ao *impeachment* para solucionar crises resultantes do desajustamento do Presidente da República aos seus deveres oficiais é comparável à utilização de armaduras medievais em pleno século XX. Não se adapta e não resiste ao complexo de forças políticas, econômicas, sociais, que formam o tecido ordinário do governo moderno. Contemporâneo da navegação a vela, anterior à luz elétrica e à imprensa... deixou de ajustar-se ao frêmito e às exigências da vida atual.

Caiu na nulidade o instituto. Vale para o *impeachment* o que a respeito de outras instituições escreveu o Senador do Império, Ministro e Conselheiro de Estado, Paulino José Soares de Souza, Visconde do Uruguay: "essas instituições desacreditaram-se, e, como todas as que não são práticas, positivas e aplicáveis, não produziram fruto e caíram na nulidade" [531].

---

529. Cf. Hello, *Du Régime Constitutionnel*, 1830, p. 201.
530. Borges de Medeiros, *O Poder Moderador na República Presidencial*, 1933, p. 53 a 64.
531. Visconde do Uruguay, *Ensaio*, v. I, p. 203.

196 PAULO BROSSARD

189. O excessivo cuidado em evitar o emprego abusivo do *impeachment*, de resto, nunca verificado, gerou mal inverso e não menos grave. Vem a propósito o que escreveu Pontes de Miranda, ainda que versando assunto diverso: "responsabilidade só se faz efetiva se há remédios jurídicos prontos. ... A impunidade, havendo leis, é mais grave do que a impunidade por se não terem leis. O valor dos povos mede-se pelo valor intrínseco das suas leis e pela segurança de serem aplicadas em toda a sua extensão"[532]. Ora, dado que é praticamente inexeqüível, o *impeachment* se transformou em broquel de impunidade. "Na generalidade dos casos", escreveu Carrasco, "ele é a consagração da irresponsabilidade", e, mais do que instrumento de responsabilização, é "uma armadura de ferro que estabelece a impunidade"[533].

190. Se, nos Estados Unidos, Tiffany mostrou ter a experiência revelado que, por culpada que seja a autoridade, é difícil em extremo obter-se a sua condenação mediante *impeachment*[534]; se na Argentina é "uma instituição inútil"[535]; que dizer-se de sua aplicabilidade no Brasil, onde a Constituição exige o voto da maioria absoluta da Câmara dos Deputados para que a acusação seja decretada, e o voto de dois terços do Senado para que a condenação se opere? Parece que não foi levada em conta a advertência do Marquês de São Vicente, jurisconsulto e homem de Estado: "é sem dúvida preciso contar com a imperfeição das instituições humanas, mas é essencial reduzir esta imperfeição à menor expressão possível, e não aumentá-la"[536].

De outro lado, como uma tentativa frustrada de acusação é desastrosa para a República[537] e vantajosa para a autoridade que se queria responsabilizar, à lei se não recorre quando há mister: "Le leggi son, ma chi pon mano ad esse"?[538]

191. Aliás, fatos da história recente ilustram, com eloqüência, a inadequação do *impeachment* para os fins a que o destina a Constituição.

---

532. Pontes de Miranda, *Comentários ao Código de Processo Civil*, 1958, v. II, p. 254.

533. Carrasco, op. cit., v. II, p. 282 e 283.

534. Tiffany, op. cit., § 279, p. 132.

535. Araya, op. cit., v. II, p. 58; cf. Alfredo L. Palacios, *La Corte Suprema ante el Tribunal del Senado*, 1947, *passim*.

536. Pimenta Bueno, op. cit., v. I, n. 289, p. 216.

537. Tiffany, op. cit., § 280, p. 133.

538. Dante, *La Divina Commedia*; Purgatório, canto XVI, 97.

O IMPEACHMENT   197

Em 1954, depois de sucessivas avarias, o poder presidencial se dissolvera. O vazio por ele deixado foi preenchido pelo poder militar. Seguiu-se o suicídio do Presidente da República. Num ritmo de febre, estes sucessos constituíram réplica, primeiro dramática, trágica depois, à imprestabilidade do instituto [539].

Um ano após, sob a pressão de acontecimentos político-militares, a maioria das casas do Congresso demitiu o Presidente da Câmara interinamente investido na chefia do Poder Executivo. Dez dias passados era destituído o próprio Presidente da República, sob imputações que, se verdadeiras, constituiriam crimes de responsabilidade e motivariam, por isso mesmo, o processo político. Mui diverso, porém, foi o expediente empregado para a singular exoneração [540].

Sem forma nem figura de juízo, a maioria da Câmara e do Senado obteve em horas o que, observadas que fossem as formalidades de lei quanto ao *impeachment*, não alcançaria senão ao cabo de longos meses. Através de simples "resolução" foi decretado o "impedimento" de um e outro Presidente [541]. O "impedimento" assim declarado foi o sucedâneo do *impeachment*, e sucedâneo por inteiro delirante da medida constitucional [542]. O império dos fatos, porém, tão realçados, exigia pronto deslinde.

O movimento revolucionário, culminando crise constitucional que se arrastava desde tempos e que em 1964 foi adquirindo cores de intensa dramaticidade, sem precedentes na história do País, veio reiterar a ineficácia da providência legal existente para solver o conflito deflagrado. Alvitrado o *impeachment* para dirimi-lo, sem hesitações foi afas-

---

539. Cf. Raul Pilla, *Diário do Congresso Nacional*, 24 de agosto de 1954, p. 5850.

540. Armando Câmara, *Diário do Congresso Nacional*, 22 de novembro de 1955, Suplemento ao n. 175, p. 32: "faz-se ao Sr. Café Filho réu de crime de responsabilidade, como Presidente da República. O processo para declaração desses crimes — é o 'impeachment'. Suponho que o 'impeachment' é algo bem diverso do projeto de resolução em que se cassa o mandato do Presidente da República".

541. João de Oliveira Filho, *Revista dos Tribunais*, v. 269, p. 76 a 89; Afonso Arinos, *Estudos de Direito Constitucional*, p. 197 a 220, e *Curso*, n. 381 a 385, p. 243 a 245.

542. *Diário do Congresso Nacional*, 12 de novembro de 1955, p. 8372; Gustavo Capanema, p. 8374; Afonso Arinos, p. 8375; Octávio Mangabeira, p. 8376; *Diário do Congresso Nacional*, 15 de novembro de 1955; Carlos Luz, p. 8399 a 8403; *Diário do Congresso Nacional*, 22 de novembro de 1955, p. 8576; Suplemento ao n. 177, de 22, p. 21 e 27.

198 PAULO BROSSARD

tada a solução legal por se lhe reconhecer a imprestabilidade. Aliás, o simples aceno ao seu emprego provocou ameaça de parede geral. Não tardou, todavia, que se operasse o desbordamento institucional. Novamente os fatos se revoltaram contra o Código... e a solução extralegal foi a que prevaleceu [543]. Deposto pelas armas o Presidente da República, o cargo foi declarado vago pelo Presidente do Congresso [544].

192. Sob o influxo da revolução, o *impeachment* foi nominalmente aplicado em mais de um Estado: Pernambuco, Sergipe, Acre, Rio de Janeiro, Amazonas, Pará, Goiás... Mas como o *impeachment* exigiria longo tempo para chegar a termo, e como a situação não suportava as delongas naturais do seu regular andamento, foi ele substituído, em verdade, por uma fórmula tão original quanto eficiente: mediante escrutínio sumário e independente de processo, o cargo de governador foi declarado vago pelas Assembléias... [545]. Em diversos municípios de vários Estados sucedeu o mesmo. *Impeachment*, como estabelece a lei, em nenhum lugar foi praticado; nem o poderia ser.

193. Quando a natureza e a extensão de uma crise estariam a apontar o uso do *impeachment*, a ele se não recorre pelo agravamento da comoção que provocaria, desde que encetado; quando se estilham as normas constitucionais e o turbilhão revolucionário acelera soluções e a urgência é a tônica da crise, ao *impeachment* também não se recorre, e tem sido substituído pela mera declaração de vacância do cargo ou pela simples decretação do impedimento de seu titular.

---

543. Cf. João Leitão de Abreu, *A Validade da Ordem Jurídica*, 1964, p. 203.

544. *Diário do Congresso Nacional*, 3 de abril de 1964, sessão de 2 de abril, p. 90 e 91. Presentes 212 congressistas — 29 Senadores e 183 Deputados —, o Congresso esteve reunido por alguns minutos, tendo seu Presidente dito após breve alocução: "Declaro vaga a Presidência da República e, nos termos do artigo 79, da Constituição Federal, investido no cargo o Presidente da Câmara dos Deputados". E encerrou a sessão.

545. *Diário do Poder Legislativo*, Recife, 3 de abril de 1964: "Resolução n. 671. Ementa: Considera vago o cargo de Governador do Estado. A Assembléia Legislativa do Estado de Pernambuco resolve: Artigo 1.º Considerar vago o cargo de Governador do Estado. Artigo 2.º Determinar que a sucessão se processe na forma do artigo 58, da Constituição do Estado. Assembléia Legislativa do Estado de Pernambuco, em 1.º de abril de 1964".

O IMPEACHMENT

Não pode ser bom o instituto que se mostra assim imprestável para solucionar as emergências que explicam sua criação e justificariam seu emprego.

"Resolução n. 4. Declara vago o cargo de Governador do Estado e dá outras providências. O Presidente da Assembléia Legislativa do Estado de Sergipe: Faço saber que a Assembléia Legislativa do Estado de Sergipe decretou e a Mesa promulga a seguinte resolução: Considerando a atual situação política do país; considerando que o Governador João de Seixas Dória, como instrumento das forças extremistas e antipatrióticas, vem sucessivamente atentando contra a segurança e tranqüilidade do País e do Estado; considerando que, em virtude da atuação patriótica das Forças Armadas, o Governador João de Seixas Dória não mais se encontra à frente da Chefia do Poder Executivo; considerando que ao Poder Legislativo, como autêntico representante da soberania popular, incumbe zelar pela paz pública; Resolve: Artigo 1.º. É considerado vago o Cargo de Governador do Estado. Artigo 2.º. Nos termos da Constituição do Estado, as funções de Chefe do Poder Executivo passarão a ser exercidas pelo Vice-Governador. Artigo 3.º. Esta Resolução entrará em vigor na data de sua promulgação, revogadas as disposições em contrário. Sala das Sessões da Assembléia Legislativa do Estado de Sergipe, em Aracaju, 4 de abril de 1964."

Passado o impacto revolucionário, não foi fácil resolver a situação de Goiás. Decretada a intervenção federal por Decreto de 26 de novembro de 1964, de n. 55.082, e ao cabo de prolongados entendimentos e vasta movimentação de força militar, o *impeachment*, como se chamou, foi votado em 7 de janeiro de 1965. Como os demais, porém, decidido por simples "resolução" e independente de processo; "A Assembléia Legislativa do Estado de Goiás decreta e eu promulgo a seguinte resolução: Artigo 1.º. É reconhecida a incompatibilidade caracterizada nos itens 1, 2 e 3 do artigo 13, parágrafo 2.º, da Lei n. 5.735, de 30 de dezembro de 1964, do coronel Mauro Borges Teixeira para o exercício da função de governador de Goiás, e declarado vago esse cargo. Artigo 2.º. É negada licença solicitada pela Auditoria de Justiça da 4.ª Região Militar para processar na Justiça Militar ou comum o governador coronel R-1 Mauro Borges Teixeira, declarando-se não ser objeto de deliberação a denúncia por crime de responsabilidade oferecida pela mesma auditoria contra o citado governador, arquivando-se definitivamente o processo. Artigo 3.º. Esta declaração entrará em vigor na data de sua publicação, revogadas as disposições em contrário."

Logo que aprovada esta "resolução", comunicado oficial da Interventoria Federal em Goiás se referia à mesma em termos que vale a pena reproduzir: "a Assembléia Legislativa cominou ao governador Mauro Borges a maior penalidade que lhe era possível aplicar, isto é, condenou-o à perda do cargo de governador. Valeu-se, assim, a Assembléia Estadual, do recurso extremo que tem o Legislativo de afastar do cargo, através do 'impeachment', o governador que se revele inidôneo para exercê-lo. A utilização do 'impeachment' foi o meio adequado de, com grande economia processual, atingir o máximo da cominação penal deferido em lei a uma Assembléia Legislativa. Acresce que o emprego do processo comum de julgamento de crime de responsabilidade, com todas as

194. Vale observar, outrossim, que tal "impedimento" de Presi-dentes da República, Governadores e Prefeitos, bem como a sumária declaração de vacância de seus cargos, ao arrepio dos claros preceitos constitucionais, indicam que o meio utilizado se assemelha, curiosa-mente, ao vetusto concorrente do *impeachment* — o *bill of attainder* —, que das instituições norte-americanas foi banido ao ser promulgada a Constituição de Filadélfia [546] e que no direito brasileiro nunca teve assento.

Uma única votação, por simples maioria, tem derrogado o textc constitucional, e através dela uma condenação por via legislativa, sem defesa e sem processo, ressurgiu aqui como modo de contornar situações havidas por insustentáveis, já que o processo instituídc na Constituição e disciplinado em lei é inoperante e no corpo das leis inutilmente ocupa lugar.

195. Sem dúvida, já passou o tempo em que De Lolme podia re-ferir-se ao *impeachment* em termos de louvor: "meio admirável! que, afastando e punindo os ministros prevaricadores, traz de imediato o remédio aos males do Estado e indica vigorosamente os limites dentro nos quais o poder deve cingir-se; que do crime e da autoridade, a um tempo, extrai o escândalo e tranqüiliza os povos por um grande ato de justiça; meio, sobretudo, tão útil, que à falta de um seme-lhante, Machiavel atribui a ruína da sua república" [547].

Antes, parece definitivo o juízo de Ruy Barbosa: "...ninguém mais enxergou na responsabilidade presidencial senão um tigre de palha. Não é sequer um canhão de museu, que se pudesse recolher,

---

rumorosas inconveniências que alongariam ainda mais a crise goiana, na hipó-tese da condenação final, resultaria na aplicação da pena máxima de perda do cargo pelo governador Mauro Borges, objetivo já atingido de maneira expe-dita e de eficácia instantânea. Daí o arquivamento dos inquéritos ter sido uma decorrência de não caber à Assembléia pronunciar-se sobre matéria julgada e réu condenado".

546. Constituição dos Estados Unidos da América, art. 1, seção 9, cláu-sula 3.

547. De Lolme, *Constitution de l'Angleterre*, 1787, v. I, p. 89: "moyen admirable! qui, en écartant & puniffant des ministres prévaricateurs, apporte tout de fuite le remède aux maux de l'état, & indique fortement les bornes où le pouvoir doit fe renfermer; qui ôte le scandale du crime & de l'autorité réunis, & qui tranquillise les peuples par un grand acte de justice: moyen, en cela furtout si utile, que c'est au défaut d'un pareil que Machiavel attribue la ruine de sa république".

entre as antigualhas históricas, à secção arqueológica de uma armaria. É apenas um monstro de pagode, um grifo oriental, medonho na carranca e nas garras imóveis" [548].

196. A experiência revela que o *impeachment* é inepto para realizar os fins que lhe foram assinados pela Constituição. Ele não assegura, de maneira efetiva, a responsabilidade política do Presidente da República.

Este registro é de indisfarçável gravidade, pois a Constituição apregoa, logo em seu preâmbulo, o propósito de "organizar um regime democrático". E democracia supõe a responsabilidade dos que dirigem a coisa pública.

Depois, tanto mais grave e chocante é esta conclusão quanto se tenha presente a advertência que, já em 1826, fazia Bernardo Pereira de Vasconcellos, recém-abertas as portas do Parlamento Brasileiro: "sem responsabilidade efetiva não há Constituição senão em papel" [549].

---

548. Ruy Barbosa, *Ruínas de um Governo*, 1931, p. 97.
549. Bernardo Pereira de Vasconcellos, *Anais*, cit., v. II, p. 167, sessão de 16 de julho de 1826.

LEGISLAÇÃO

LEI N. 1.079, DE 10 DE ABRIL DE 1950 *

Define os crimes de responsabilidade e regula o respectivo processo de julgamento.

O Presidente da República.

Faço saber que o Congresso Nacional decreta e eu sanciono a seguinte Lei:

Parte Primeira
DO PRESIDENTE DA REPÚBLICA E MINISTROS DE ESTADO

Art. 1.º São crimes de responsabilidade os que esta Lei especifica.

Art. 2.º Os crimes definidos nesta Lei, ainda quando simplesmente tentados, são passíveis da pena de perda do cargo, com inabilitação, até 5 (cinco) anos, para o exercício de qualquer função pública, imposta pelo Senado Federal nos processos contra o Presidente da República ou Ministros de Estado, contra os Ministros do Supremo Tribunal Federal ou contra o Procurador-Geral da República.

Art. 3.º A imposição da pena referida no artigo anterior não exclui o processo e julgamento do acusado por crime comum, na justiça ordinária, nos termos das leis de processo penal.

---

* Publicada no *Diário Oficial da União*, de 12 de abril de 1950.

Art. 4.º São crimes de responsabilidade os atos do Presidente da República que atentarem contra a Constituição Federal, e, especialmente, contra:

I — a existência da União;

II — o livre exercício do Poder Legislativo, do Poder Judiciário e dos poderes constitucionais dos Estados;

III — o exercício dos direitos políticos, individuais e sociais;

IV — a segurança interna do País;

V — a probidade na administração;

VI — a lei orçamentária;

VII — a guarda e o legal emprego dos dinheiros públicos;

VIII — o cumprimento das decisões judiciárias (Constituição, art. 89).

. . . .

Capítulo II

DOS CRIMES CONTRA O LIVRE EXERCÍCIO DOS PODERES CONSTITUCIONAIS

Art. 6.º São crimes de responsabilidade contra o livre exercício dos Poderes Legislativo e Judiciário e dos poderes constitucionais dos Estados:

1. tentar dissolver o Congresso Nacional, impedir a reunião ou tentar impedir por qualquer modo o funcionamento de qualquer de suas Câmaras;

2. usar de violência ou ameaça contra algum representante da Nação para afastá-lo da Câmara a que pertença ou para coagi-lo no modo de exercer o seu mandato bem como conseguir ou tentar conseguir o mesmo objetivo mediante suborno ou outras formas de corrupção;

3. violar as imunidades asseguradas aos membros do Congresso Nacional, das Assembléias Legislativas dos Estados, da Câmara dos Vereadores do Distrito Federal e das Câmaras Municipais;

4. permitir que força estrangeira transite pelo território do País ou nele permaneça quando a isso se oponha o Congresso Nacional;

O IMPEACHMENT

5. opor-se diretamente e por fatos ao livre exercício do Poder Judiciário, ou obstar, por meios violentos, ao efeito dos seus atos, mandados ou sentenças;

6. usar de violência ou ameaça, para constranger juiz, ou jurado, a proferir ou deixar de proferir despacho, sentença ou voto, ou a fazer ou deixar de fazer ato do seu ofício;

7. praticar contra os poderes estaduais ou municipais ato definido como crime neste artigo;

8. intervir em negócios peculiares aos Estados ou aos Municípios com desobediência às normas constitucionais.

Capítulo III
DOS CRIMES CONTRA O EXERCÍCIO DOS DIREITOS POLÍTICOS, INDIVIDUAIS E SOCIAIS

Art. 7.º São crimes de responsabilidade contra o livre exercício dos direitos políticos, individuais e sociais:

1. impedir por violência, ameaça ou corrupção, o livre exercício do voto;

2. obstar ao livre exercício das funções dos mesários eleitorais;

3. violar o escrutínio de seção eleitoral ou inquinar de nulidade o seu resultado pela subtração, desvio ou inutilização do respectivo material;

4. utilizar o poder federal para impedir a livre execução da lei eleitoral;

5. servir-se das autoridades sob sua subordinação imediata para praticar abuso do poder, ou tolerar que essas autoridades o pratiquem sem repressão sua;

6. subverter ou tentar subverter por meios violentos a ordem política e social;

7. incitar militares à desobediência à lei ou infração à disciplina;

8. provocar animosidade entre as classes armadas ou contra elas, ou delas contra as instituições civis;

PAULO BROSSARD

9. violar patentemente qualquer direito ou garantia individual constante do art. 141 e bem assim os direitos sociais assegurados no art. 157 da Constituição;

10. tomar ou autorizar durante o estado de sítio medidas de repressão que excedam os limites estabelecidos na Constituição.

Capítulo IV
DOS CRIMES CONTRA A SEGURANÇA INTERNA DO PAÍS

Art. 8.º São crimes contra a segurança interna do País:

1. tentar mudar por violência a forma de governo da República;

2. tentar mudar por violência a Constituição Federal ou de algum dos Estados, ou lei da União, de Estado ou Município;

3. decretar o estado de sítio, estando reunido o Congresso Nacional, ou no recesso deste, não havendo comoção interna grave nem fatos que evidenciem estar a mesma a irromper ou não ocorrendo guerra externa;

4. praticar ou concorrer para que se perpetre qualquer dos crimes contra a segurança interna, definidos na legislação penal;

5. não dar as providências de sua competência para impedir ou frustrar a execução desses crimes;

6. ausentar-se do País sem autorização do Congresso Nacional;

7. permitir, de forma expressa ou tácita, a infração de lei federal de ordem pública;

8. deixar de tomar, nos prazos fixados, as providências determinadas por lei ou tratado federal e necessárias à sua execução e cumprimento.

Capítulo V
DOS CRIMES CONTRA A PROBIDADE NA ADMINISTRAÇÃO

Art. 9.º São crimes de responsabilidade contra a probidade na administração:

O IMPEACHMENT 207

1. omitir ou retardar dolosamente a publicação das leis e resoluções do Poder Legislativo ou dos atos do Poder Executivo;

2. não prestar ao Congresso Nacional, dentro de sessenta dias após a abertura da sessão legislativa, as contas relativas ao exercício anterior;

3. não tornar efetiva a responsabilidade dos seus subordinados, quando manifesta em delitos funcionais ou na prática de atos contrários à Constituição;

4. expedir ordens ou fazer requisição de forma contrária às disposições expressas da Constituição;

5. infringir, no provimento dos cargos públicos, as normas legais;

6. usar de violência ou ameaça contra funcionário público para coagi-lo a proceder ilegalmente, bem como utilizar-se de suborno ou de qualquer outra forma de corrupção para o mesmo fim;

7. proceder de modo incompatível com a dignidade, a honra e o decoro do cargo.

Capítulo VI
DOS CRIMES CONTRA A LEI ORÇAMENTÁRIA

Art. 10. São crimes de responsabilidade contra a lei orçamentária:

1. não apresentar ao Congresso Nacional a proposta do orçamento da República dentro dos primeiros dois meses de cada sessão legislativa;

2. exceder ou transportar, sem autorização legal, as verbas do orçamento;

3. realizar o estorno de verbas;

4. infringir, patentemente, e de qualquer modo, dispositivo da lei orçamentária.

Capítulo VII
DOS CRIMES CONTRA A GUARDA E LEGAL EMPREGO DOS DINHEIROS PÚBLICOS

Art. 11. São crimes de responsabilidade contra a guarda e o legal emprego dos dinheiros públicos:

1. ordenar despesas não autorizadas por lei ou sem observância das prescrições legais relativas às mesmas;

2. abrir crédito sem fundamento em lei ou sem as formalidades legais;

3. contrair empréstimo, emitir moeda corrente ou apólices, ou efetuar operação de crédito sem autorização legal;

4. alienar imóveis nacionais ou empenhar rendas públicas sem autorização em lei;

5. negligenciar a arrecadação das rendas, impostos e taxas, bem como a conservação do patrimônio nacional.

Capítulo VIII

DOS CRIMES CONTRA O CUMPRIMENTO DAS DECISÕES JUDICIÁRIAS

Art. 12. São crimes de responsabilidade contra as decisões judiciárias:

1. impedir, por qualquer meio, o efeito dos atos, mandados ou decisões do Poder Judiciário;

2. recusar o cumprimento das decisões do Poder Judiciário no que depender do exercício das funções do Poder Executivo;

3. deixar de atender a requisição de intervenção federal do Supremo Tribunal Federal ou do Tribunal Superior Eleitoral;

4. impedir ou frustrar pagamento determinado por sentença judiciária.

Título II

DOS MINISTROS DE ESTADO

Art. 13. São crimes de responsabilidade dos Ministros de Estado:

1. os atos definidos nesta Lei, quando por eles praticados ou ordenados;

2. os atos previstos nesta Lei que os Ministros assinarem com o Presidente da República ou por ordem deste praticarem;

O IMPEACHMENT

3. a falta de comparecimento sem justificação, perante a Câmara dos Deputados ou o Senado Federal, ou qualquer das suas comissões, quando uma ou outra casa do Congresso os convocar para, pessoalmente, prestarem informações acerca de assunto previamente determinado;

4. não prestarem, dentro em trinta dias e sem motivo justo, a qualquer das Câmaras do Congresso Nacional, as informações que ela lhes solicitar por escrito, ou prestarem-nas com falsidade.

Parte Segunda
PROCESSO E JULGAMENTO

Título Único
DO PRESIDENTE DA REPÚBLICA E MINISTROS DE ESTADO

Capítulo I
DA DENÚNCIA

Art. 14. É permitido a qualquer cidadão denunciar o Presidente da República ou Ministro de Estado, por crime de responsabilidade, perante a Câmara dos Deputados.

Art. 15. A denúncia só poderá ser recebida enquanto o denunciado não tiver, por qualquer motivo, deixado definitivamente o cargo.

Art. 16. A denúncia, assinada pelo denunciante e com a firma reconhecida, deve ser acompanhada dos documentos que a comprovem, ou da declaração de impossibilidade de apresentá-los, com a indicação do local onde possam ser encontrados. Nos crimes de que haja prova testemunhal, a denúncia deverá conter o rol das testemunhas, em número de cinco no mínimo.

Art. 17. No processo de crime de responsabilidade, servirá de escrivão um funcionário da Secretaria da Câmara dos Deputados, ou do Senado, conforme se achar o mesmo em uma ou outra casa do Congresso Nacional.

Art. 18. As testemunhas arroladas no processo deverão comparecer para prestar o seu depoimento, e a Mesa da Câmara dos Depu-

210 PAULO BROSSARD

tados ou do Senado, por ordem de quem serão notificadas, tomará as providências legais que se tornarem necessárias para compeli-las à obediência.

Capítulo II
DA ACUSAÇÃO

Art. 19. Recebida a denúncia, será lida no expediente da sessão seguinte e despachada a uma comissão especial eleita, da qual participem, observada a respectiva proporção, representantes de todos os partidos para opinar sobre a mesma.

Art. 20. A comissão a que alude o artigo anterior se reunirá dentro de quarenta e oito horas e, depois de eleger seu presidente e relator, emitirá parecer, dentro do prazo de dez dias, sobre se a denúncia deve ser ou não julgada objeto de deliberação. Dentro desse período poderá a comissão proceder às diligências que julgar necessárias ao esclarecimento da denúncia.

§ 1.º O parecer da comissão especial será lido no expediente da sessão da Câmara dos Deputados e publicado integralmente no *Diário do Congresso Nacional* e em avulsos, juntamente com a denúncia, devendo as publicações ser distribuídas a todos os deputados.

§ 2.º Quarenta e oito horas após a publicação oficial do parecer da comissão especial, será o mesmo incluído, em primeiro lugar, na ordem do dia da Câmara dos Deputados, para uma discussão única.

Art. 21. Cinco representantes de cada partido poderão falar, durante uma hora, sobre o parecer, ressalvado ao relator da comissão especial o direito de responder a cada um.

Art. 22. Encerrada a discussão do parecer, e submetido o mesmo a votação nominal, será a denúncia, com os documentos que a instruam, arquivada, se não for considerada objeto de deliberação. No caso contrário, será remetida por cópia autêntica ao denunciado, que terá o prazo de vinte dias para contestá-la e indicar os meios de prova com que pretenda demonstrar a verdade do alegado.

§ 1.º Findo esse prazo e com ou sem a contestação, a comissão especial determinará as diligências requeridas, ou que julgar convenientes, e realizará as sessões necessárias para a tomada do depoimento das testemunhas de ambas as partes, podendo ouvir o denun-

O IMPEACHMENT   211

ciante e o denunciado, que poderá assistir pessoalmente, ou por seu procurador, a todas as audiências e diligências realizadas pela comissão, interrogando e contestando as testemunhas e requerendo a reinquirição ou acareação das mesmas.

§ 2.º Findas essas diligências, a comissão especial proferirá, no prazo de dez dias, parecer sobre a procedência ou improcedência da denúncia.

§ 3.º Publicado e distribuído esse parecer na forma do § 1.º do art. 20, será o mesmo incluído na ordem do dia da sessão imediata para ser submetido a duas discussões, com o interregno de quarenta e oito horas entre uma e outra.

§ 4.º Nas discussões do parecer sobre a procedência ou improcedência da denúncia, cada representante de partido poderá falar uma só vez e durante uma hora, ficando as questões de ordem subordinadas ao disposto no § 2.º do art. 20.

Art. 23. Encerrada a discussão do parecer, será o mesmo submetido a votação nominal, não sendo permitidas, então, questões de ordem, nem encaminhamento de votação.

§ 1.º Se da aprovação do parecer resultar a procedência da denúncia, considerar-se-á decretada a acusação pela Câmara dos Deputados.

§ 2.º Decretada a acusação, será o denunciado intimado imediatamente pela Mesa da Câmara dos Deputados, por intermédio do 1.º Secretário.

§ 3.º Se o denunciado estiver ausente do Distrito Federal, a sua intimação será solicitada pela Mesa da Câmara dos Deputados, ao Presidente do Tribunal de Justiça do Estado em que ele se encontrar.

§ 4.º A Câmara dos Deputados elegerá uma comissão de três membros para acompanhar o julgamento do acusado.

§ 5.º São efeitos imediatos ao decreto da acusação do Presidente da República, ou de Ministro de Estado, a suspensão do exercício das funções do acusado e da metade do subsídio ou do vencimento, até sentença final.

§ 6.º Conforme se trate da acusação de crime comum ou de responsabilidade, o processo será enviado ao Supremo Tribunal Federal ou ao Senado Federal.

Capítulo III
DO JULGAMENTO

Art. 24. Recebido no Senado o decreto de acusação com o processo enviado pela Câmara dos Deputados e apresentado o libelo pela comissão acusadora, remeterá o Presidente cópia de tudo ao acusado, que, na mesma ocasião e nos termos dos §§ 2.º e 3.º do art. 23, será notificado para comparecer em dia prefixado perante o Senado.

Parágrafo único. Ao Presidente do Supremo Tribunal Federal enviar-se-á o processo em original, com a comunicação do dia designado para o julgamento.

Art. 25. O acusado comparecerá, por si ou pelos seus advogados, podendo, ainda, oferecer novos meios de prova.

Art. 26. No caso de revelia, marcará o Presidente novo dia para o julgamento e nomeará para a defesa do acusado um advogado, a quem se facultará o exame de todas as peças de acusação.

Art. 27. No dia aprazado para o julgamento, presentes o acusado, seus advogados, ou o defensor nomeado a sua revelia, e a comissão acusadora, o Presidente do Supremo Tribunal Federal, abrindo a sessão, mandará ler o processo preparatório, o libelo e os artigos de defesa; em seguida inquirirá as testemunhas, que deverão depor publicamente e fora da presença umas das outras.

Art. 28. Qualquer membro da Comissão acusadora ou do Senado, e bem assim o acusado ou seus advogados, poderão requerer que se façam às testemunhas perguntas que julgarem necessárias.

Parágrafo único. A Comissão acusadora, ou o acusado ou seus advogados, poderão contestar ou argüir as testemunhas sem contudo interrompê-las e requerer a acareação.

Art. 29. Realizar-se-á a seguir o debate verbal entre a comissão acusadora e o acusado ou os seus advogados pelo prazo que o Presidente fixar e que não poderá exceder de duas horas.

Art. 30. Findos os debates orais e retiradas as partes, abrir-se-á discussão sobre o objeto da acusação.

Art. 31. Encerrada a discussão o Presidente do Supremo Tribunal Federal fará relatório resumido da denúncia e das provas da acusação e da defesa e submeterá a votação nominal dos senadores o julgamento.

Art. 32. Se o julgamento for absolutório produzirá, desde logo, todos os efeitos a favor do acusado.

O IMPEACHMENT 213

Art. 33. No caso de condenação, o Senado por iniciativa do Presidente fixará o prazo de inabilitação do condenado para o exercício de qualquer função pública; e no caso de haver crime comum deliberará ainda sobre se o Presidente o deverá submeter à justiça ordinária, independentemente da ação de qualquer interessado.

Art. 34. Proferida a sentença condenatória, o acusado estará, *ipso facto*, destituído do cargo.

Art. 35. A resolução do Senado constará de sentença que será lavrada, nos autos do processo, pelo Presidente do Supremo Tribunal Federal, assinada pelos senadores que funcionarem como juízes, transcrita na ata da sessão e, dentro desta, publicada no *Diário Oficial* e no *Diário do Congresso Nacional*.

Art. 36. Não pode interferir, em nenhuma fase do processo de responsabilidade do Presidente da República ou dos Ministros de Estado, o deputado ou senador:

a) que tiver parentesco, consangüíneo ou afim, com o acusado, em linha reta; em linha colateral, os irmãos cunhados, enquanto durar o cunhadio, e os primos co-irmãos;

b) que, como testemunha do processo, tiver deposto de ciência própria.

Art. 37. O Congresso Nacional deverá ser convocado, extraordinariamente, pelo terço de uma de suas câmaras, caso a sessão legislativa se encerre sem que se tenha ultimado o julgamento do Presidente da República ou de Ministro de Estado, bem como no caso de ser necessário o início imediato do processo.

Art. 38. No processo e julgamento do Presidente da República e dos Ministros de Estado, serão subsidiários desta lei, naquilo em que lhes forem aplicáveis, assim os regimentos internos da Câmara dos Deputados e do Senado Federal, como o Código de Processo Penal.

Parte Terceira
Título I

Capítulo I
DOS MINISTROS DO SUPREMO TRIBUNAL FEDERAL

Art. 39. São crimes de responsabilidade dos Ministros do Supremo Tribunal Federal:

PAULO BROSSARD

1. alterar, por qualquer forma, exceto por via de recurso, a decisão ou voto já proferido em sessão do Tribunal;

2. proferir julgamento quando, por lei, seja suspeito na causa;

3. exercer atividade político-partidária;

4. ser patentemente desidioso no cumprimento dos deveres do cargo;

5. proceder de modo incompatível com a honra, dignidade e decoro de suas funções.

Capítulo II
DO PROCURADOR-GERAL DA REPÚBLICA

Art. 40. São crimes de responsabilidade do Procurador-Geral da República:

1. emitir parecer quando, por lei, seja suspeito na causa;

2. recusar-se à prática de ato que lhe incumba;

3. ser patentemente desidioso no cumprimento de suas atribuições;

4. proceder de modo incompatível com a dignidade e o decoro do cargo.

Título II
DO PROCESSO E JULGAMENTO

Capítulo I
DA DENÚNCIA

Art. 41. É permitido a todo cidadão denunciar, perante o Senado Federal, os Ministros do Supremo Tribunal Federal e o Procurador-Geral da República, pelos crimes de responsabilidade que cometerem (arts. 39 e 40).

Art. 42. A denúncia só poderá ser recebida se o denunciado não tiver, por qualquer motivo, deixado definitivamente o cargo.

Art. 43. A denúncia, assinada pelo denunciante com a firma reconhecida, deve ser acompanhada dos documentos que a comprovem ou da declaração de impossibilidade de apresentá-los, com a indicação do local onde possam ser encontrados. Nos crimes de que haja

O IMPEACHMENT 215

prova testemunhal, a denúncia deverá conter o rol das testemunhas, em número de cinco, no mínimo.

Art. 44. Recebida a denúncia pela Mesa do Senado, será lida no expediente da sessão seguinte e despachada a uma comissão especial, eleita para opinar sobre a mesma.

Art. 45. A comissão a que alude o artigo anterior reunir-se-á dentro de quarenta e oito horas e, depois de eleger o seu presidente e relator, emitirá parecer no prazo de dez dias sobre se a denúncia deve ser, ou não, julgada objeto de deliberação. Dentro desse período poderá a comissão proceder às diligências que julgar necessárias.

Art. 46. O parecer da comissão, com a denúncia e os documentos que a instruírem, será lido no expediente de sessão do Senado, publicado no *Diário do Congresso Nacional* e em avulsos, que deverão ser distribuídos entre os senadores, e dado para ordem do dia da sessão seguinte.

Art. 47. O parecer será submetido a uma só discussão e a votação nominal, considerando-se aprovado se reunir a maioria simples de votos.

Art. 48. Se o Senado resolver que a denúncia não deve constituir objeto de deliberação, serão os papéis arquivados.

Art. 49. Se a denúncia for considerada objeto de deliberação, a Mesa remeterá cópia de tudo ao denunciado, para responder à acusação no prazo de dez dias.

Art. 50. Se o denunciado estiver fora do Distrito Federal, a cópia lhe será entregue pelo Presidente do Tribunal de Justiça do Estado em que se achar. Caso se ache fora do País ou em lugar incerto e não sabido, o que será verificado pelo 1.º Secretário do Senado, a intimação far-se-á por edital, publicado no *Diário do Congresso Nacional*, com a antecedência de sessenta dias, aos quais se acrescerá, em comparecendo o denunciado, o prazo do art. 49.

Art. 51. Findo o prazo para a resposta do denunciado, seja esta recebida, ou não, a comissão dará parecer, dentro de dez dias, sobre a procedência ou improcedência da acusação.

Art. 52. Perante a comissão, o denunciante e o denunciado poderão comparecer pessoalmente ou por procurador, assistir a todos os atos e diligências por ela praticados, inquirir, reinquirir, contestar testemunhas e requerer a sua acareação. Para esse efeito, a comissão dará aos interessados conhecimento das suas reuniões e das diligências a que deva proceder, com a indicação de lugar, dia e hora.

216 PAULO BROSSARD

Art. 53. Findas as diligências, a comissão emitirá sobre elas o seu parecer, que será publicado e distribuído, com todas as peças que o instruírem, e dado para ordem do dia quarenta e oito horas, no mínimo, depois da distribuição.

Art. 54. Esse parecer terá uma só discussão e considerar-se-á aprovado se, em votação nominal, reunir a maioria simples dos votos.

Art. 55. Se o Senado entender que não procede a acusação, serão os papéis arquivados. Caso decida o contrário, a Mesa dará imediato conhecimento dessa decisão ao Supremo Tribunal Federal, ao Presidente da República, ao denunciante e ao denunciado.

Art. 56. Se o denunciado não estiver no Distrito Federal, a decisão ser-lhe-á comunicada à requisição da Mesa, pelo Presidente do Tribunal de Justiça do Estado onde se achar. Se estiver fora do País ou em lugar incerto e não sabido, o que será verificado pelo 1.º Secretário do Senado, far-se-á a intimação mediante edital pelo *Diário do Congresso Nacional*, com a antecedência de sessenta dias.

Art. 57. A decisão produzirá desde a data da sua intimação os seguintes efeitos contra o denunciado:

a) ficar suspenso do exercício das suas funções até sentença final;

b) ficar sujeito a acusação criminal;

c) perder, até sentença final, um terço dos vencimentos, que lhe será pago no caso de absolvição.

Capítulo II
DA ACUSAÇÃO E DA DEFESA

Art. 58. Intimado o denunciante ou o seu procurador da decisão a que aludem os três últimos artigos, ser-lhe-á dada vista do processo, na Secretaria do Senado, para, dentro de quarenta e oito horas, oferecer o libelo acusatório e o rol das testemunhas. Em seguida abrir-se-á vista ao denunciado ou ao seu defensor, pelo mesmo prazo, para oferecer a contrariedade e o rol das testemunhas.

Art. 59. Decorridos esses prazos, com o libelo e a contrariedade ou sem eles, serão os autos remetidos, em original, ao Presidente do Supremo Tribunal Federal, ou ao seu substituto legal, quando seja ele o denunciado, comunicando-se-lhe o dia designado para o julgamento e convidando-o para presidir a sessão.

Art. 60. O denunciante e o acusado serão notificados, pela forma estabelecida no art. 56, para assistirem ao julgamento, devendo as testemunhas ser, por um magistrado, intimadas a comparecer a requisição da Mesa.

Parágrafo único. Entre a notificação e o julgamento deverá mediar o prazo mínimo de dez dias.

Art. 61. No dia e hora marcados para o julgamento, o Senado reunir-se-á, sob a presidência do Presidente do Supremo Tribunal Federal ou do seu substituto legal. Verificada a presença de número legal de senadores, será aberta a sessão e feita a chamada das partes, acusador e acusado, que poderão comparecer pessoalmente ou pelos seus procuradores.

Art. 62. A revelia do acusador não importará transferência do julgamento, nem perempção da acusação.

§ 1.º A revelia do acusado determinará o adiamento do julgamento, para o qual o Presidente designará novo dia, nomeando um advogado para defender o revel.

§ 2.º Ao defensor nomeado será facultado o exame de todas as peças do processo.

Art. 63. No dia definitivamente aprazado para o julgamento, verificado o número legal de senadores, será aberta a sessão e facultado o ingresso às partes ou aos seus procuradores. Serão juízes todos os senadores presentes, com exceção dos impedidos nos termos do art. 36.

Parágrafo único. O impedimento poderá ser oposto pelo acusador ou pelo acusado e invocado por qualquer senador.

Art. 64. Constituído o Senado em Tribunal de julgamento, o Presidente mandará ler o processo e, em seguida, inquirirá publicamente as testemunhas, fora da presença umas das outras.

Art. 65. O acusador e o acusado, ou os seus procuradores, poderão reinquirir as testemunhas, contestá-las sem interrompê-las e requerer a sua acareação. Qualquer senador poderá requerer sejam feitas as perguntas que julgar necessárias.

Art. 66. Finda a inquirição, haverá debate oral, facultadas a réplica e a tréplica entre o acusador e o acusado, pelo prazo que o Presidente determinar.

PAULO BROSSARD

Parágrafo único. Ultimado o debate, retirar-se-ão as partes do recinto da sessão e abrir-se-á uma discussão única entre os senadores sobre o objeto da acusação.

Art. 67. Encerrada a discussão, fará o Presidente um relatório resumido dos fundamentos da acusação e da defesa, bem como das respectivas provas, submetendo em seguida o caso a julgamento.

Capítulo III
DA SENTENÇA

Art. 68. O julgamento será feito em votação nominal pelos senadores desimpedidos, que responderão "sim" ou "não" à pergunta enunciada pelo Presidente: "Cometeu o acusado F o crime que lhe é imputado e deve ser condenado à perda do seu cargo?"

Parágrafo único. Se a resposta afirmativa obtiver, pelo 'menos, dois terços dos votos dos senadores presentes, o Presidente fará nova consulta ao plenário sobre o tempo, não excedente de cinco anos, durante o qual o condenado deverá ficar inabilitado para o exercício de qualquer função pública.

Art. 69. De acordo com a decisão do Senado, o Presidente lavrará, nos autos, a sentença, que será assinada por ele e pelos senadores, que tiverem tomado parte no julgamento, e transcrita na ata.

Art. 70. No caso de condenação, fica o acusado desde logo destituído do seu cargo. Se a sentença for absolutória, produzirá a imediata reabilitação do acusado, que voltará ao exercício do cargo, com direito à parte dos vencimentos de que tenha sido privado.

Art. 71. Da sentença, dar-se-á imediato conhecimento ao Presidente da República, ao Supremo Tribunal Federal e ao acusado.

Art. 72. Se no dia do encerramento do Congresso Nacional não estiver concluído o processo ou julgamento de Ministro do Supremo Tribunal Federal ou do Procurador-Geral da República, deverá ele ser convocado extraordinariamente pelo terço do Senado Federal.

Art. 73. No processo e julgamento de Ministro do Supremo Tribunal, ou do Procurador-Geral da República, serão subsidiários desta Lei, naquilo em que lhes forem aplicáveis, o Regimento Interno do Senado Federal e o Código de Processo Penal.

O IMPEACHMENT

Parte Quarta
Título Único

Capítulo I
DOS GOVERNADORES E SECRETÁRIOS DOS ESTADOS

Art. 74. Constituem crimes de responsabilidade dos governadores dos Estados ou dos seus secretários, quando por eles praticados, os atos definidos como crimes nesta Lei.

Capítulo II
DA DENÚNCIA, ACUSAÇÃO E JULGAMENTO

Art. 75. É permitido a todo cidadão denunciar o governador perante a Assembléia Legislativa, por crime de responsabilidade.

Art. 76. A denúncia, assinada pelo denunciante e com a firma reconhecida, deve ser acompanhada dos documentos que a comprovem, ou da declaração de impossibilidade de apresentá-los, com a indicação do local em que possam ser encontrados. Nos crimes de que houver prova testemunhal, conterá o rol das testemunhas, em número de cinco pelo menos.

Parágrafo único. Não será recebida a denúncia depois que o governador, por qualquer motivo, houver deixado definitivamente o cargo.

Art. 77. Apresentada a denúncia e julgada objeto de deliberação, se a Assembléia Legislativa, por maioria absoluta, decretar a procedência da acusação, será o governador imediatamente suspenso de suas funções.

Art. 78. O governador será julgado nos crimes de responsabilidade, pela forma que determinar a Constituição do Estado, e não poderá ser condenado, senão à perda do cargo, com inabilitação até cinco anos, para o exercício de qualquer função pública, sem prejuízo da ação da justiça comum.

§ 1.º Quando o tribunal de julgamento for de jurisdição mista, serão iguais, pelo número, os representantes dos órgãos que o integrarem, excluído o Presidente, que será o Presidente do Tribunal de Justiça.

PAULO BROSSARD

§ 2.º Em qualquer hipótese, só poderá ser decretada a condenação pelo voto de dois terços dos membros de que se compuser o tribunal de julgamento.

§ 3.º Nos Estados, onde as Constituições não determinarem o processo nos crimes de responsabilidade dos governadores, aplicar-se-á o disposto nesta Lei, devendo, porém, o julgamento ser proferido por um tribunal composto de cinco membros do Legislativo e de cinco desembargadores, sob a presidência do Presidente do Tribunal de Justiça local, que terá direito de voto no caso de empate. A escolha desse Tribunal será feita — a dos membros do legislativo, mediante eleição pela Assembléia; a dos desembargadores, mediante sorteio.

§ 4.º Esses atos deverão ser executados dentro em cinco dias contados da data em que a Assembléia enviar ao Presidente do Tribunal de Justiça os autos do processo, depois de decretada a procedência da acusação.

Art. 79. No processo e julgamento do governador serão subsidiários desta Lei naquilo em que lhe forem aplicáveis, assim o regimento interno da Assembléia Legislativa e do Tribunal de Justiça, como o Código de Processo Penal.

Parágrafo único. Os secretários de Estado, nos crimes conexos com os dos governadores, serão sujeitos ao mesmo processo e julgamento.

DISPOSIÇÕES GERAIS

Art. 80. Nos crimes de responsabilidade do Presidente da República e dos Ministros de Estado, a Câmara dos Deputados é tribunal de pronúncia e o Senado Federal, tribunal de julgamento; nos crimes de responsabilidade dos Ministros do Supremo Tribunal Federal e do Procurador-Geral da República, o Senado Federal é, simultaneamente, tribunal de pronúncia e julgamento.

Parágrafo único. O Senado Federal, na apuração e julgamento dos crimes de responsabilidade, funciona sob a presidência do Presidente do Supremo Tribunal, e só proferirá sentença condenatória pelo voto de dois terços dos seus membros.

Art. 81. A declaração de procedência da acusação nos crimes de responsabilidade só poderá ser decretada pela maioria absoluta da Câmara que a proferir.

O IMPEACHMENT 221

Art. 82. Não poderá exceder de cento e vinte dias, contados da data da declaração da procedência da acusação, o prazo para o processo e julgamento dos crimes definidos nesta Lei.

Art. 83. Esta Lei entrará em vigor na data da sua publicação, revogadas as disposições em contrário.

Rio de Janeiro, 10 de abril de 1950; 129.º da Independência e 62.º da República.

EURICO G. DUTRA
Honório Monteiro
Sylvio de Noronha
Canrobert P. da Costa
Raul Fernandes
Guilherme da Silveira
João Valdetaro de Amorim e Mello
Daniel de Carvalho
Clemente Mariani
Armando Trompowsky

DECRETO-LEI N. 201, DE 27 DE FEVEREIRO DE 1967 *

Dispõe sobre a responsabilidade dos Prefeitos e Vereadores, e dá outras providências.

O Presidente da República, usando da atribuição que lhe confere o § 2.º do art. 9.º do Ato Institucional n. 4, de 7 de dezembro de 1966, decreta:

Art. 1.º São crimes de responsabilidade dos Prefeitos Municipais, sujeitos ao julgamento do Poder Judiciário, independentemente do pronunciamento da Câmara dos Vereadores:

I — Apropriar-se de bens ou rendas públicas, ou desviá-los em proveito próprio ou alheio.

II — Utilizar-se, indevidamente, em proveito próprio ou alheio, de bens, rendas ou serviços públicos.

III — Desviar, ou aplicar indevidamente, rendas ou verbas públicas.

IV — Empregar subvenções, auxílios, empréstimos ou recursos de qualquer natureza, em desacordo com os planos ou programas a que se destinam.

V — Ordenar ou efetuar despesas não autorizadas por lei, ou realizá-las em desacordo com as normas financeiras pertinentes.

VI — Deixar de prestar contas anuais da administração financeira do Município à Câmara de Vereadores, ou ao órgão que a Constituição do Estado indicar, nos prazos e condições estabelecidos.

---

* Publicado no *Diário Oficial da União*, de 27 de fevereiro de 1967.

VII — Deixar de prestar contas, no devido tempo, ao órgão competente, da aplicação de recursos, empréstimos, subvenções ou auxílios internos ou externos, recebidos a qualquer título.

VIII — Contrair empréstimo, emitir apólices, ou obrigar o Município por títulos de crédito, sem autorização da Câmara ou em desacordo com a lei.

IX — Conceder empréstimos, auxílios ou subvenções sem autorização da Câmara, ou em desacordo com a lei.

X — Alienar ou onerar bens imóveis, ou rendas municipais, sem autorização da Câmara, ou em desacordo com a lei.

XI — Adquirir bens, ou realizar serviços e obras, sem concorrência ou coleta de preços, nos casos exigidos em lei.

XII — Antecipar ou inverter a ordem de pagamento a credores do Município, sem vantagem para o erário.

XIII — Nomear, admitir ou designar servidor, contra expressa disposição de lei.

XIV — Negar execução a lei federal, estadual ou municipal, ou deixar de cumprir ordem judicial, sem dar o motivo da recusa ou da impossibilidade, por escrito, à autoridade competente.

XV — Deixar de fornecer certidões de atos ou contratos municipais dentro do prazo estabelecido em lei.

§ 1.º Os crimes definidos neste artigo são de ordem pública, punidos os dos itens I e II, com a pena de reclusão, de dois a doze anos, e os demais, com a pena de detenção, de três meses a três anos.

§ 2.º A condenação definitiva em qualquer dos crimes definidos neste artigo acarreta a perda do cargo e a inabilitação, pelo prazo de cinco anos, para o exercício de cargo ou função pública, eletivo ou de nomeação, sem prejuízo da reparação civil do dano causado ao patrimônio público ou particular.

Art. 2.º O processo dos crimes definidos no artigo anterior é o comum do juízo singular, estabelecido pelo Código de Processo Penal, com as seguintes modificações:

I — Antes de receber a denúncia, o Juiz ordenará a notificação do acusado para apresentar defesa prévia no prazo de cinco dias. Se o acusado não for encontrado para a notificação, ser-lhe-á nomeado defensor, a quem caberá apresentar a defesa, dentro no mesmo prazo.

II — Ao receber a denúncia, o Juiz manifestar-se-á, obrigatória e motivadamente, sobre a prisão preventiva do acusado, nos casos dos itens I e II do artigo anterior, e sobre o seu afastamento do exercício do cargo durante a instrução criminal, em todos os casos.

III — Do despacho, concessivo ou denegatório, de prisão preventiva, ou de afastamento do cargo do acusado, caberá recurso, em sentido estrito, para o Tribunal competente, no prazo de cinco dias, em autos apartados. O recurso do despacho que decretar a prisão preventiva ou o afastamento do cargo terá efeito suspensivo.

§ 1.º Os órgãos federais, estaduais ou municipais, interessados na apuração da responsabilidade do Prefeito, podem requerer a abertura de inquérito policial ou a instauração da ação penal pelo Ministério Público, bem como intervir, em qualquer fase do processo, como assistente da acusação.

§ 2.º Se as providências para a abertura do inquérito policial ou instauração da ação penal não forem atendidas pela autoridade policial ou pelo Ministério Público estadual, poderão ser requeridas ao Procurador-Geral da República.

Art. 3.º O Vice-Prefeito, ou quem vier a substituir o Prefeito, fica sujeito ao mesmo processo do substituído, ainda que tenha cessado a substituição.

Art. 4.º São infrações político-administrativas dos Prefeitos Municipais sujeitas ao julgamento pela Câmara dos Vereadores e sancionadas com a cassação do mandato:

I — Impedir o funcionamento regular da Câmara.

II — Impedir o exame de livros, folhas de pagamento e demais documentos que devam constar dos arquivos da Prefeitura, bem como a verificação de obras e serviços municipais, por comissão de investigação da Câmara ou auditoria, regularmente instituída.

III — Desatender, sem motivo justo, as convocações ou os pedidos de informações da Câmara, quando feitos a tempo e em forma regular.

IV — Retardar a publicação ou deixar de publicar as leis e atos sujeitos a essa formalidade.

V — Deixar de apresentar à Câmara, no devido tempo, e em forma regular, a proposta orçamentária.

VI — Descumprir o orçamento aprovado para o exercício financeiro.

VII — Praticar, contra expressa disposição de lei, ato de sua competência ou omitir-se na sua prática.

VIII — Omitir-se ou negligenciar na defesa de bens, rendas, direitos ou interesses do Município, sujeitos à administração da Prefeitura.

IX — Ausentar-se do Município, por tempo superior ao permitido em lei, ou afastar-se da Prefeitura, sem autorização da Câmara dos Vereadores.

X — Proceder de modo incompatível com a dignidade e o decoro do cargo.

Art. 5.º O processo de cassação do mandato do Prefeito pela Câmara, por infrações definidas no artigo anterior, obedecerá ao seguinte rito, se outro não for estabelecido pela legislação do Estado respectivo:

I — A denúncia escrita da infração poderá ser feita por qualquer eleitor, com a exposição dos fatos e a indicação das provas. Se o denunciante for Vereador, ficará impedido de votar sobre a denúncia e de integrar a Comissão processante, podendo, todavia, praticar todos os atos de acusação. Se o denunciante for o Presidente da Câmara, passará a Presidência ao substituto legal, para os atos do processo, e só votará se necessário para completar o *quorum* de julgamento. Será convocado o suplente do Vereador impedido de votar, o qual não poderá integrar a Comissão processante.

II — De posse da denúncia, o Presidente da Câmara, na primeira sessão, determinará sua leitura e consultará a Câmara sobre o seu recebimento. Decidido o recebimento, pelo voto da maioria dos presentes, na mesma sessão será constituída a Comissão processante, com três Vereadores sorteados entre os desimpedidos, os quais elegerão, desde logo, o Presidente e o Relator.

III — Recebendo o processo, o Presidente da Comissão iniciará os trabalhos, dentro em cinco dias, notificando o denunciado, com a remessa de cópia da denúncia e documentos que a instruírem, para que, no prazo de dez dias, apresente defesa prévia, por escrito, indique as provas que pretender produzir e arrole testemunhas, até o máximo de dez. Se estiver ausente do Município, a notificação far-se-á por edital, publicado duas vezes, no órgão oficial, com intervalo de três dias, pelo menos, contado o prazo da primeira publicação. Decorrido o prazo de defesa, a Comissão processante emitirá parecer dentro em cinco dias, opinando pelo prosseguimento ou arquivamento da denúncia, o qual, neste caso, será submetido ao Plenário. Se a Comissão opinar pelo prosseguimento, o Presidente designará, desde logo, o início da instrução, e determinará os atos, diligências e audiências que se fizerem necessários, para o depoimento do denunciado e inquirição das testemunhas.

IV — O denunciado deverá ser intimado de todos os atos do processo, pessoalmente, ou na pessoa de seu procurador, com a antecedência, pelo menos, de vinte e quatro horas, sendo-lhe permitido assistir às diligências e audiências, bem como formular perguntas e reperguntas às testemunhas e requerer o que for de interesse da defesa.

V — Concluída a instrução, será aberta vista do processo ao denunciado, para razões escritas, no prazo de cinco dias, e, após, a Comissão processante emitirá parecer final, pela procedência ou improcedência da acusação, e solicitará ao Presidente da Câmara a convocação de sessão para julgamento. Na sessão de julgamento, o processo será lido, integralmente, e, a seguir, os Vereadores que o desejarem poderão manifestar-se verbalmente, pelo tempo máximo de quinze minutos cada um, e, ao final, o denunciado, ou seu procurador, terá o prazo máximo de duas horas, para produzir sua defesa oral.

VI — Concluída a defesa, proceder-se-á a tantas votações nominais quantas forem as infrações articuladas na denúncia. Considerar-se-á afastado, definitivamente, do cargo, o denunciado que for declarado, pelo voto de dois terços pelo menos dos membros da Câmara, incurso em qualquer das infrações especificadas na denúncia. Concluído o julgamento, o Presidente da Câmara proclamará imediatamente o resultado e fará lavrar ata que consigne a votação nominal sobre cada infração, e, se houver condenação, expedirá o competente decreto legislativo de cassação do mandato de Prefeito. Se o resultado da votação for absolutório, o Presidente determinará o arquivamento do processo. Em qualquer dos casos, o Presidente da Câmara comunicará à Justiça Eleitoral o resultado.

VII — O processo, a que se refere este artigo, deverá estar concluído dentro em noventa dias, contados da data em que se efetivar a notificação do acusado. Transcorrido o prazo sem o julgamento, o processo será arquivado, sem prejuízo de nova denúncia ainda que sobre os mesmos fatos.

Art. 6.º Extingue-se o mandato de Prefeito, e, assim, deve ser declarado pelo Presidente da Câmara de Vereadores, quando:

I — Ocorrer falecimento, renúncia por escrito, cassação dos direitos políticos ou condenação por crime funcional ou eleitoral.

II — Deixar de tomar posse, sem motivo justo aceito pela Câmara, dentro do prazo estabelecido em lei.

III — Incidir nos impedimentos para o exercício do cargo, estabelecidos em lei, e não se desincompatibilizar até a posse, e, nos casos supervenientes, no prazo que a lei ou a Câmara fixar.

Parágrafo único. A extinção do mandato independe de deliberação do plenário e se tornará efetiva desde a declaração do fato ou ato extintivo pelo Presidente e sua inserção em ata.

Art. 7.º A Câmara poderá cassar o mandato de Vereador, quando:

I — Utilizar-se do mandato para a prática de atos de corrupção ou de improbidade administrativa.

II — Fixar residência fora do Município.

III — Proceder de modo incompatível com a dignidade da Câmara ou faltar com o decoro na sua conduta pública.

§ 1.º O processo de cassação de mandato de Vereador é, no que couber, o estabelecido no art. 5.º deste Decreto-lei.

§ 2.º O Presidente da Câmara poderá afastar de suas funções o Vereador acusado desde que a denúncia seja recebida pela maioria absoluta dos membros da Câmara, convocando o respectivo suplente, até o julgamento final. O suplente convocado não intervirá nem votará nos atos do processo do substituído.

Art. 8.º Extingue-se o mandato do Vereador e assim será declarado pelo Presidente da Câmara, quando:

I — Ocorrer falecimento, renúncia por escrito, cassação dos direitos políticos ou condenação por crime funcional ou eleitoral.

II — Deixar de tomar posse, sem motivo justo aceito pela Câmara, dentro do prazo estabelecido em lei.

III — Deixar de comparecer, em cada sessão legislativa anual, à terça parte das sessões ordinárias da Câmara Municipal, salvo por motivo de doença comprovada, licença ou missão autorizada pela edilidade; ou, ainda, deixar de comparecer a cinco sessões extraordinárias convocadas pelo Prefeito, por escrito e mediante recibo de recebimento, para apreciação de matéria urgente, assegurada ampla defesa, em ambos os casos.

- Inciso com redação dada pela Lei n. 6.793, de 11-6-1980.

IV — Incidir nos impedimentos para o exercício do mandato, estabelecidos em lei e não se desincompatibilizar até a posse, e, nos casos supervenientes, no prazo fixado em lei ou pela Câmara.

§ 1.º Ocorrido e comprovado o ato ou fato extintivo, o Presidente da Câmara, na primeira sessão, comunicará ao plenário e fará constar da ata a declaração da extinção do mandato e convocará imediatamente o respectivo suplente.

§ 2.º Se o Presidente da Câmara omitir-se nas providências do parágrafo anterior, o suplente do Vereador ou o Prefeito Municipal poderá requerer a declaração de extinção do mandato, por via judicial, e se procedente, o juiz condenará o Presidente omisso nas custas do processo e honorários de advogado que fixará de plano, importando a decisão judicial na destituição automática do cargo da Mesa e no impedimento para nova investidura durante toda a legislatura.

§ 3.º O disposto no item III não se aplicará às sessões extraordinárias que forem convocadas pelo Prefeito, durante os períodos de recesso das Câmaras Municipais.

- Parágrafo acrescentado pela Lei n. 5.659, de 8-6-1971.

Art. 9.º O presente Decreto-lei entrará em vigor na data de sua publicação, revogadas as Leis ns. 211, de 7 de janeiro de 1948, e 3.528, de 3 de janeiro de 1959, e demais disposições em contrário.

Brasília, 27 de fevereiro de 1967; 146.º da Independência e 79.º da República.

H. CASTELLO BRANCO
Carlos Medeiros Silva

BIBLIOGRAFIA

ABBAMONTE, Giuseppe. *Il Processo Costituzionale Italiano*. Nápoles, 1957 e 1962. 2 v.

ABREU, João Leitão de. *A Validade da Ordem Jurídica*. Porto Alegre, 1964.

ADAMS, John Quincy. *Memoirs*. Apud Simpson.

ALBUQUERQUE, Paulo de. *O "Impeachment" na Órbita Estadual*. Maceió, 1957.

ALMEIDA, Joaquim Canuto Mendes de. *Parecer*. Apud Hahnemann Guimarães (Representações n. 96, 97 e 111). *Revista Forense*, v. 125 e 126.

ALMEIDA JR., João Mendes de. *O Processo Criminal Brasileiro*. 3. ed. Rio de Janeiro, 1920.

AMADO, Gilberto. *O Brasil e o Direito do Mar*. Discurso proferido na Comissão Plenária da II Conferência das Nações Unidas sobre o Direito do Mar. *O Estado de S. Paulo*, 10 de abril de 1960.

AMERICAN LAW REPORTS ANNOTATED, v. XXX, 1924.

AMERICAN POLITICAL SCIENCE REVIEW, v. 2, 1908.

AMPHOUX, Jean. *Le Chancelier fédéral dans le régime constitutionnel de la République Fédérale d'Allemagne*. Paris, 1962.

ANAIS DA ASSEMBLÉIA CONSTITUINTE DO ESTADO DO RIO GRANDE DO SUL (de 1935). Porto Alegre, 1936. 2 v.

ANAIS DO CONGRESSO CONSTITUINTE DO ESTADO DE SÃO PAULO DE 1901. São Paulo, 1902.

ANDERSON, William e WEIDNER, Edward W. *State and Local Government in the United States*. New York, 1951.

ANDRADA, Lafayete de. *Voto. Revista Forense*, v. 125 (Representações n. 96 e 97).

ANDRADE, Jacinto Freyre de. *Vida de D. João de Castro, Quarto Viso-Rei da Índia*. Lisboa, 1861.

ANNAES DO PARLAMENTO BRAZILEIRO. Câmara dos Srs. Deputados. Primeiro Anno da Primeira Legislatura. Sessão de 1826. Rio de Janeiro, 1874. v. I, II e III.

ANNAES DO SENADO DO IMPÉRIO DO BRAZIL. 2.ª Sessão da 20.ª Legislatura, de 27 de abril a 31 de maio de 1887. Rio de Janeiro, 1887. v. 1.

ANSON, William R. *Loi et Pratique Constitutionnelles de l'Angleterre*. Paris, 1903. 2 v.

ANTUNES, Fernando. *Do Município Brasileiro*. Porto Alegre, 1926.

ANTUNES, J. Pinto. *Da Limitação dos Poderes*. Belo Horizonte, 1955.

AQUINO, Miguel Jiménez. *La Responsabilidad ante el Parlamento*. Madri, 1901.

ARANGIO-RUIZ, Gaetano. *Istituzioni di Diritto Costituzionale Italiano*. Torino, 1913.

ARARIPE, Alencar. *Documentos Parlamentares*. v. 94.

ARAYA, Perfecto. *Comentario a la Constitución de la Nación Argentina*. Buenos Aires, 1908 e 1911. 2 v.

ARCHIBALD, W. F. A. Courts. In: *The Laws of England*. v. IX.

ARÉCHAGA, Justino E. Jiménez de. *El Poder Legislativo*. Montevideo.

ARINOS, Afonso. *V*. Melo Franco.

AROSOMENA, Justo. *Estudios Constitucionales sobre los Gobiernos de la América Latina*. Paris, 1888. 2 v.

ARQUIVO JUDICIÁRIO, v. 43.

ASSIS BRASIL, Joaquim Francisco de. *Do Governo Presidencial na República Brasileira*. 2. ed. Rio de Janeiro, 1934.

ATTENBOROUGH, Charles L. Criminal Law and Procedure. In: *The Laws of England*. v. IX.

AZAMBUJA, Darcy. *Teoria Geral do Estado*. Porto Alegre, 1942.

AZEVEDO, Duarte de. *Anais do Congresso Constituinte do Estado de São Paulo de 1901*. São Paulo, 1902.

AZEVEDO, Fay de. *Anais da Assembléia Constituinte do Estado do Rio Grande do Sul*. Porto Alegre, 1936. 2 v.

AZEVEDO, Noé. Parecer. Apud Hahnemann Guimarães. Representações n. 96, 97 e 111. *Revista Forense*, v. 125 e 126.

BAGEHOT, Walter. *The English Constitution*. London, 1952.

BALDWIN. Discurso. Apud Mariano Granados. *Introdução a Albert Noblet*.

BALEEIRO, Aliomar. *A Tributação e a Imunidade da Dívida Pública*. Bahia, 1939.

—————. *Alguns Andaimes da Constituição*. Rio de Janeiro, 1950.

—————. *Limitações Constitucionais ao Poder de Tributar*. Rio de Janeiro, 1950 e 1960.

—————. Voto. In: *Denúncia contra o Sr. Ministro da Fazenda*. Rio de Janeiro, 1952.

BANDEIRA F.º, A. H. de Souza. *O Recurso de Graça*. Rio de Janeiro, 1878.

BARBALHO, João. *Constituição Federal Brasileira. Comentários*. Rio de Janeiro, 1902.

BARBOSA, Baltazar. Sentença, *Justiça*, v. XXXI.

BARBOSA, Ruy. *Obras Completas*. v. XX, t. II e V; v. XXV, t. VI; v. XXXII, t. II.

—————. *Comentários à Constituição Federal Brasileira*. Coligidos e Ordenados por Homero Pires. São Paulo, 1932/1934. 5 v.

—————. Pareceres. *O Direito*, v. 73, 88, 100 e 114; *Revista de Direito*, v. 45; *Diário do Congresso Nacional*, 27 de outubro de 1910 e 7 de setembro de 1913.

—————. O "Impeachment" na Constituição da Bahia. *O Direito*, v. 100.

—————. *O Direito do Amazonas ao Acre Setentrional*. Rio de Janeiro, 1910. 2 v.

—————. *Excursão Eleitoral aos Estados da Bahia e Minas Gerais*. São Paulo, 1910.

O IMPEACHMENT   231

————. Memória Apresentada ao Congresso Nacional. *Anais do Congresso Nacional.* Apuração da Eleição de Presidente e Vice-Presidente da República (1910). v. II.

————. *A Gênese da Candidatura do Sr. Wenceslau Braz.* Rio de Janeiro. 1915.

————. *Parecer, de 28 de abril de 1915.* In: *Ação de Indenização.* Recife, 1915.

————. *Coletânea Jurídica.* São Paulo, 1928.

————. *Ruínas de um Governo.* Rio de Janeiro, 1931.

————. *Novos Discursos e Conferências.* São Paulo, 1933.

BARRAQUERO, Julian. *Espíritu y Práctica de la Constitución Argentina.* 2. ed. Buenos Aires, 1889.

BARRETO, Plínio. *Documentos Parlamentares.* v. 94.

BARRETO, Tobias. *Obras Completas.* v. VI e VII; *Estudos de Direito.* Rio de Janeiro, 1926. 2 v.

BARRIOS, Mario Llana. *El Juicio Político.* Montevideo, 1942.

BARROS, João de. *Da Asia de João de Barros. Dos feitos, que os portugueses fizeram no descubrimento, e conquista dos mares, e terras do Oriente.* Decada Segunda. Parte Primeira. Lisboa, Ano MDCCLXXVII. v. 4.

BARTHÉLEMY, Joseph. *Le Rôle du Pouvoir Exécutif dans les Républiques Modernes.* Paris, 1906.

BARTHÉLEMY, Joseph & DUEZ, Paul. *Traité de Droit Constitutionnel.* Paris, 1933.

BAS, Arturo M. *El Derecho Federal Argentino.* Buenos Aires, 1927. 2 v.

BASTOS, Filinto. *Manual de Direito Público e de Direito Constitucional Brasileiro.* Bahia, 1914.

BATES & FIELD. *State Government.* 3. ed. por Oliver P. Field, Pressly S. Sikes e John E. Stoner. New York, 1949.

BEARD, Charles A. *American Government and Politics.* 9. ed. New York, 1947.

BENEDICT, Michael Les. Impeachment. In: *Encyclopedia of American Political History,* Jack P. Greene, Editor.

BERGAMINI, Adolfo. *Diário do Congresso Nacional,* 12 de outubro de 1926.

BERGER, Raoul. *Impeachment: The Constitutional Problems.* 1973; Impeachment for "High Crimes and Misdemeanors". In: *Impeachment. Selected Materials*; Impeachment. In: *Encyclopedia of American Constitution,* v. II.

BEVILACQUA, Clóvis. Natureza e Caráter do Impeachment. Impeachment de Governadores dos Estados. Competência das Assembléias para o respectivo processo. Parecer. *Revista de Direito,* v. 42.

BIDEGAIN, Carlos Maria. *El Congreso de Estados Unidos de América.* 1950.

BIELSA, Rafael. *Derecho Administrativo.* 5. ed. Buenos Aires, 1955-1957. 5 v. *Derecho Constitucional.* 2. ed. Buenos Aires, 1954.

BINKLEY, Wilfred E. & MOOS, Malcolm C. *A Grammar of American Politics.* The National Government. New York, 1950.

BITAR, Orlando. *A Lei e a Constituição.* Belém, 1951.

BITTENCOURT, C. A. Lúcio. *O Controle Jurisdicional da Constitucionalidade das Leis.* Rio de Janeiro, 1949.

BLACK, Charles L. *Impeachment. A handbook.* 1974.

BLACK, Henry Campbell. *Handbook on the Construction and Interpretation of the Laws.* St. Paul, 1896.

232 PAULO BROSSARD

————. *Handbook of the American Constitutional Law.* 3. ed. St. Paul, 1910.
BLACKSTONE, William. *Commentaries on the Laws of England.* Ed. de Thomas Cooley. 3. ed. Chicago, 1884. 2 v. Trad. franc. de N. M. Chompré. Paris, 1822-1823.
BORGES DE MEDEIROS, Antônio Augusto. *O Poder Moderador na República Presidencial.* Recife, 1933.
BORJA, Célio de Oliveira. *Competência Privativa do Chefe do Estado no Ato Adicional.* Rio de Janeiro, 1963.
BOSANQUET, Sir Albert. Criminal Law and Procedure. In: *The Laws of England.* v. IX.
BOUTMY, E. *Estudos de Direito Constitucional.* Trad. Lúcio de Mendonça. 2. ed. Rio de Janeiro, s. d.
BRETHE DE LA GRESSAYE, Jean. Apud Alfred Légal e Jean Brethe de la Gressaye.
BROSSARD, Paulo de Souza Pinto. *Presidencialismo e Parlamentarismo na Ideologia de Rui Barbosa.* Porto Alegre, 1950.
————. *Aspectos da Autonomia Municipal* (Informações prestadas pela Assembléia Legislativa ao Tribunal de Justiça do Rio Grande do Sul). Porto Alegre, 1954.
————. *O Parlamentarismo no Brasil.* Prefácio a Raul Pilla, *Parlamentarismo ao Alcance de Todos.* Porto Alegre, 1961.
————. *O Sistema Parlamentar e sua Adoção nos Estados.* Porto Alegre, 1961.
————. *Pedro Lessa. Revista Jurídica,* v. 41.
BRUNIALTI, Attilio. *Il Diritto Costituzionale e la Politica nella Scienza e nella Istituzioni.* Torino, 1896/1900. 2 v.
————. Diritto di Grazia. In: *Enciclopedia Giuridica Italiana.*
BRYCE, James. *The American Commonwealth.* New York, 1920. 2. v. Trad. franc., La République Américaine, Paris, 1900-1902. 4 v.
BURDEAU, Georges. *Manuel de Droit Constitutionnel.* 5. ed. Paris, 1947.
————. *Le Régime Parlementaire dans les Constitutions Européennes d'aprés Guerre.* Paris, 1932.
BURDICK, Charles K. *The Law of the American Constitution.* Its Origin and Development. 2. ed. New York, 1923.
BURGESS, John W. *Political Science and Comparative Constitutional Law.* Trad. esp. Madrid, s. d.
BURKE, Edmund. *Débats Parlementaires.* Apud Fischell. *Textos Políticos.* Trad. Vicente Herrero. México, 1942.
BUZAID, Alfredo. *Parecer* (inédito) datado de 30 de agosto de 1961.
CAETANO, Marcelo. *Manual de Ciência Política e Direito Constitucional.* 1963.
CALAMANDREI, Piero & LEVI, Alessandro. *Commentario Sistematico alla Costituzione Italiana.* Firenze, 1950. 2 v.
CALDAS PEREIRA. *Parecer.* Apud José Câmara.
CALMON, Pedro. *Curso de Direito Constitucional.* Rio de Janeiro, 1947.
CALÓGERAS, Pandiá. *Formação Histórica do Brasil.* 4. ed. São Paulo, 1945.
CÂMARA, Armando. Discurso. *Diário do Congresso Nacional,* 22 de novembro de 1955.
CÂMARA, José. *Subsídios para a História do Direito Pátrio.* Rio de Janeiro, 1954.
CAMARGO, Laudo. Voto. *Arquivo Judiciário,* v. 45 (Habeas-Corpus n. 26.544).

O IMPEACHMENT 233

CAMPOS, Francisco. *Direito Constitucional.* Rio de Janeiro, 1956. 2 v.

CAMPOS SALES, M. F. *Da Propaganda à Presidência.* São Paulo, 1908.

CANNON'S. *Precedents of the House of Representatives of the United States,* 1935, §§ 454 a 552. v. VI.

CAPANEMA, Gustavo. Discurso. *Diário do Congresso Nacional,* 13 de maio de 1948 e 12 de novembro de 1955.

CARDOSO, Maurício. Discurso. *Anais da Assembléia Constituinte do Estado do Rio Grande do Sul.* Porto Alegre, 1936.

————. *Constituição do Estado do Rio Grande do Sul.* Anotada por M. C. Porto Alegre, 1935.

CARNEIRO, Leví. *Problemas Municipais.* Rio de Janeiro, 1931.

————. *Organização dos Municípios e do Distrito Federal.* Rio de Janeiro, 1953.

CARRASCO, José. *Estudios Constitucionales.* La Paz, 1920. 4 v.

CARRINGTON, Walter. *Impeachment.* In: *The American and English Encyclopaedia of Law.* 2. ed. 1900. v. XV.

CARSON, Hampton L. *The Supreme Court of the United States;* its history. Philadelphia, 1892. 2 v.

CARTER, Byrum E. *The Office of Prime Minister.* London, 1956.

CARVALHO, Gomes de. *Os Deputados Brasileiros nas Cortes Gerais de 1821.* Porto, 1912.

CARVALHO MOURÃO, J. M. Voto. *Arquivo Judiciário,* v. 45 (Habeas-Corpus n. 26.544).

CARVALHO, Olímpio Ferraz de. *Sistema Parlamentar.* São Paulo, 1933.

CASADO, Plínio. Discurso. *Diário do Congresso Nacional,* 7 de novembro de 1926.

CASE AND COMMENT. v. 20, n. 7, 1913.

CASTILHOS, Júlio de. Exposição de Motivos da Lei n. 13, de 27 de junho de 1896. In: Joaquim Luiz Osório.

————. Exposição de Motivos da Lei n. 19, de 12 de janeiro de 1897.

CASTRO, Araújo. *Estabilidade de Funcionário Público.* Rio de Janeiro, 1917.

————. *Manual da Constituição Brasileira.* 2. ed. Rio de Janeiro, 1920.

————. *A Reforma Constitucional.* Rio de Janeiro, 1924.

CASTRO NUNES, José de. *Do Estado Federado e sua Organização Municipal.* Rio de Janeiro, 1920.

————. *As Constituições Estaduais do Brasil comentadas e comparadas entre si e com a Constituição Federal.* Rio de Janeiro, 1922.

————. *Teoria e Prática do Poder Judiciário.* Rio de Janeiro, 1943.

————. Voto. *Revista Forense,* v. 125 (Representações n. 96 e 97).

CAVALCANTI, Amaro. *Regime Federativo e a República Brasileira.* Rio de Janeiro, 1900.

CAVALCANTI, André. Voto. *Revista do Supremo Tribunal Federal,* v. 19 (Habeas-Corpus n. 4.116); id., *Jornal do Comércio e Correio do Povo,* Porto Alegre, edições de 30 de abril de 1911 (Habeas-Corpus n. 3.018).

CAVALCANTI, Themístocles Brandão. *A Constituição Federal Comentada.* Rio de Janeiro, 1948. 4 v.

————. Parecer. *Revista Forense,* v. 125 (Representações n. 96 e 97).

CELSO, Afonso. O Parlamento. In: *A Década Republicana.* Rio de Janeiro, 1899. v. 2.

—————. *Oito Anos de Parlamento*. Rio de Janeiro, 1901.

—————. Natureza e Caráter do "Impeachment". "Impeachment" de Governadores dos Estados. Competência das Assembléias para o respectivo processo. Parecer. *Revista de Direito*, v. 42.

CHAMBRUN, Adolphe. *Le Pouvoir Exécutif aux États-Unis*. Paris, 1896.

CHASE, S. P. Letter of the Chief Justice to the Senate. *The American Law Review*, v. 2, 1867/1868.

CHAVES, Raul. *Crimes de Responsabilidade*. Bahia, 1960.

CHILTON, Ernest G. Parliamentary Law. In: *Cyclopaedia of Law and Procedure*, v. 29.

CIRNE LIMA, Ruy. *Princípios de Direito Administrativo Brasileiro*. 2, 3, e 4 ed. Porto Alegre, 1939, 1954 e 1964.

CLARKE, M. V. *The Origin of Impeachment*. Apud Wilkinson.

COELHO DA ROCHA, M. A. *Ensaio sobre a História do Governo e Legislação de Portugal para servir de Introdução ao Estudo do Direito Pátrio*. 7. ed. Coimbra, 1896.

COLLEÇÃO DAS LEIS DO IMPÉRIO DO BRASIL, DESDE A INDEPENDENCIA. 1822 a 1825. Ouro Preto, 1835.

CONSTANT, Benjamin. *Cours de Politique Constitutionelle*. 2. ed. Paris, 1872. 2 v.

COOLEY, Thomas M. *The General Principles of Constitutional Law*. 3. ed. Boston, 1898.

—————. *A Treatise on the Constitutional Limitations*. 7. ed. Boston, 1903. *V*. Blackstone.

CORPUS JURIS, v. 12, 1917, verb. Constitutional Law, por Archibald H. Throckmorton; v. 46, 1928, verb. Officers; verb. Parliamentary Law, por Juan D. Miranda.

CORPUS JURIS SECUNDUM; v. 16, 1956, verb. Constitutional Law; v. 67, 1950, verb. Officers; verb. Pardons; verb. Parliamentary Law.

CORREIO DO POVO (Porto Alegre). 30 de abril de 1911, 22 e 23 de julho de 1961.

CORWIN, Edward S. *The Constitution and what it means today*. 11. ed. Princeton, 1954.

—————. *A Constituição Norte-Americana e seu significado atual*. Trad. Leda Boechat Rodrigues. Rio de Janeiro, s. d.

—————. *The President, Office & Powers*. 3. ed. New York, 1948.

V. *The Constitution of the United States of America*. Washington, 1953.

COSTA, Edgar. Voto. *Revista Forense*, v. 125 e 126 (Representações n. 96, 97 e 111).

COSTA MANSO, O. Voto. *Arquivo Judiciário*, v. 45 (Habeas-Corpus n. 26.544).

COSTIN, W. C. & WATSON, J. Steven. *The Law & Working of the Constitution*. London, 1952. 2 v.

CRUZ, Alcides. *Direito Administrativo Brasileiro*. 2. ed. Rio de Janeiro, 1914.

CUOMO, Giuseppe. *Unità e Omogenità nel Governo Parlamentare*. Nápoles, 1957.

CURTIS, George Ticknor. *Constitutional History of the United States*. New York, 1897. 2 v.

CUSHING, Luther Stearns. *Elements of the Law and Pratice of Legislative Assemblies in the United States of America*. 9. ed. Boston, 1874.

O IMPEACHMENT   235

CYCLOPAEDIA OF LAW sob a direção de Charles E. Chadman, v. II, Constitutional Law Federal and State.

CYCLOPAEDIA OF LAW AND PROCEDURE, v. 8, 1903, verb. Constitutional Law, por George F. Tucker; v. 29, 1908, verb. Officers, por Frank J. Goodnow; verb. Parliamentary Law, por Ernest G. Chilton.

CYCLOPEDIA OF AMERICAN GOVERNMENT, Andrew C. McLaughlin e Albert Bushnell Hart, Editores, 1914, 2 v.

DALLOZ, *Encyclopédie Juridique, Répertoire de Droit Public et Administratif*, 1959, v. II.

DANTE. *La Divina Commedia.*

DE LOLME, M. *Constitution de l'Angleterre.* Genève, 1787.

DIÁRIO DA JUSTIÇA (RS), 2 de outubro de 1952.

DIÁRIO DO CONGRESSO NACIONAL, 27 de outubro de 1910; 7 de setembro de 1913; 1.º de outubro de 1914; 12 e 20 de outubro, 2 e 7 de novembro de 1926; 13 e 22 de maio e 20 de abril de 1948; 24 de agosto de 1954; 12, 15 e 22 de novembro de 1955; 3 de abril de 1964.

DIÁRIO DO PODER LEGISLATIVO (Pernambuco), 3 de abril de 1964.

DIÁRIO OFICIAL (da União), 30 de abril de 1911.

DICEY, A. V. *Introduction to the Study of the Law of the Constitution.* 9. ed. London, 1950.

DILLON, John F. *Commentaries on the Law of Municipal Corporations.* 5. ed. Boston, 1911. 5 v.

DINIZ, Almachio. *As Garantias da Liberdade Individual por meio de um Habeas-Corpus.* Bahia, 1915.

————. *Direito Público e Direito Constitucional Brasileiro.* Rio de Janeiro, 1917.

————. *Autonomia dos Municípios.* Bahia, s. d.

DOCUMENTOS PARLAMENTARES, v. 94, 95 e 96, Leis Complementares da Constituição, II, Define os crimes de responsabilidade do Presidente da República, Ministros de Estado, Ministros do Supremo Tribunal Federal, Governadores e Secretários de Estado. Rio de Janeiro, 1954.

DUEZ, Paul. *V. Barthélemy, Joseph et Duez, Paul.*

DUGUIT, Léon. *Traité de Droit Constitutionnel.* Paris, 1911. 2 v.; 2. ed. 5 v., v. IV, Paris, 1924.

————. *Manuel de Droit Constitutionnel.* 4. ed. Paris, 1923.

————. *L'Arrêt du Sénat dans l'Affaire Malvy, Revue Politique et Parlementaire,* n. 297.

DUPRIEZ, L. *Les Ministres dans les Principaux Pays d'Europe et d'Amérique,* 1892 e 1893.

DUVIVIER, Eduardo. *Defesa do ex-Presidente da República Dr. Washington Luiz Pereira de Souza no Caso de Petrópolis.* Rio de Janeiro, 1931.

DWIGHT, Theo. W. Trial by Impeachment. *The American Law Register,* New Series, v. VI (Old Series, v. 15), 1866/1867, Philadelphia, 1867.

ELLIOT. *Elliot's Debats.* v. IV. Apud Simpson.

EMANUEL, M. R. *The Laws of England,* v. IX, verb. Criminal Law and Procedure.

ENCICLOPEDIA GIURIDICA ITALIANA, v. VII, p. II, Milano, 1935, verb. Diritto di Grazia, por Attilio Brunialti.

ENCYCLOPAEDIA BRITANICA, verb. Impeacoment.

ENCYCLOPAEDIA OF THE SOCIAL SCIENCES, v. VII, 1950, verb. Impeachment, por Lewis Mayers.

ENCYCLOPEDIA OF AMERICAN POLITICAL HISTORY, Jack P. Greene, Editor, 1984.

ENCYCLOPEDIA OF THE AMERICAN CONSTITUTION, Leonard W. Levy, Editor-in-Chief, Kenneth· L. Karst, Associate Editor, Dennis J. Mahoney, Assistant Editor, 1986, 4 v. Supplement I, 1992.

ENDLICH, G. A. *Commentaries on the Interpretation of Statutes.* Jersey City, 1888.

ESMEIN, A. *Éléments de Droit Constitutionnel Français et Comparé.* 8. ed. por Henry Nézard. Paris, 1927/1928. 2 v.

ESPÍNOLA, Eduardo. *A Constituição dos Estados Unidos do Brasil.* 2. ed. Rio de Janeiro, 1952. 2 v.

ESPOSITO, Carlo. *La Costituzione Italiana.* Padova, 1954.

————. *La Validità delle Leggi.* Padova, 1934.

ESTRADA, José Manuel. *Curso de Derecho Constitucional.* Buenos Aires, 1901/1902.

ESTRICH, Willis A. The Law of Impeachment. *Case and Comment,* v. 20, n. 7, 1913.

FARRAR, Timothy. *Manual of the Constitution of the United States of America.* Boston, 1872.

FERRARA, Francesco. *Trattato di Diritto Civile Italiano.* Roma, 1921.

FERREIRA, Gabriel Luiz. *Tese.* Instituto da Ordem dos Advogados Brasileiros, Congresso Jurídico Americano, v. II, Dissertações (Direito Público). Rio de Janeiro, 1904.

FERREIRA DE SOUZA, José. *Diário do Congresso Nacional,* 13 de maio de 1948.

FIELD, Oliver P. *V. Bates e Field.*

FINLEY, John H. & SANDERSON, John F. *The American Executive and Executive Methods.* New York, 1908.

FISCHELL, Édouard. *La Constitution d'Angleterre.* Trad. fr. Ch. Vogel. Paris, 1864. 2 v.

FOSTER, Roger. *Commentaries on the Constitution of the United States. Historical and Judicial. Observations upon the ordinary provisions of State Constitutions and a comparison with the Constitutions of other countries.* Boston, 1896.

FREIRE, Anibal. *Do Poder Executivo na República Brasileira,* Rio de Janeiro, 1916.

FREIRE, Felisbelo. Discurso. *Diário do Congresso Nacional,* 1.º de outubro de 1914.

FREIRE, Laudelino. *Um Caso de "Impeachment".* Rio de Janeiro, 1918.

FREITAS, Herculano de. Discurso. *Anais do Congresso Constituinte do Estado de São Paulo de 1901.* São Paulo, 1902.

————. Parecer. *Revista dos Tribunais,* v. 47.

FREITAS E CASTRO, Fausto. *Diário do Congresso Nacional,* 13 de maio de 1948.

————. *Documentos Parlamentares,* v. 94.

FRIEDMAN, Jacob Alexis. *The Impeachment of Governor William Sulzer.* New York, 1939.

GALLO, Vicente C. *Juicio Político*. Buenos Aires, 1897.

GALVÃO, Eneas. Voto. *Revista do Supremo Tribunal Federal*, v. 45 (Habeas-Corpus n. 4.091).

GLASSON, Ernest. *Histoire du Droit et des Institutions Politiques, Civiles et Judiciaires de l'Angleterre*. Paris, 1883. 6 v. v. V.

GONZALEZ, Joaquim V. *Manual de la Constitución Argentina*. 24. ed. Buenos Aires, 1951.

GONZALEZ CALDERON, Juan A. *Derecho Constitucional Argentino*. 2. ed. Buenos Aires, 1923. 3 v.

————. *Introducción al Derecho Público Provincial*. Buenos Aires, 1913.

————. *Curso de Derecho Constitucional*.

GOODNOW, Frank J. Officers. In: *Cyclopaedia of Law and Procedure*. v. 29.

GORDON, Ezequiel. *La Responsabilité du Chef de l'État dans la Pratique Constitutionnelle Récente*. Paris, 1931.

GOUET, Ivon. *De l'Unité du Cabinet Parlementaire*. Paris, 1930.

GOURD, Alphonse. *Les Chartes Coloniales et les Constitutions des États-Unis de l'Amérique du Nord*. Paris, 1885/1903. 3 v.

GRAHAM, Sir Henry J. L. Parliament. In: *The Laws of England*. v. XXI.

GRANADOS, Mariano. *Introdução a Albert Noblet*; La Democracia Inglesa. México, 1944.

GRAVES, W. Brooke. *American State Government*. 3. ed. Boston, 1946.

GUIMARÃES, Hahnemann. Voto. *Revista Forense*, v. 125 e 126 (Representações n. 96, 97 e 111).

GUIMARÃES, Mário. *O Juiz e a Função Jurisdicional*. Rio de Janeiro, 1958.

HALSBURY, The Earl of. Parliament. In: *The Laws of England*. v. XXI.

HAMILTON, Alexander. *The Federalist*; A Comentary on the Constitution of the United States written by Alexander Hamilton, James Madison & John Jay. New York, 1947.

HARE, J. I. Clark. *American Constitutional Law*. Boston, 1889. 2 v.

HEADLAM, Cuthbert. Parliament. In: *The Laws of England*. v. XXI.

HELLO, C. G. *Du Régime Constitutionnel*. 2. ed. Paris, 1830.

HIGINO, José: Discursos. *Anais do Senado Federal* (Sessão de 1891). Rio de Janeiro, 1892. v. V.

————. Nota. In: Franz von Liszt. *Direito Penal*. Rio de Janeiro, 1899.

HILDESHEIMER, Alfred. Constitutional Law. In: *The Laws of England*. v. VI.

HIND'S. *Precedents of the House Representatives of the United States*. 1907, §§ 2001 a 2050. v. III.

HISTORIC DOCUMENTS OF 1974.

HOLCOMBE, Arthur N. *State Government in the United States*. New York, 1920.

HOLMES, Oliver Wendell. *The Common Law*. 45. ed. Boston, s. d.

————. *The Dissenting Opinions of Mr. Justice Holmes*. New York, 1929.

————. *The Mind and Faith of Justice Holmes*. New York, ed. Max Lerner, 1943.

HOLST, H. von. *The Constitutional Law of the United States of America*. Translated by Alfred Bishop Mason. Chicago, 1887.

HOOD PHILLIPS, O. *The Constitutional Law of Great Britain and the Commonwealth*. London, 1952.

HUGHES, Charles Evans. *The Supreme Court of the United States.* New York, 1936.

HUMBERT, W. H. *The Pardoning Power of the President.* Washington, 1941.

HUNGRIA, Nelson. Voto. In: *Três Casos Constitucionais* (Recurso de Mandado de Segurança n. 4.928).

IMPEACHMENT. SELECTED MATERIALS. Committee on the Judiciary House of Representatives. 93th Congress. 1973.

JACQUES, Paulino. *O Estado do Brasil no Século XVIII.* Rio de Janeiro, 1950.

————. *Curso de Direito Constitucional.* 3. ed. Rio de Janeiro, 1962.

JEFFERSON, Thomas. Manual of Parliamentary Practice. In: *Senate Manual containing the Standing Rules and Orders of the United States Senate.* Washington, 1915 (ed. oficial do Senado).

JELLINEK, Georg. *La Dottrina Generale del Diritto dello Stato.* Trad. Modestino Petrozziello. Milano, 1949.

JENNINGS, W. Ivor. *Cabinet Government.* 2. ed. Cambridge, 1951.

————. *The British Constitution.* 3. ed. Cambridge, 1950.

JOHNSON, Claudius O. *Government in the United States.* 6. ed. New York, 1958.

JORNAL DO COMÉRCIO, Porto Alegre, 30 de abril de 1911.

JOWITT. V. *The Dictionary of English Law.*

JUSTIÇA, v. **XXXI.**

KEIR, David Lindsay. *The Constitutional History of Modern Britain,* 1485-1937. 4. ed. London, 1950.

KETTLEBOROUGH, Charles. *The State Constitutions.* Indianapolis, 1918.

KIMBALL, Everett. *The United States Government.* Boston, 1924.

LACERDA, Paulo de. *Princípios de Direito Constitucional.* Rio de Janeiro, 1929.

————. Natureza e Caráter do "Impeachment". "Impeachment" de Governadores dos Estados. Competência das Assembléias para o Respectivo Processo. Parecer. *Revista de Direito,* v. 42.

————. Poder competente para Processo e Julgamento do "Impeachment". O "Habeas Corpus" e o "Impeachment". *Revista de Direito,* v. 42.

LACERDA DE ALMEIDA, F. de P. Propedêutica Jurídica. *Revista da Faculdade Livre da Cidade do Rio de Janeiro,* v. VII, 1911.

LAFAYETTE, Lafayette Rodrigues Pereira. *Pareceres.* Rio de Janeiro, 1921. v. 2.

LAFERRIÈRE, Julien. *Manuel de Droit Constitutionnel.* 2. ed. Paris, 1947.

LAIR, Adolphe-Émile. *Des Hautes Cours Politiques en France et à l'Étranger et de la Mise en Accusation du Président de la République et des Ministres.* Paris, 1889.

LAPRADELLE, A. de. *Cours de Droit Constitutionnel.* Paris, 1912.

LASKI, Harold J. *The American Presidency.* 3. ed. London, 1952.

————. *Parliamentary Government in England. A. Commentary.* 4. ed. London, 1950.

LAWRENCE, William. The Law of Impeachment. *The American Law Register.* New Series, v. VI (Old Series, v. 15), 1866-1867. Philadelphia, 1867.

LEAL, Aurelino. *Teoria e Prática da Constituição Federal.* Rio de Janeiro, 1925.

————. *História Constitucional do Brasil.* Rio de Janeiro, 1915.

————. *Irresponsabilidade Funcional dos Secretários de Estado e "Impeachment" dos Funcionários Civis perante a Constituição da Bahia.* Bahia, 1905.

—————. O "Impeachment" dos Secretários de Estado perante a Constituição Baiana. In: *Pandectas Brasileiras*. v. V.

LEAL, Hamilton. *História das Instituições Políticas do Brasil*. Rio de Janeiro, 1962.

LEAL, Victor Nunes. *Problemas de Direito Público*. Rio de Janeiro, 1960.

LÉGAL, Alfred & BRETHE DE LA GRESSAYC, Jean. *Le Pouvoir Disciplinaire dans les Institutions Privées*. Paris, 1938.

LEME, Ernesto. *A Intervenção Federal nos Estados*. São Paulo, 1930.

LERNER, Max. *The Mind and Faith of Justice Holmes*; His Speeches, Essays, Letters and Judicial Opinions. New York, 1954.

LESSA, Mário. *Da Responsabilidade do Presidente da República*. Rio de Janeiro, 1925.

LESSA, Pedro. *Do Poder·Judiciário*. Rio de Janeiro, 1915.

—————. Voto. *Revista do Supremo Tribunal Federal*, v. 8 (Recurso de Habeas-Corpus n. 3.715); id., v. 19 (Habeas-Corpus n. 4.116); id., v. 45 (Habeas-Corpus n. 4.901).

LEVI, Alessandro. V. Calamandrei.

LIEBER, Francis. *On Civil Liberty and Self-Government*. 3. ed. Philadelphia, 1888.

LUZ, Carlos. Discurso. *Diário do Congresso Nacional*, 15 de novembro de 1955.

LYRA, Roberto. Crime de Responsabilidade. In: *Repertório Enciclopédico do Direito Brasileiro*. v. XIV.

MACDONALD, Austin F. *American State Government and Administration*. 4. ed. New York, 1950.

MACKINTOSH, John P. *The British Cabinet*. London, 1962.

MADISON, HAMILTON & JAY. *The Federalist*.

MADISON, James. Apud *Elliott's Debats*, v. IV.

MAGALHÃES, Agamenon. *O Estado e a Realidade Contemporânea*. Recife, 1933.

—————. *Diário do Congresso Nacional*, 13 de maio de 1948.

—————. *Documentos Parlamentares*, v. 94.

MAITLAND, F. W. *The Constitutional History of England*. Cambridge, 1950.

MANGABEIRA, João. Discurso. *Diário do Congresso Nacional*, 2 de novembro de 1926.

—————. *Em Torno da Constituição*. Rio de Janeiro, 1934.

—————. *Rui, O Estadista da República*. Rio de Janeiro, 1943.

—————. *A Oração do Paraninfo*. Rio de Janeiro, 1945.

—————. Discurso. *Diário do Congresso Nacional*, 22 de maio de 1948.

—————. *Documentos Parlamentares*. v. 94.

MANGABEIRA, Otávio. Discurso. *Diário do Congresso Nacional*, 12 de novembro de 1955.

MARCHANT, J. R. V. Criminal Law and Procedure. In: *The Laws of England*. v. IX.

MARCHI, Teodosio. *Il Capo dello Stato e Il Governo*. In: Calamandrei e Levi.

MARINHO, Josaphat. *Os Poderes Remanescentes na Federação Brasileira*. Bahia, 1954.

MARQUES, José Frederico. *Observações e Apontamentos sobre a Competência Originária do Supremo Tribunal Federal*. São Paulo, 1961.

240 PAULO BROSSARD

——. *Curso de Direito Penal.* São Paulo, 1956. v. 3.

MARSHALL, John. *Complete Constitutional Decisions* (Ed. John M. Dillon). Chicago, 1903.

MARTINS COSTA, Camillo. Discurso. *Anais da Assembléia Constituinte do Estado do Rio Grande do Sul.* Porto Alegre, 1936.

——. Competência Federal em Matéria de "Impeachment" nos Estados e nos Municípios. *Correio do Povo*, Porto Alegre, 22 e 23 de julho de 1961.

MASSENA, Nestor. *Direito Parlamentar no Brasil* (Bernardo Pereira de Vasconcelos). Rio de Janeiro, 1947.

MATHEWS, John Mabry. *The American Constitutional System.* 2. ed. 6. impr. New York, 1940.

MATIENZO, José Nicolás. *Derecho Constitucional.* La Plata, 1916. 2. v.

MATTOS, Vittore Teixeira de. *Accusa Parlamentare e Responsabilità Ministeriale.* Milano, s. d.

MAXIMILIANO, Carlos. *Comentários à Constituição Brasileira.* 3. ed. Porto Alegre, 1929.

——. *Hermenêutica e Aplicação do Direito.* 3. ed., Rio de Janeiro, 1941.

MAY, Thomas Erskine. *Traité des Lois, Privilèges, Procédures et Usages du Parlement.* Ed. franc. Paris, 1909. 2 v.

MAYERS, Lewis. Impeachment. In: *Encyclopaedia of Social Sciences.* v. VII.

MCCLAIN, Emlin. *Constitutional Law in the United States.* New York, 1907.

MEIRELLES, Hely Lopés. *Direito Municipal Brasileiro.* 2. ed. São Paulo, 1964. 2 v.

MELO, D. Francisco Manoel de. *Cartas Familiares.* Lisboa, 1942.

MELO FRANCO, Afonso Arinos de. *Um Estadista da República.* Rio de Janeiro, 1955. 3 v.

——. Discurso. *Diário do Congresso Nacional*, 12 de novembro de 1955.

——. *Estudos de Direito Constitucional.* Rio de Janeiro, 1957.

——. *Presidencialismo ou Parlamentarismo?* (com Raul Pilla). Rio de Janeiro, 1958.

——. *Curso de Direito Constitucional Brasileiro.* Rio de Janeiro, 1960.

MELO FRANCO, Afrânio de. Natureza e Caráter do Impeachment. Impeachment de Governadores dos Estados. Competência das Assembléias para o respectivo processo. Parecer. *Revista de Direito*, v. 42.

MENDONÇA DE AZEVEDO, José Afonso. *A Constituição Federal Interpretada pelo Supremo Tribunal Federal.* 1891/1924, Rio de Janeiro, 1925.

MILLER, Samuel Freeman. *Lectures on the Constitution of the United States*, 1893.

MILTON, Aristides. *A Constituição do Brasil.* 2. ed. Rio de Janeiro, 1898.

MIRANDA, Antônio Guedes de. *Novo Mandado de Segurança Impetrado pelo Governador Muniz Falcão.* Maceió, 1957.

MIRANDA, Juan D. Parliamentary Law. In: *Corpus Juris.* v. 46.

MONTES DE OCA, M. A. *Derecho Constitucional.* Buenos Aires, 1917.

MONTESQUIEU. *De l'Esprit des Lois.* Paris, s. d.

MOOS, Malcolm C. *V.* Wilfred E. Binkley.

MORAES FILHO, Prudente de. O "Impeachment" nas Constituições Estaduais. *Revista de Direito*, v. 45.

MOTA FILHO, Cândido. Voto. In: *Três Casos Constitucionais* (Recurso de Mandado de Segurança n. 4.928).

MOUREAU, Félix. *Précis Élémentaire de Droit Constitutionnel*. 7. ed. Paris, 1911; 9. ed. 1921.

MUNIZ FALCÃO, Sebastião. *Defesa do Mandato*. Maceió, s. d.

MUNRO, William Bennett. *The Government of the United States*. 5. ed. New York, 1949.

NABUCO, Joaquim. *Um Estadista do Império*. 2. ed. São Paulo-Rio de Janeiro, 1936. 2. v.; Balmaceda, São Paulo, 1937.

NATAL, Guimarães. Voto. *Revista do Supremo Tribunal Federal*, v. 45 (Habeas-Corpus n. 4.091).

NEST, G. Willett Van. Impeachable Offences under the Constitution of the United States. *The American Law Review*. Boston, v. XVI, 1882.

NÉZARD, Henri. *V. A. Esmein*.

NOBLET, Albert. *La Democracia Inglesa*. Trad. e estudo preliminar de Mariano Granados. México, 1944.

NOGUEIRA, Lauro. *O Impeachment especialmente no Direito Brasileiro*. Fortaleza, 1947.

NONATO, Orozimbo. Voto. *Revista Forense*, v. 125 e 126 (Representações n. 96, 97, 98 e 111).

NORTH AMERICAN REVIEW, v. 180, 1905.

O DIREITO, v. 42, 67, 73, 88, 100 e 114.

OGG, Frederic A. & RAY, P. Orman. *Introduction to American Government*. 10. ed. New York, 1951.

OLIVEIRA, Olavo. *Documentos Parlamentares*. v. 96.

OLIVEIRA FILHO, João. Impedimento do Presidente da República e o Princípio da Separação dos Poderes. Parecer. *Revista dos Tribunais*, v. 169.

OLIVEIRA LIMA, M. de. *O Movimento da Independência. 1821-1822*. São Paulo, 1922.

————. *O Império Brasileiro*. São Paulo, s. d.

OLIVEIRA RIBEIRO. Voto. *Revista do Supremo Tribunal Federal*. v. 45, Habeas-Corpus n. 4.091.

ORDRONAUX, John. *Constitutional Legislation in the United States*. 1891.

ORLANDO, V. E. Prefácio a Vittore Teixeira de Mattos, *Accusa Parlamentare e Responsabilità Ministeriale*.

ORMSBY, H. L. Courts. In: *The Laws of England*. v. IX.

OSÓRIO, Joaquim Luiz. *Constituição Política do Estado do Rio Grande do Sul. Comentários*. 2. ed. Porto Alegre, 1923.

PALACIOS, Alfredo L. *La Corte Suprema ante el Tribunal del Senado*. Buenos Aires, 1947.

PANDECTAS BRASILEIRAS, v. V, 1928.

PASCHAL, Jorge W. *La Constitución de los Estados Unidos*. Trad. Clodomiro Quiroga, Buenos Aires, 1888. 3 v.

PEDROSA, Waldemar. *Diário do Congresso Nacional*, 13 de maio de 1948; 20 de abril de 1948.

————. *Documentos Parlamentares*. v. 94.

PEREIRA, Lafayette Rodrigues. *V. Lafayette*.

PERGOLESI, Ferruccio. *Diritto Costituzionale*. 15. ed. Padova, 1962 e 1963. 2 v.

PESSOA, Epitácio. *Obras Completas*. Rio de Janeiro, 1955. v. I, VII e XI, t. I.

242 PAULO BROSSARD

————. Natureza e Caráter do Impeachment. Impeachment de Governadores dos Estados. Competência das Assembléias para o respectivo processo. Parecer. *Revista de Direito,* v. 42.

————. Obras Completas. v. XI, t. I.

PHILLIPS, G. Godfrey. *V.* Wade, E. C. S.

PIKE. *Constitutional History of the House of Lords.* Apud Simpson.

PILLA, Raul. *Presidencialismo. Parlamentarismo e Democracia.* Rio de Janeiro, 1946.

————. *Parlamentarismo ao Alcance de Todos.* Porto Alegre, 1961.

————. *Presidencialismo ou Parlamentarismo?* (Afonso Arinos de Melo Franco e Raul Pilla). Rio de Janeiro, 1958.

————. Discurso. *Diário do Congresso Nacional,* 24 de agosto de 1954.

PIMENTA BUENO, José Antônio. *Direito Público Brasileiro e Análise da Constituição do Império.* Rio de Janeiro, 1857.

PINTO FERREIRA, Luiz. *Da Constituição.* Recife, 1946.

————. *Princípios Gerais do Direito Constitucional Moderno.* Recife, 1948.

————. *Teoria Geral do Estado.* Rio de Janeiro, 1957.

————. *Curso de Direito Constitucional.* 1964.

POMEROY, John Norton. *An Introduction to the Constitutional Law of the United States.* 5. ed. Boston, 1880.

PONDÉ, Lafayete. *Parecer* (inédito) emitido no Congresso de Direito Constitucional da Bahia, comemorativo do centenário de nascimento de Ruy Barbosa, aprovado em 8 de novembro de 1949.

PONTES DE MIRANDA, F. C. *História e Prática do Habeas-Corpus.* Rio de Janeiro, 1916; 2. ed., Rio de Janeiro, 1951.

————. *Os Fundamentos Atuais do Direito Constitucional.* Rio de Janeiro, 1932.

————. *Comentários à Constituição da República dos E. U. do Brasil* (de 1934). Rio de Janeiro, s. d. 2 v.

————. *Comentários à Constituição de 1946.* 2. ed. Rio de Janeiro, 1953. 5 v.

————. *Questões Forenses.* Rio de Janeiro, 1957, 1958 e 1959. v. I, II, IV e V.

————. Parecer. *Revista Forense,* v. 125.

————. *Comentários ao Código de Processo Civil.* 2. ed. Rio de Janeiro, 1958. 15 v., v. II.

PORTELLA, Joaquim Pires Machado. *Constituição Política do Império do Brasil.* Rio de Janeiro, 1876.

POWER OF IMPEACHMENT. Congressional Quarterly's Guide to Congress. 3. ed. 1982.

PRAÇA, J. J. Lopes. *Coleção de Leis e Subsídios para o Estudo do Direito Constitucional Português.* Coimbra, 1893 e 1894. 2 v.

PRADO KELLY, J. E. Parecer. In: *Documentos Parlamentares.* v. 94.

PRELOT, Marcel. *Précis de Droit Constitutionnel.* 1949.

PRETI, Luigi. *Il Governo nella Costituzione Italiana.* Milano, 1954.

PRITCHETT, C. Herman. *The American Constitution.* New York, 1959.

QUINTANA, Segundo Linares. *Tratado de la Ciencia del Derecho Constitucional Argentino y Comparado.* 1953. v. II; 1963. v. VIII.

QUIROGA, V. Alejandro. *Juicio Político.* Buenos Aires, 1892.

RADBRUCH, Gustav. *El Espíritu del Derecho Inglés.* Trad. Fernando Vela. Madri, 1958.

O IMPEACHMENT 243

RAMIREZ, F. Tena. *Derecho Constitucional Mexicano*. México, 1944.

RAY, P. Orman. *V.* Ogg, Frederic A.

REDSLOB, Robert. *Le Régime Parlementaire*. Paris, 1924.

REGO, Vicente Pereira do. *Compêndio de Repetições sobre os Elementos de Direito Administrativo para uso das Faculdades de Direito do Império*. 3. ed. Recife, 1877.

REVISTA DA FACULDADE DE DIREITO DA BAHIA, v. VIII, 1933.

REVISTA DA FACULDADE LIVRE DA CIDADE DO RIO DE JANEIRO, v. VII, 1911.

REVISTA DE DIREITO, v. 16, 27, 42, 45 e 120.

REVISTA DE DIREITO ADMINISTRATIVO, v. 56, 57, 61, 66 e 70.

REVISTA DE JURISPRUDÊNCIA, v. VI. 1899.

REVISTA DOS TRIBUNAIS, v. 47, 246 e 269.

REVISTA DO SUPREMO TRIBUNAL FEDERAL, v. 8, 19 e 45.

REVISTA FORENSE, v. 116, 125, 126 e 146.

REVISTA JURÍDICA, v. 8, 13, 17, 21, 25, 41 e 61.

RIBAS, Antônio Joaquim. *Direito Administrativo Brasileiro*. Rio de Janeiro, 1866.

RIDGES, E. Wavel. Constitutional Law. In: *The Laws of England*. v. VI.

RIO BRANCO, Barão do. *Efemérides Brasileiras*. 2. ed. Rio de Janeiro, 1946.

ROCHA, Eloy José da. Voto no Conflito Negativo de Jurisdição n. 149. *Revista Jurídica*, v. 25.

ROCHA POMBO, José Francisco da. *História do Brasil*. v. V.

RODRIGUES, Lêda Boechat. *História do Supremo Tribunal Federal*. 1968. v. II.

ROMANO, Santi. *Principii di Diritto Costituzionale Generale*. Milano, 1947.

ROTTSCHAEFER, Henry. *Handbook of American Constitutional Law*. St. Paul, 1939.

ROURE, Agenor de. *A Constituinte Republicana*. Rio de Janeiro, 1920. 2 v.

ROUX. L'Affaire Malvy et le Pouvoir Souverain du Sénat comme Haut-Cour de Justice, *Revue Politique et Parlementaire*, n. 289, 10-12-1918; n. 297, 10-8-1919.

RUIZ, Roberto Martinez. *La Constitución Argentina Anotada con la Jurisprudencia de la Corte Suprema de Justicia*. Buenos Aires, 1945.

RULING CASE LAW, v. 20, 1918, verb. Pardon, Reprieve, and Amnesty; v. 22, 1918, verb. Public Officers; v. 19, 1917, *Municipal Corporations*.

SÁ FILHO, Francisco. *Relações entre os Poderes do Estado*. 1959.

SAINT GIRONS, A. *Manuel de Droit Constitutionnel*. 2. ed. Paris, 1885.

SALGADO MARTINS, José. *Sistema de Direito Penal Brasileiro*. Rio de Janeiro, 1957.

SAMPAIO DORIA, A. de. *Direito Constitucional*; Comentários à Constituição de 1946. São Paulo, 1960.

SAMUELEY, Adolf. *Das Prinzip der Ministerverantwortlichkeit in der konstitutionellen Monarchie*. 1869. Apud Tobias Barreto e Vittore Teixeira de Mattos.

SANDERSON, John F. *V.* John H. Finley e John F. Sanderson.

SANTARÉM (2.º Visconde de). *Memórias e Alguns Documentos para a História e Teoria das Cortes Gerais que em Portugal se estabeleceram pelos Três Estados do Reino, ordenadas e compostas em 1824 pelo 2.º Visconde de*

244 PAULO BROSSARD

Santarém. Nova edição publicada pelo 3.º Visconde de Santarém em 1924, precedida de um estudo de Antônio Sardinha, Lisboa, 1924.

SAN THIAGO DANTAS, Francisco Clementino. Igualdade Perante a Lei e "Due Process of Law". *Revista Forense*, v. 116.

SANTOS, Artur. Parecer. *Documentos Parlamentares*, v. 95.

SANTOS, José Maria dos. *A Política Geral do Brasil*. São Paulo, 1930.

SANTOS, Pedro dos. *Os Nossos Ministros de Estado*. Rio de Janeiro, 1934.

————. Voto. *Revista de Direito*, v. 16, p. 453.

SARAIVA, Canuto. Voto. *Revista do Supremo Tribunal Federal*, v. 45 (Habeas-Corpus n. 4.091).

SCHLESINGER, Arthur. *The Imperial Presidency*. 1973.

SCHWARTZ, Bernard. *A Commentary on the Constitution of the United States*. 1963. v. 1.

SEABRA FAGUNDES, Miguel. *O Controle dos Atos Administrativos pelo Poder Judiciário*. 3. ed. Rio de Janeiro, 1957.

SENNA, Coelho de. *Participação dos Deputados Brasileiros nas Cortes Portuguesas de 1821*. Livro do Centenário da Câmara dos Deputados. 1926. v. I.

SHAKESPEARE. *Hamlet*.

SHEE, Henry Gordon. Courts. In: *The Laws of England*. v. IX.

SHEPARDSON, Francis W. Impeachment. In: *Cyclopedia of American Government*, 1914, v. II.

SIBERT, Marcel. *Étude sur le Premier Ministre en Angleterre depuis ses origines jusqu'à l'époque contemporaine*. Paris, 1909.

SIKES, Pressly S. *V*. Bates e Field.

SILVA, José Afonso da. *Curso de Direito Constitucional Positivo*. 7. ed. 1991.

SILVEIRA MARTINS, Gaspar. Discurso. *Anais do Senado do Império do Brasil*. 1887. v. 1 (2.ª Sessão da 20.ª Legislatura).

SIMON, John. Conferência. Apud Mariano Granados. *Introdução a Albert Noblet*.

SIMPSON, Alex. *A Treatise on Federal Impeachment*. Philadelphia, 1916.

SIQUEIRA, Galdino. *Direito Penal Brasileiro*; Parte Geral. Rio de Janeiro, 1932.

————. O "Impeachment" no Direito Constitucional Brasileiro. *Revista de Direito*, v. 27.

SIQUEIRA, Hélio Moraes de. *Contribuição ao Estudo da Aplicação do "Impeachment" ao Prefeito*. Campinas, 1963.

SOUZA, Amâncio de. *Responsabilidade Funcional dos Secretários de Estado*. Bahia, 1906.

SOUZA, Braz Florentino Henriques de. *Do Poder Moderador*. Recife, 1864.

SOUZA, Joaquim Rodrigues de. *Análise e Comentário da Constituição Política do Império do Brasil, ou Teoria e Prática do Governo Constitucional Brasileiro*. São Luiz do Maranhão, 1867. 2 v.

SOUZA, Octávio Tarquínio de. *Bernardo Pereira de Vasconcellos*. Rio de Janeiro, 1937.

————. *Diogo Antônio Feijó*. Rio de Janeiro, 1942.

————. *A Vida de D. Pedro I*. Rio de Janeiro, 1952. 3 v.

SOUZA, Soriano de. *Noções de Direito Público e Constitucional*. Recife, 1893.

S. PAIO, Francisco Coelho de Souza e. *Preleções do Direito Pátrio Público e Particular*. Coimbra, 1793.

STEPHENS. *History of the Criminal Law of England.* Apud Simpson.

STEVENS, C. Ellis. *Les Sources de la Constitution des États-Unis.* Trad. fr. Louis Vossion. Paris, 1897.

STIMSON, Frederic Jesup. *The Law of the Federal and State Constitution of the United States.* Boston, 1908.

STONES, John E. *V.* Bates e Field.

STORY, Joseph. *Commentaries on the Constitution of the United States.* 5. ed. Boston, 1891. 2 v.

STUBBS, William. *Histoire Constitutionnelle de l'Angleterre.* Trad. fr. Georges Lefebvre. Paris, 1907, 1913 e 1927. 3 v.

SUPREMO TRIBUNAL FEDERAL. *Jurisprudência.* Acórdãos anexos ao relatório apresentado pelo Presidente do Tribunal e proferidos em 1895. Rio de Janeiro, 1897.

SUPREMO TRIBUNAL FEDERAL. *Jurisprudência.* Acórdãos proferidos em 1899 e compilados pelo Presidente do Tribunal. Rio de Janeiro, 1901.

SUPREMO TRIBUNAL FEDERAL. *Jurisprudência.* Acórdãos proferidos em 1901 e compilados pelo Presidente do Tribunal. Rio de Janeiro, 1905.

SUPREMO TRIBUNAL FEDERAL. *Jurisprudência.* Matéria Cível, 1936, Primeira Parte. Rio de Janeiro, v. 27, 1942.

TAYLOR, Hannis. The American Law of Impeachment. *North American Review,* 1905, v. 180.

THE AMERICAN AND ENGLISH ENCYCLOPAEDIA OF LAW. 2. ed., 1900, v. XV, verb. Impeachment, por Walter Carrington.

THE AMERICAN LAW REGISTER, New Series, v. VI (Old Series v. 15), 1867.

THE AMERICAN LAW REVIEW, v. II, 1867/1868; v. XVI, 1882.

THE CONSTITUTION OF THE UNITED STATES OF AMERICA, ANALYSIS AND INTERPRETATION. Annotations of cases decided by the Supreme Court of the United States to July 2, 1982. 99th Congress. Document n. 99-16. Prepared by the Congressional Research Service. Library of Congress. Johnny H. Killian, Editor, Leland E. Beck, Associate Editor, Washington, 1987.

THE CONSTITUTION OF THE UNITED STATES OF AMERICA (ANNOTATED). Annotations of Cases decided by the Supreme Court of the United States to January 1, 1938. 74th Congress, 2nd Session. Senate. Document n. 232. Washington, 1938.

THE CONSTITUTION OF THE UNITED STATES OF AMERICA. *Analysis and Interpretation.* Annotations of cases decided by the Supreme Court of the United States to June 30, 1952. 82nd Congress, 2nd Session. Senate. Document n. 170, Edward S. Corwin, Editor. Washington, 1953.

THE DICTIONARY OF ENGLISH LAW. General Editor the Late the Right Honourable the Earl Jowitt Lord High Chancellor of Great Britain 1945-1951. London, 1959. 2 v.

THE LAW OF PRESIDENTIAL IMPEACHMENT BY THE COMMITTEE ON THE FEDERAL LEGISLATION. *29 Record of the Association of the Bar of the City of New York,* February 1974, p. 154 a 176.

THE LAWS OF ENGLAND, v. VI, verb. Constitutional Law (parts I-V); v. VII (parts VI-VII), por W. S. Holdsworth, E. Wavell, Meryon White-Winton, Alfred Hildesheimer, London, 1909; v. IX, verb. Courts, por W. F. A. Archibald, Henry Gordon Shee, H. L. Ormsby, London, 1909; v. IX, verb.

Criminal Law and Procedure, por Sir Albert Bosanquet, J. R. V. Marchant, Charles L. Attenborough, M. R. Emanuel, London, 1909; v. XXI, verb. Parliament, por Earl of Halsbury, Sir Henry J. L. Graham, Cuthbert Headlam, F. Lonsdale Webster, London, 1912.

THOMAS, David Y. The Law of Impeachment in the United States. *The American Political Science Review*, v. 2, 1908.

THROCKMORTON, Archibald H. Constitutional Law. *Corpus Juris*. v. 12.

TIEDMAN, Christopher G. *A Treatise on State and Federal Control of Person and Property in the United States*. St. Louis, 1900. 2 v.

TIFFANY, Joel. *A Treatise on Government and Constitutional Law*. Albany, 1867.

TOCQUEVILLE, Alexis de. *De La Démocratie en Amérique*. Paris, 1864. 3 v.

TOURINHO, Demétrio Cyriaco Ferreira. O "Impeachment" e o Direito Judiciário Penal. *Revista da Faculdade de Direito da Bahia*, v. VIII, 1933.

TRÊS CASOS CONSTITUCIONAIS. (1) Recurso de Mandado de Segurança n. 4.928, de Alagoas, Acórdão do Supremo Tribunal Federal.

TRIBE, Lawrence H. *American Constitutional Law*. 1988.

TRIGUEIRO, Oswaldo. *O Regime dos Estados na União Americana*. Rio de Janeiro, 1942.

TUCKER, George F. Constitutional Law. In: *Cyclopaedia of Law and Procedure*. v. 8.

TUCKER, John Randolph. *The Constitution of the United States*. A critical discussion of its genesis, development, and interpretation. Chicago, 1899. 2 v.

URBAIN, Robert. *La Fonction et les Services du Premier Ministre en Belgique*. Bruxelles, 1958.

USCA — *Constitution*. United States Code Annotated, Constitution of the United States Annotated. St. Paul, 1949, 1944, 1944 e 1943. 4 v.

VABRES, J. Donnadieu de. *Traité de Droit Criminel et de Législation Pénale Comparé*. Paris, 1947.

VARNHAGEN, Francisco Adolfo. *História da Independência do Brasil*. 2. ed. São Paulo, s. d.

VASCONCELOS, Bernardo Pereira de. *Carta aos Senhores Eleitores da Província de Minas Gerais*. 2. ed. Rio de Janeiro, 1899.

——————. *Discursos. Annaes do Parlamento Brazileiro*. Câmara dos Srs. Deputados. Primeiro Ano da Primeira Legislatura. Sessão de 1826. Rio de Janeiro, 1874.

VASCONCELOS, Tancredo. *Presidencialismo e Parlamentarismo*. Rio de Janeiro, 1937.

VASCONCELOS, Zacarias de Gois e. *Da Natureza e Limites do Poder Moderador*. Rio de Janeiro, 1862.

VEDIA, Agustin de. *La Constitución Argentina*. Buenos Aires. Apud Araya.

VEIGA, Gláucio. O "Impeachment" contra o Governador das Alagoas. Recife, 1957.

VEIGA CABRAL, P. G. T. *Direito Administrativo*. Rio de Janeiro, 1859.

VERGUEIRO, Nicolau Pereira de Campos. *Discurso. Annaes do Parlamento Brazileiro*. Câmara dos Srs. Deputados. Primeiro Ano da Primeira Legislatura. Sessão de 1826. Rio de Janeiro, 1874.

VILBOIS, Jean. "*L'Impeachment*" *aux États-Unis*. Boulogne-sur-Mer, 1920.

VILLA, Francisco Machado. *O Município no Regime Constitucional Vigente.* Rio de Janeiro, 1952.

VIRGA, Pietro. *La Crisi e le Dimissione del Gabinetto.* Milano, 1948.

————. *Diritto Costituzionale.* Palermo, 1959.

VISCONDE DO URUGUAY. *Ensaio sobre o Direito Administrativo.* Rio de Janeiro, 1862. 2 v.

————. *Estudos Práticos sobre a Administração das Províncias do Brasil.* Rio de Janeiro, 1865. 2 v.

VIVACQUA, Atílio. *Documentos Parlamentares.* v. 94 e 95.

VIVEIROS DE CASTRO, Augusto Olympio. *Estudos de Direito Público.* Rio de Janeiro, 1914.

————. *Acórdãos e Votos.* Rio de Janeiro, 1925.

————. Voto no Habeas-Corpus n. 4.116. *Revista do Supremo Tribunal Federal,* v. 19.

WADE, E. C. S. & PHILLIPS, G. Godfrey. *Constitutional Law.* 6. ed. London, 1962.

WALKER, Timothy. *Introduction to American Law.* Boston, 1887.

WATSON, David K. *The Constitution of the United States;* Its History application and construction. Chicago, 1910.

WATSON, J. Steven. *V. W. C. Costin.*

WEBSTER, T. Lonsdale. *V. The Laws of England,* v. XXI, verb. Parliament.

WEIDNER, Edward W. *V. William Anderson.*

WHITE-WINTON, Meryon. *V. The Laws of England,* v. VI, verb. Constitutional Law.

WILKINSON, B. *Studies in the Constitutional History of the Thirteenth and Fourteenth Centuries.* Manchester, 1952.

WILLOUGHBY, Westel Woodbury. *The Constitutional Law of the United States.* 2. ed. New York, 1929. 3 v.

————. *Principles of the Constitutional Law.* 1938.

WILSON, James. *Law Lectures.* Apud Simpson.

WILSON, Woodrow. *Le Gouvernement Congressionnel.* Paris, 1908.

WOLDSWORTH, W. S. *V. The Laws of England,* v. VI, verb. Constitutional Law.

WOODBURN, James Albert. *The American Republic and its Governmental.* New York, 1916.

YOUNG, James T. *The New American Government and its Work.* 4. ed. New York, 1947.

ZAVALÍA, Clodomiro. *Derecho Federal.* 3. ed. Buenos Aires, 1941.

POSFÁCIO

José Levi Mello do Amaral Júnior[1]

O AUTOR

Tive a imensa satisfação de conhecer Paulo Brossard de Souza Pinto, homem público emblemático da História brasileira, o que devo, em especial, a Cezar Saldanha Souza Junior, Manoel Gonçalves Ferreira Filho e Gilmar Ferreira Mendes.

Cezar Saldanha Souza Junior, meu professor de Teoria Geral do Estado e orientador de Mestrado na Faculdade de Direito da Universidade Federal do Rio Grande do Sul, foi aluno, trinta anos antes, na mesma Faculdade, de Paulo Brossard.

Manoel Gonçalves Ferreira Filho e Paulo Brossard militaram em partidos políticos que, entre si, disputavam eleições. Não obstante, nutriam profunda admiração recíproca e tornaram-se amigos – em seus últimos anos, Brossard não deixava de comparecer aos Encontros Nacionais de Direito Constitucional do Instituto Pimenta Bueno – Associação Brasileira dos Constitucionalistas, presidido pelo Professor Manoel Gonçalves.

Gilmar Ferreira Mendes, quando ia ao Rio Grande do Sul, buscava encontrar Paulo Brossard. Igualmente convivia com o Dr. Paulo nos eventos do Instituto Pimenta Bueno, quem igualmente sempre prestigiava.

Assim, por intermédio deles, conheci e mantive contato com Paulo Brossard, sobretudo a partir do ano 2000. Político e Jurista da maior envergadura, era pessoa de trato agradabilíssimo, simples, leve, gentil e detentor de uma cultura invulgar, conhecia profundamente Direito, Política e História. Era um aprendizado inesgotável e prazeroso ouvi-lo.

No convívio com o Min. Brossard, tive, ainda, o imenso gosto de conhecer a sua esposa, D. Lúcia, e as duas filhas do casal, Magda e Rita, bem como

---

[1] Professor Associado da Faculdade de Direito da USP, Conselheiro do Conselho Administrativo de Defesa Econômica – CADE, Procurador da Fazenda Nacional, cedido ao CADE. Foi Advogado-Geral da União, Procurador-Geral da Fazenda Nacional, Secretário Executivo do Ministério da Justiça, Consultor-Geral da União e Secretário-Geral da Presidência do Tribunal Superior Eleitoral.

alguns dos netos que o casal teve. Nunca perdi contato com Magda Brossard Iolovicht, graças a amizade que formamos. Aliás, Magda cultua cuidadosamente a memória do pai, tendo dele herdado a destreza para contar fatos históricos com a devida precisão.

A leitura da obra *O Impeachment* é, para mim, uma satisfação recorrente. Indiscutível clássico que é, mantém-se rigorosamente atual, inclusive em face da literatura americana mais recente. Ademais, mantém-se porque o País conheceu dois *impeachments* sob a Constituição brasileira de 1988, um em 1992 e outro em 2016 – um à direita e outro à esquerda –, mas ambos com as dificuldades apontadas por Paulo Brossard em sua obra.

Por tudo isso, vários outros trabalhos acadêmicos dedicaram-se ao assunto nos anos mais recentes, e isso não só na Academia brasileira. Nos Estados Unidos, em 2019, Cass Sunstein publicou um "guia do cidadão" sobre *impeachment,*[2] *dado o contexto conturbado da Presidência de Donald Trump, que, diga-se, passou por dois processos de impeachment* no ocaso do respectivo mandato.

Na literatura brasileira, destaco: (i) a Tese de Doutorado de Bonifácio José Suppes de Andrada,[3] ainda no prelo; e (ii) a Dissertação de Mestrado de Abhner Youssif Mota Arabi,[4] ambas defendidas na Faculdade de Direito do Largo de São Francisco, da Universidade de São Paulo. Tive a alegria de prefaciar aquela primeira e de posfaciar essa última. Destaco, ainda: (iii) o consistente livro do meu colega de docência no Largo de São Francisco, Rafael Mafei, com o sugestivo título "como remover um presidente";[5] e (iv) a reconstrução histórica "Operação *impeachment*: Dilma Rousseff e o Brasil da Lava Jato", de Fernando Limongi.[6]

A OBRA

Feitas essas breves colocações iniciais, provocado que fui por Gilmar Ferreira Mendes a posfaciar edição facsimilar da obra de Paulo Brossard, revisito

---

[2]   SUNSTEIN, Cass. *Impeachment*: a citizen's guide. New York: Penguin Books, 2019.

[3]   ANDRADA, Bonifácio José Suppes de. *Mecanismos internos do impeachment*. São Paulo: USP, 2020.

[4]   ARABI, Abhner Youssif Mota. *Impeachment*: origens e limites à responsabilização política no presidencialismo brasileiro. Belo Horizonte: Fórum, 2023.

[5]   MAFEI, Rafael. *Como remover um presidente*: teoria, história e prática do impeachment no Brasil. Rio de Janeiro: Zahar, 2021.

[6]   LIMONGI, Fernando. *Operação impeachment*: Dilma Rousseff e o Brasil da Lava Jato. São Paulo: Todavia, 2023.

aqui o que já tive oportunidade de sobre ela expor:[7] na doutrina brasileira, a obra clássica de referência sobre a responsabilidade política do Presidente da República é *O impeachment: aspectos da responsabilidade política do Presidente da República*,[8] de Paulo Brossard. Tese de cátedra de um concurso que nunca ocorreu[9], é uma das mais consistentes obras monográficas da literatura jurídica brasileira.[10]

Montesquieu, refletindo sobre a Constituição da Inglaterra, afirma que o Rei é sagrado, mas não os seus Ministros: "como quem executa não pode executar mal sem ter maus conselheiros, que, como ministros, odeiam as leis, apesar de favorecê-las como homens, estes últimos podem ser perseguidos e punidos".[11]

Logo depois, Montesquieu descreve o *impeachment* inglês:

> Poderia ainda ocorrer que algum cidadão, nos negócios públicos, violasse os direitos do povo, cometendo crimes que os magistrados estabelecidos não saberiam ou não poderiam punir. Porém, em geral, o poder legislativo não pode julgar e o pode ainda menos neste caso específico, em que representa a parte interessada que é o povo. Assim, o poder legislativo só pode ser acusador. Mas diante de que ele acusaria? Rebaixar-se-ia diante dos tribunais da lei que lhe são inferiores e compostos, além disso, de pessoas que, sendo povo como ele, seriam impressionadas pela autoridade de tão poderoso acusador? Não; para conservar

---

[7] AMARAL JÚNIOR, José Levi Mello do. Concentração de poderes, reeleição e impeachment. Poder Executivo: organização, competências e crises. *Revista Jurídica FURB*, n. 58, p. 9-17, 2021.

[8] BROSSARD, Paulo. *O impeachment*: aspectos da responsabilidade política do Presidente da República. Porto Alegre: Livraria do Globo, 1965. As demais citações desta obra são relativas à versão publicada, qual seja: BROSSARD, Paulo. *O impeachment*: aspectos da responsabilidade política do Presidente da República. 3. ed. São Paulo: Saraiva, 1992.

[9] O episódio é contado de modo minucioso em VALLS, Luiz Fernando Montenegro. *Brossard*: 80 anos na história política do Brasil. Porto Alegre: Artes e Ofícios, 2004. p. 217-220.

[10] A propósito: "é o mais importante livro sobre o processo jurídico-político de remoção de presidentes em decorrência da prática de crimes de responsabilidade já escrito no Brasil" (MAFEI, *Como remover um presidente*: teoria, história e prática do impeachment no Brasil. Rio de Janeiro: Zahar, 2021. p. 21).

[11] MONTESQUIEU, Charles Louis de Secondat. *O espírito das leis*. Brasília: UnB, 1995. p. 122.

a dignidade do povo e a segurança do indivíduo, é mister que a parte legislativa do povo faça suas acusações diante da parte legislativa dos nobres, a qual não possui nem os mesmos interesses que ele, nem as mesmas paixões.[12]

Portanto, os elementos do *impeachment* retratados por Montesquieu são os seguintes: (i) aplica-se a qualquer cidadão nos negócios públicos; (ii) diz respeito a crimes que, pela sua própria natureza, escapam ao juízo comum; (iii) porém, não podem ser submetidos à câmara baixa, "que representa a parte interessada que é o povo"; (iv) mas a câmara baixa pode ser acusadora; e (v) a acusação é feita perante a câmara alta, "a qual não possui nem os mesmos interesses que ele [o povo], nem as mesmas paixões".

Após Montesquieu, no próprio Século XVIII, em que foi publicado *O Espírito das Leis*, "na medida em que novo estilo surgia nas relações entre os poderes, (...) o jogo da responsabilidade deixou de ser apurado através das delongas de um processo judicial, passando a operar-se em termos de confiança política".[13]

Os pais fundadores norte-americanos, porque leram Montesquieu,[14] inspiraram-se no estágio de desenvolvimento anterior do arranjo institucional inglês. Portanto, a Constituição norte-americana de 1787 veio a prever o velho *impeachment* para a remoção do Presidente, do Vice-Presidente e de outros funcionários civis do Governo norte-americano que incorram em traição, suborno ou outros crimes e delitos graves.[15]

No caso norte- americano, a Casa de representação popular, "atuando como um grande júri especial",[16] pode acusar o Presidente (bem como qualquer

---

[12] MONTESQUIEU, *O espírito das leis*. Brasília: UnB, 1995. p. 123.

[13] "E quando, em 1848, foi intentado contra Lord Palmerston, Robert Peel pôde dizer aos Comuns que 'the days of impeachment are gone', e esta é a conclusão da generalidade dos autores." (BROSSARD, Paulo. *O impeachment*: aspectos da responsabilidade política do Presidente da República. 3. ed. São Paulo: Saraiva, 1992. p. 30).

[14] Montesquieu é citado em quatro dos artigos federalistas (9, 43, 47 e 78). No Artigo Federalista 47, de James Madison, é chamado de "oráculo" da organização dos poderes (MADISON, James; HAMILTON, Alexander; JAY, John. *Os artigos federalistas*. Rio de Janeiro: Nova Fronteira, 1993. p. 332).

[15] Constituição americana de 1787, Artigo II, Seção 4.

[16] AMAR, Akhil Reed. *America's Constitution*: a biography. New York: Random House Trade Paperbacks, 2005. p. 198.

outro componente do Executivo e do Judiciário), e o Senado julga o réu.[17] No julgamento de *impeachment* presidencial, o Senado é presidido pelo Presidente da Suprema Corte.[18] Segundo Akhil Reed Amar, a presença do *Chief Justice* tem duas razões: (i) sinalizar a especial gravidade do *impeachment* presidencial; e (ii) evitar o conflito de interesses que poderia decorrer de um julgamento conduzido pelo Presidente do Senado, que é, no modelo norte-americano, o Vice-Presidente dos Estados Unidos.[19]

Se dois terços do Senado condenarem o réu, será ele removido do cargo, e o Senado ainda poderá decidir, agora por maioria simples, desqualificá-lo para qualquer cargo federal futuro.[20] "Os Senadores podem impor apenas as punições políticas de remoção e de futura desqualificação".[21] Quaisquer outras, apenas no foro próprio.[22]

Assim, nos termos em que foi acolhido pela Constituição norte-americana de 1787, o *impeachment* "rompeu decisivamente com a prática do impeachment inglês[23] sobretudo porque tornou o Presidente dos Estados Unidos pessoalmente responsável por qualquer má conduta grave, ao passo que, na Inglaterra, a rigor, não há como destituir um mau rei".[24] "Em um sistema quase feudal que levava a sério a ideia de um júri de pares, comuns julgavam comuns e lordes julgavam lordes, quem poderia julgar aquele que verdadeiramente não tem pares?".[25] Lógico, diverso é o caso de um Chefe de Estado republicano.

---

[17] AMAR, Akhil Reed. *America's Constitution:* a biography. New York: Random House Trade Paperbacks, 2005. p. 199.

[18] Constituição americana de 1787, Artigo I, Seção 3.

[19] AMAR, Akhil Reed. *America's Constitution:* a biography. New York: Random House Trade Paperbacks, 2005. p. 199.

[20] AMAR, Akhil Reed. *America's Constitution:* a biography. New York: Random House Trade Paperbacks, 2005. p. 199. Há alguma dúvida doutrinária sobre a maioria para inabilitação, mas dois precedentes foram levados a efeito por maioria simples (AMAR, p. 567).

[21] AMAR, Akhil Reed. *America's Constitution:* a biography. New York: Random House Trade Paperbacks, 2005. p. 199.

[22] AMAR, Akhil Reed. *America's Constitution:* a biography. New York: Random House Trade Paperbacks, 2005. p. 199.

[23] AMAR, Akhil Reed. *America's Constitution:* a biography. New York: Random House Trade Paperbacks, 2005. p. 199.

[24] AMAR, Akhil Reed. *America's Constitution:* a biography. New York: Random House Trade Paperbacks, 2005. p. 199.

[25] AMAR, Akhil Reed. *America's Constitution:* a biography. New York: Random House Trade Paperbacks, 2005. p. 199.

Akhil Reed Amar distingue *impeachment* e voto de desconfiança: aquele exige uma "genuína *má conduta;* é uma *punição* política", enquanto este é apenas política.[26]

Estudo recente sobre o *impeachment* no Direito estadunidense foi realizado por Cass Sunstein: "O número total de *impeachments* é baixo e o número total de *impeachments* presidenciais é muito baixo".[27] Ainda assim Sunstein – insuspeito por não ser um originalista – avaliza a compreensão do instituto a partir da lição dos pais fundadores, porque "os problemas enfrentados em 1787 não são tão diferentes daqueles que enfrentamos hoje".[28] Sunstein reconhece que o Presidente norte-americano é, hoje, "muito mais poderoso" e pode cometer "delitos" que os fundadores não poderiam imaginar: "uso de drones e de energia nuclear, vigilância de e-mail, abusos de autoridade sob a Lei do Ar Limpo".[29] Não obstante, conclui (e é este o ponto que importa):

> (...) Porém, as preocupações abstratas que os motivaram (traição, suborno, corrupção, abuso flagrante da confiança pública ou de medidas de autoridade presidencial) não são diferentes daquelas que nos dizem respeito. *Elas são exatamente as mesmas.*[30]

É interessante destacar que segue linha análoga à avaliação comparativa entre as experiências inglesa e norte-americana feita, quatro décadas antes, por Paulo Brossard[31], o que também revela e confirma a constância e a atualidade da compreensão do mecanismo em ambas as realidades.

---

[26] AMAR, Akhil Reed. *America's Constitution:* a biography. New York: Random House Trade Paperbacks, 2005. p. 203.

[27] SUNSTEIN, Cass. *Impeachment*: a citizen's guide. New York: Penguin Books, 2019. p. 75. Sunstein refere 19 *impeachments* pela *House of Representatives*, dois dos quais presidenciais: Andrew Johnson e Bill Clinton, ambos absolvidos pelo Senado norte-americano (p. 108-113). A estes dois casos presidenciais somam-se outros dois, relativos a Donald Trump (também absolvido, em ambos, pelo Senado).

[28] SUNSTEIN, Cass. *Impeachment*: a citizen's guide. New York: Penguin Books, 2019. p. 77.

[29] SUNSTEIN, Cass. *Impeachment*: a citizen's guide. New York: Penguin Books, 2019. p. 77.

[30] SUNSTEIN, Cass. *Impeachment*: a citizen's guide. New York: Penguin Books, 2019. p. 77 (grifo no original).

[31] BROSSARD, Paulo. *O impeachment*: aspectos da responsabilidade política do Presidente da República. 3. ed. São Paulo: Saraiva, 1992. p. 23-25.

Questão de grande repercussão prática, com exemplos históricos bastante debatidos, é a do sujeito passivo do *impeachment*: "O sujeito passivo do impeachment é a pessoa investida de autoridade, como e enquanto tal."[32] Assim, "se a autoridade corrupta, violenta ou inepta, em uma palavra, nociva, se desligar definitivamente do cargo, contra ela não será instaurado processo e, se iniciado, não prosseguirá."[33] Seria essa uma decorrência natural da apuração da responsabilidade política. Diverso é – era – o caso inglês, bem como o do período imperial brasileiro, "quando era criminal a pena a ser aplicada."[34] Por outro lado, tanto a prática brasileira como a norte-americana registram casos em que o processo de *impeachment* foi levado a efeito mesmo após cessada a investidura no cargo. Caso brasileiro aconteceu em 1992 (com a condenação de ex-Presidente Fernando Collor, que havia renunciado[35]) e caso norte-americano ocorreu em 2021 (com a absolvição do ex-Presidente Donald Trump, cujo mandato havia terminado).

Paulo Brossard, citando doutrina e precedentes nacionais e estrangeiros, explica e sustenta a irrecorribilidade e irrevisibilidade das decisões congressuais em matéria de *impeachment*.[36] *Conclui: "A doutrina, neste particular, é abundante. Consagrou-a o Supremo Tribunal Federal em mais de um passo.*

---

[32] BROSSARD, Paulo. *O impeachment*: aspectos da responsabilidade política do Presidente da República. 3. ed. São Paulo: Saraiva, 1992. p. 134. A propósito, o art. 15 da Lei n. 1.079, de 1950, traz: "A denúncia só poderá ser recebida enquanto o denunciado não tiver, por qualquer motivo, deixado definitivamente o cargo."

[33] BROSSARD, Paulo. *O impeachment*: aspectos da responsabilidade política do Presidente da República. 3. ed. São Paulo: Saraiva, 1992. p. 134.

[34] BROSSARD, Paulo. *O impeachment*: aspectos da responsabilidade política do Presidente da República. 3. ed. São Paulo: Saraiva, 1992. p. 135.

[35] A repercussão da renúncia foi objeto do Mandado de Segurança n. 21.689/DF (Relator Ministro Carlos Velloso, julgado em 16 de dezembro de 1993). O Supremo compreendeu em sua literalidade o art. 15 da Lei n. 1.079, de 1950, ou seja, apenas no que toca à possibilidade de recebimento ou não da denúncia segundo o denunciado esteja ou não no cargo. Consta da Ementa do julgado: "A renúncia ao cargo, apresentada na sessão de julgamento, quando já iniciado este, não paralisa o processo de 'impeachment." Vencido no conhecimento da impetração, o Ministro Paulo Brossard a indeferia: "Decidindo como decidiu, o Senado não ofendeu nenhum preceito de lei, limitando-se a endossar uma interpretação jurídica, que eu não defendo, mas que, tenho de reconhecer, é defendida por autoridades respeitáveis." Aliás, reconheceu que o prosseguimento do julgamento "não trateou nenhuma lei", inclusive, claro, a Lei n. 1.079, de 1950 (e o seu referido art. 15).

[36] BROSSARD, Paulo. *O impeachment*: aspectos da responsabilidade política do Presidente da República. 3. ed. São Paulo: Saraiva, 1992. p. 150-154.

Também desertou dela em mais de uma oportunidade".[37] Em algumas dessas oportunidades, Paulo Brossard compunha o Supremo e sempre votou vencido:

> 3. Por que o Judiciário não interfere em processo de *impeachment*? Por tratar-se de questão exclusivamente política? Seguramente não. Por cuidar-se de questão *interna corporis*? Também não. Mas por estar em face de uma jurisdição extraordinária que a Constituição dele retirou, expressamente, para conferi-la, explicitamente, ao Congresso Nacional.[38]

Alguns anos mais tarde, refletindo sobre o *impeachment* de 1992 e reiterando a compreensão feita Voto no Supremo Tribunal Federal, Paulo Brossard anotou:

> A Constituição diz que a lei não pode excluir da apreciação do Poder Judiciário. É verdade, a lei não pode. Mas a Constituição já excluiu, já tirou da jurisdição do Poder Judiciário pelo menos uma questão. Ela disse que o julgamento do presidente não pertence ao Tribunal, pertence ao Senado. Aí houve uma quebra do monopólio da jurisdição. É do Senado, e não é do Supremo. No momento em que tirou do Poder Judiciário e disse que o Senado julga, se o Poder Judiciário for apreciar o que o Senado decidiu, quem decide em último lugar é o Judiciário, não é o Senado. O Supremo não podia conhecer daquilo. Mas eu fui sempre vencido.[39]

Nos termos da Constituição norte-americana de 1787, o *impeachment* exclui até mesmo indulto ou graça[40]. No mesmo sentido é o magistério de Paulo Brossard.[41]

---

[37] BROSSARD, Paulo. *O impeachment*: aspectos da responsabilidade política do Presidente da República. 3. ed. São Paulo: Saraiva, 1992. p. 154.

[38] Voto do Ministro Paulo Brossard no Mandado de Segurança n. 21.564/DF, Relator para o Acórdão o Ministro Carlos Velloso, julgado em 23 de setembro de 1992.

[39] VALLS, Luiz Fernando Montenegro. *Brossard*: 80 anos na história política do Brasil. Porto Alegre: Artes e Ofícios, 2004. p. 523.

[40] Constituição norte-americana de 1787, Artigo II, Seção 2.

[41] BROSSARD, Paulo. *O impeachment*: aspectos da responsabilidade política do Presidente da República. 3. ed. São Paulo: Saraiva, 1992. p. 164-173.

O *impeachment* de 2016, em essência, seguiu o rito observado em 1992, inclusive relativamente às balizas jurisprudenciais, sem prejuízo de aportes decorrentes do julgamento da Arguição de Descumprimento de Preceito Fundamental n. 378/DF (Redator para o Acórdão o Ministro Luís Roberto Barroso, julgada em 17 dezembro de 2015). Vale destacar que o Supremo Tribunal Federal: (i) declarou "que não é possível a formação da comissão especial a partir de candidaturas avulsas, de modo que eventual eleição pelo Plenário da Câmara limite-se a confirmar ou não as indicações feitas pelos líderes dos partidos ou blocos"; e (ii) reconheceu "que, havendo votação para a formação da comissão especial do impeachment, esta somente pode se dar por escrutínio aberto".

Por outro lado, houve, no *impeachment* de 2016, importante novidade relativamente a precedente expresso do Supremo Tribunal Federal: a condenação à perda do cargo não foi cumulada com a inabilitação, por oito anos, para o exercício de função pública, diferentemente do quanto praticado em 1992.[42] Aliás, como visto, é essa – a possibilidade de não cumulação – a solução norte-americana.[43]

Virgílio Afonso da Silva cogita – a partir da "distinção entre pena principal e acessória" feita no *impeachment* de Dilma Rousseff, com aplicação daquela (perda do cargo), mas não desta (inabilitação, por oito anos, para o exercício de função pública) – se a "diminuição do ônus político que um processo de *impeachment* sempre implicou" poderia ter "enfraquecido os constrangimentos para se recorrer a essa medida no futuro".[44]

A cogitação talvez seja auspiciosa para quem simpatiza com a parlamentarização da prática brasileira. Porém, a dificuldade de levar a efeito um *impeachment* não está na gravidade da procedência do processo, mas no próprio processo de *impeachment*. Em suma, não está no suposto ônus político decorrente da conjugação das penas principal e acessória, mas na imensa complexidade do próprio processo como um todo.

---

[42] O Supremo deixara assentido que, sob a Lei n. 1.079, de 1950, "não é possível a aplicação da pena de perda do cargo, apenas, nem a pena de inabilitação assume caráter de acessoriedade" (Mandado de Segurança n. 20.689/DF, Relator Ministro Carlos Velloso, julgado em 16 de dezembro de 1993).

[43] AMAR, Akhil Reed. *America's Constitution:* a biography. New York: Random House Trade Paperbacks, 2005. p. 199.

[44] SILVA, Virgílio Afonso da. *Direito Constitucional Brasileiro.* São Paulo: EDUSP, 2021. p. 458.

É verdade que a Constituição brasileira de 1988 disciplinou dois processos completos de *impeachment*, e ambos resultaram em condenações presidenciais. Porém, não aconteceram sem as muitas dificuldades que parecem próprias ao mecanismo, a começar pelo estresse político-institucional alongado no tempo, com consequências, de lado a lado, para os envolvidos, tanto para aqueles que levaram a efeito quanto para aqueles que sofreram o *impeachment*. Basta recordar que os Deputados Federais Ibsen Pinheiro e Eduardo Cunha, que presidiam a Câmara dos Deputados, respectivamente, quando do *impeachment* de Fernando Collor, em 1992, e quando do *impeachment* de Dilma Rousseff, em 2016, vieram a ser cassados pela própria Câmara logo após um e outro *impeachment*.

Dito tudo isso, é preciso ter muito presentes as sempre lúcidas advertências de Paulo Brossard: "o *impeachment* não funciona porque é lerdo em demasia, ao passo que as crises evoluem rapidamente e reclamam rápidas soluções. E a demora no resolvê-las importa quase sempre no seu agravamento."[45] E mais: "A experiência revela que o *impeachment* é inepto para realizar os fins que lhe foram assinados pela Constituição. Ele não assegura, de maneira efetiva, a responsabilidade política do Presidente da República."[46] Com efeito, os impedimentos presidenciais havidos em 1992 e em 2016, pelas suas próprias dificuldades e consequências, não infirmam, mas confirmam as preocupações de Brossard, diga-se, um parlamentarista declarado que, por isso mesmo, pode tão bem caracterizar e criticar o *impeachment*.

---

[45] BROSSARD, Paulo. *O impeachment:* aspectos da responsabilidade política do Presidente da República. 3. ed. São Paulo: Saraiva, 1992. p. 188.

[46] BROSSARD, Paulo. *O impeachment:* aspectos da responsabilidade política do Presidente da República. 3. ed. São Paulo: Saraiva, 1992. p. 201.